吴磊 / 主编

新时代学校美育实践探索

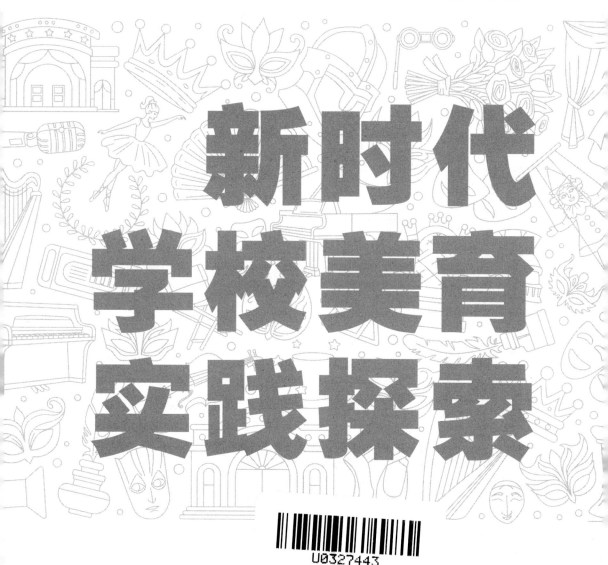

苏州大学出版社
Soochow University Press

图书在版编目(CIP)数据

新时代学校美育实践探索/吴磊主编. --苏州：苏州大学出版社，2025.3. -- ISBN 978-7-5672-5050-5

Ⅰ. G40-014

中国国家版本馆CIP数据核字第2025FT0089号

| 书　　　名：新时代学校美育实践探索
XINSHIDAI XUEXIAO MEIYU SHIJIAN TANSUO
主　　编：吴　磊
责任编辑：孙腊梅
装帧设计：吴　钰
出 版 人：蒋敬东
出版发行：苏州大学出版社(SoochowUniversityPress)
社　　址：苏州市十梓街1号　邮编：215006
网　　址：http://www.sudapress.com
邮　　箱：sdcbs@suda.edu.cn
印　　刷：苏州工业园区美柯乐制版印务有限责任公司
邮购热线：0512-67480030　销售热线：0512-67481020
网店地址：https://szdxcbs.tmall.com/(天猫旗舰店)
开　　本：718mm×1000mm　1/16　印张：18.5　字数：332千
版　　次：2025年3月第1版
印　　次：2025年3月第1次印刷
书　　号：ISBN978-7-5672-5050-5
定　　价：88.00元

凡购本社图书发现印装错误，请与本社联系调换。
服务热线:0512-67481020

序言

  美育，作为党的教育方针的重要构成，既是新时代教育改革的核心命题，也是落实立德树人根本任务的重要途径。随着信息技术、人工智能的发展，学校美育正站在新的历史起点上，面临着前所未有的发展机遇与巨大挑战。在此背景下，由全国高校美育教学指导委员会、全国中小学美育教学指导委员会、江苏省教育厅指导，江苏省学校美育教学指导委员会、江苏省学校美育协会、苏州大学主办，江苏学校美育研究中心、长三角高校美育联盟承办的"首届新时代学校美育高峰论坛暨长三角高校美育一体化发展研讨会"于 2023 年 3 月 24 日—26 日在苏州大学举行。来自全国各地的 200 余名美育研究专家、学者参加本次研讨活动，这次研讨会立足全国大中小幼各学段美育的现状与实践探索，从政策解读、理论研讨、案例分析、美育实践等维度进行主题分享，并通过会议研讨交流，汇聚各方美育智慧，凝聚美育发展共识，共同研讨新时代学校美育改革与发展的现实挑战与未来趋势，为新时代学校美育改革创新发展提供了新的研究成果。

  《新时代学校美育理论研究》与《新时代学校美育实践探索》收录了此次高峰论坛上提交的优秀论文。这些论文涵盖了中华美育传统溯源与当代转化研究、中西方美育研究、学校美育基本理论研究、学校美育评价研究，新时代高校美育工作实践探索、新时代中小学美育工作实践探索、学校美育课程与教学探索等多个方面的前沿研究主题，展现了新时代学校美育改革进程中理论与实践、传统与现代、中国与世界的多元交流互动图景。

  在党的二十大报告中，习近平总书记强调要"加快构建中国特色哲学社会科学学科体系、学术体系、话语体系"，新时代学校美育改革创新发展，需要逐步建立中国学校美育的理论话语体系。为此，就需要不断研究中国学校美育的新问题、新发展、新实践，形成中国学校美育的新概念、新范畴、新理论，不断进行具有创造性和创新性的科学概括和理论升华。此次出版的两本论文集关注学校美育理论与实践的具体问题，系统地厘析新时代学校美育基本问题，并在此基础上提出新观点、新概念、新理论，构建中国学校美育话语体系。

2023年12月，教育部印发《教育部关于全面实施学校美育浸润行动的通知》（教体艺〔2023〕5号）指出以美育浸润学生，以美育浸润教师，以美育浸润学校，"通过持续努力，推动形成全覆盖、多样化、高质量的具有中国特色的现代化学校美育体系"。两本论文集的出版，是对学校美育体系建设的积极响应，书中汇集了诸多具有较高参考价值的理论与实践创新研究成果，提出了较具指导性的创新理论观点和较具可行性的美育浸润行动方案。

立足新时代新征程，我们应深化学校美育理论建构与实践创新的双向互动机制，通过强化研究主体的方法论自觉与系统思维，着力破解学校美育现代化进程中的关键命题，全面激活学校美育高质量发展的内生动力。

目录

第一篇 新时代高校美育工作实践探索 —— 001

- 003 以大美育观构建高校美育新格局初探（朱苏华）
- 010 新时代高校"多元一体"美育模式构建：何以可能与何以可为（王思特 张宗明）
- 020 参与式美育介入艺术高校课程思政的价值构建（汤伟）
- 030 高校美术馆美育文化空间的探索与建构
  ——以西安工商学院美术馆为例（李珊 赵明煜）
- 043 高师乐理与视唱练耳教学的美育向度（汪洵）
- 050 重庆市民办高职院校美育发展现状、问题与建议（罗伟 胡欣岑）
- 056 新文科背景下乡土文化遗产的高校美育课程模式构建（臧春铭 于瑞强 王秋莲）
- 064 新疆沙粒画文化内涵与传承路径研究（潘帅）
- 071 培育时代新人的高校美育实践路径探究（孟园园 吴磊）
- 082 新时代艺术院系美育的思考与探索（李君）
- 091 高校文艺活动育人路径探微（韩伟）
- 100 基于超星学习通平台的高校美育通识课大课教学模式探索
  ——以音乐鉴赏为例（黄静）
- 106 元宇宙理念下的美育模式应用（安雪 李峰）
- 112 美育视域中的大学艺术场馆及其建设路径探索（刘建新）
- 122 城市红色美育资源的跨媒介重构与再造
  ——兼论上海大学美育实践案例的路径启示（张秋实 金江波）
- 130 新时代高校公共艺术课程的美育路径探索
  ——以东南大学为例（田清）
- 141 "五维五化"高校美育体系建设策略研究（李冰）

第二篇　新时代中小学美育工作实践探索

149　基于潮汕童谣的地方文化美育价值与运用（陆宝君）

161　以石育美：探索"生活·实践"教育下的小学美育
　　　　——以南京晓庄学院附属小学为例（王振强　谢馥璟　贾明娜）

168　小学美术单元整体教学的"整分合"模式架构与教学实践（费　建）

175　义务教育艺术"新三科"师资队伍建设的价值、困境与因应策略（曲　锐）

第三篇　学校美育课程与教学探索

185　地域性"非遗"融入新时代高校美育的路径探究
　　　　——以青神竹编工艺融入美育课程为例（王晓琴　李育华）

194　关于学校美育的思考与实践路径的探索（刘立承）

201　美育课程体系：概念厘清、支撑点与构建（史　红）

213　再论中医药类高校美育的内涵、现状及提升路径
　　　　——以北京中医药大学为例（王月彤　张璐小荷）

224　"完整的人"的塑造
　　　　——新文科建设背景下文学经典改编戏剧创作教学的美育策略
　　　　　探赜（陈　敏）

241　"小空间"舞蹈教学融入中华文化符号的建构策略与教育价值（彭瑞琪）

248　美育视域下公共艺术课"戏曲鉴赏"的教学创新探索（刘　威）

258　新时代应用型高校美育教学体系探索与实践（范　滢）

265　我国高校声乐美育课程的现状、问题与对策（刘旭光）

274　学前教育专业钢琴弹唱教学中的美育融合研究（刘　珈）

280　教育戏剧应用于普通高校美育课程改革探索
　　　　——以上海外国语大学"表演与表达"课程为例（李　然）

第一篇

新时代高校美育工作实践探索

以大美育观构建高校美育新格局初探

南京理工大学　朱苏华

摘　要　美育是基于受教育者全面发展需求的人性教育，具有不可替代的育人功能。高等教育改革创新应以美育作为突破口和着力点，提升美育在德智体美劳五育中的地位，以美育人、以美化人、以美培元，力争在全社会树立新时代大美育观，构建美育新格局，以促进高校美育的整体发展和大学生的全面成长。

关键词　高校美育；大美育观；实施路径；课程体系；教学方法

人民日益增长的美好生活需要与不平衡不充分的发展之间的矛盾，成为当今社会的主要矛盾。随着社会经济的飞速发展，人们对提高审美素养的需求越来越强烈，国家对高校美育的要求也越来越高。2019年3月教育部在《教育部关于切实加强新时代高等学校美育工作的意见》中明确提出高校美育的总体目标，到2022年，"高校学生的审美和人文素养显著提升。到2035年，形成多样化高质量具有中国特色的社会主义现代化高等学校美育体系"。为了实现这个目标，高校必须从新时代党和国家事业发展的全局出发，落实立德树人根本任务，把握美育工作的新定位，充分认识新时代加强和改进美育工作的重要性、紧迫性和艰巨性。

一、高校美育的特质与目标

美育是一个历史的概念，其意义随着历史发展而不断演变，并被时代赋予新的意义。[①]18世纪，德国哲学家席勒在《美育书简》中首次提出了现代教育中的"美育"概念，他强调美育即自由教育，涵盖人性和心境的自由。20世纪初，蔡元培、王国维等教育家是将美育引入中国的先驱。蔡元培倡导美育乃情感教育；王国维提出，美育是培养"完全之人"。究其本质，美育是独立于德育、智育、体育、劳动教育之外，促进人的全面发展的人性教育。作为人的

基金项目：江苏省高等教育学会"十三五"高等教育科学研究规划课题（项目编号：16YB115）。
①　王敏，曾繁仁. 高校大美育体系的现代化建构［J］. 中国高等教育，2017（7）：7－10.

高层次需求，美育能发掘人的本质力量，陶冶精神世界，发展创造思维，促进自我价值的实现，从而提升生命境界。

1. 高校美育的特质

高校美育是高等教育和美育工作的交叉领域。高校美育的基本属性取决于高等教育的本质和美育的本质。随着社会的发展及人们对美的理解和追求的不断提升，高校美育的内容和形式也与时俱进地发生变化。在全球化的今天，"人的自由全面发展"成为高等教育的至高追求。作为人性教育，美育比以往任何时候都显得重要。与工具理性（智育）、价值理性（德育）不同，美育强调人文精神，是连接科学与人文的桥梁，是感性与理性、形象与思想、情与境、知与意的有机统一，美育不仅能提升个人审美能力，还能潜移默化地影响个人的情趣、气质和胸襟。

在高校分学科、专业化的人才培养体系中，美育的育人作用是任何其他教育形式都不可替代的。可以说，没有接受美育洗礼的大学生，其人格发展和文化结构会不可避免地存在缺陷，将导致其无法成为现代社会亟须的高素质人才。高校美育可以通过艺术美、自然美、社会美、生活美等多种途径，陶冶心灵情操、培养审美能力和提升人文素养，从而塑造大学生的健全人格，促进大学生的全面发展。

2. 高校美育的目标

高校美育的目标是我国教育目标不可或缺的组成部分。我国的教育目标是为社会主义现代化建设培养德智体美劳全面发展的各级各类人才，而高校美育的目标就是提高大学生的审美和人文素养。这是培养德智体美劳全面发展的社会主义建设者和接班人的实践要求，也是大学生实现自我升华、生命完整的必由之路。[①] 全面推进高校美育的改革和发展，既要遵循美育发展规律，又要遵循人才成长规律。高校只有通过开展系统的审美理论和实践教育，才能引领大学生明确美的真谛，领悟"什么是美""怎样才能美"，并且提升其发现美、感受美和创造美的能力。

就高校美育实践而言，应立足我国国情，倡导文化本位和中西交融，围绕提高审美和人文素养的培养目标，引领大学生树立正确的审美观念、陶冶高尚的道德情操、培育强烈的民族情感、激发丰富的想象力和创新意识。一旦拥有开阔的眼光和宽广的胸怀，大学生的文化主体意识和创新意识将得到大大提

---

① 刘珊. 新时代高校美育的目标指向与路径选择［J］. 湖南科技大学学报（社会科学版），2020（5）：159 – 165.

升,势必增强传承与弘扬中华优秀传统文化的责任感和使命感。

二、新时代大美育观的内涵与特征

高校美育观是认知和践行美育的理念。高校应倡导树立大美育观,始终以中华民族伟大复兴为使命,旨在培育跨越专业领域的优秀人才,特别是具有高远精神追求、高尚人格修养、深厚爱国情怀的社会主义建设者和接班人。

1. 大美育观的内涵

美客观存在于人们的生活之中,自然美、社会美、艺术美都可以成为美育的素材。美育与艺术教育并非完全等同,美育不是简单的艺术技能教育和单一的课程教育。① 美育不仅要培养人认识美、鉴赏美、创造美的能力,而且要使人在物质生活逐渐富裕的时代解放思想,获得完全的自由。因此,高校应以新时代大美育观为指导,在育人的过程中将美育渗透到各个学科中,贯穿于学校教育的全过程,构建全程美育、全体美育、全面美育的大美育格局。②

毋庸置疑,大美育观对美育提出了更高的要求,即美育应牢固树立国家意识、全民意识和终身意识。③ 国家意识关乎美育立法问题,将促进在现行教育体系内制定合理完善的美育大纲及其实施办法。全民意识强调美育不仅应融入学校各学科的教学,而且学校行政管理、后勤服务等各部门都应参与美育工作,甚至全社会都应积极投入美育事业。终身意识强调人的全面发展离不开美育,大学生既要发展理性思维,又要将美育内化为自觉意识和内在追求。

2. 大美育观的特征

大美育观是结合了马克思主义世界观和方法论,统筹了美学、社会学、伦理学、教育学等学科理论和方法的育人理念,它摒弃了原先"以艺术教育代替美育""以美学教育代替美育"的错误观念。另外,大美育观提出,美育不单单是学校的本职任务,文化、政治、经济、科技等领域皆应发挥美育的作用。学校与社会应产生更多的联动,共同打造开放融合的大美育环境。

(1) 美育学科化和学科美育化。2020 年全国两会期间,全国政协委员范迪安提议"在高等教育体系中加强'美育学'学科建设"。美育学这门学科是

---

① 徐娜. 高校美育三议:本质意义、价值指向与实践路径 [J]. 江苏高教, 2021 (6): 113 – 116.
② 张馨艺,李永胜. 论新时代高校以美育人的五大着力点 [J]. 中学政治教学参考, 2020 (42): 60 – 63.
③ 朱晏. 我国高校美育实施体系的构建 [J]. 江苏高教, 2010 (5): 87 – 88.

一门典型的综合交叉学科，它非但涵盖传统美育的基本理论、美育思想史、艺术修养、美育实践等知识体系，还涉及美学、教育学、马克思主义理论、社会学等诸多学科的知识内容与方法论。"美育学"理念的提出是从根本上对美育学理的科学性建构与阐释。①

高校美育亟须顶层设计。尤其不能把美育局限于公共艺术或通识教育课程，而要通过专业规划和设计，充分挖掘艺术、自然、社会、科学等各学科所蕴含的审美元素，在各个学科、各门课程的教学中彰显美育，进而形成课堂教学、课外实践、校园文化的育人合力。同时，在专业性课程的教学中还要加强审美观念的引导，在遵循审美规律的基础上，采用跨界整合的思维，有序推动学科的美育化。

（2）美育社会化和社会美育化。美无处不在，美育的关键在于滋润心灵。一方面，高校应加强美育与德育、智育、体育、劳动教育之间的协同与融合，将美的意识、美的观念、美的追求贯穿于育人的全过程。另一方面，加强校园文化建设，使校园内处处充满自然之美、生活之美、艺术之美。此外，加强部门协同，创造更多综合艺术实践机会，形成全校上下多角度、全方位关心和支持美育的和谐氛围。

生活是美的源泉。关于自然美、社会美、艺术美的一切审美对象都可能成为美育的素材，社会生活到处皆可成为美育的场所。2015年9月国务院办公厅印发的《关于全面加强和改进学校美育工作的意见》明确提出，"建立学校、家庭、社会多位一体的美育协同育人机制，推进美育协同创新，探索建立教育与宣传、文化等部门及文艺团体的长效合作机制，建立推进学校美育工作的部门间协调机制"。实际上，美育的范围不局限于高校，应该树立新时代大美育观，搭建开放的美育平台，让高校与政府、社会机构、艺术团体等开展广泛合作，建立艺术展览、馆藏参观、主题讲座、社会实践等美育课外活动体系，营造全社会关心美育发展和关爱大学生全面成长成才的良好氛围，推动高校美育的整体发展。

三、高校美育新格局的实施路径

实践是检验真理的唯一标准。长期实践、不断完善、协同创新才能助推高校美育事业向纵深发展。高校应按照新时代要求，广纳当代教育学、美学、心

---

① 王萌. 高校美育的逻辑起点、现实困境及突破路径［J］. 国家教育行政学院学报，2020（12）：68 – 75.

理学等多学科的研究成果，建设新的美育理论和实践体系，构建以美育人、以文化人的高校大美育新格局。

1. 打造科学完整的美育课程体系

事实上，美育不只是一门具体的课程，而是一套相对独立的教育体系。当前高校美育实施的关键在于整合现有文化艺术类课程，进一步构建符合时代特征、科学完整的课程体系。

（1）精心设置优质的美育课程。普通高校的美育课程应面向人人，以公共艺术课程为主，须涵盖美学和艺术史论类、艺术鉴赏类和艺术实践类的课程，包括音乐、舞蹈、绘画、雕塑、戏剧、电影、建筑等丰富内容。课程设置要符合教育规律和大学生身心发展规律。一方面，重视学习美学基础知识；另一方面，正确处理知识、技能和素养之间的关系。知识是美育的前提，技能是美育的基础。务必明确高校美育的目的不是培养美学理论家或专业艺术家，而是培养具备健全人格和审美素养的高素质人才。

（2）尽心开展以美育为主题的跨学科教学。围绕美育目标，加强艺术学科与非艺术学科之间的融合，发挥各学科优势，将相关学科的美育内容有机整合，增强课程的综合水平。在提高大学生专业知识技能的同时，不断提升他们的审美与人文素养。值得注意的是，必须洞悉社会文化发展的新变化，及时更新有价值的教学内容。

（3）用心实施美育实践活动的课程化管理。实践性强是美育的重要特征，高校美育课程必须包含美育实践活动。高校应依照美育的规律，将美育实践活动纳入大学生培养方案，实施课程化管理，切实提高大学生的艺术表现力和艺术创造力。唯有将高校美育课程与现实生活相结合，使大学生的生活美育化、美育生活化，才能真正实现美育的目标和价值。

2. 运用合理高效的美育教学方法

工欲善其事，必先利其器。科学的美育课程体系与高效的美育教学方法相辅相成，将有助于实现高校美育的可持续发展。

（1）注重美育教学的核心要素。就方法和途径而言，高校美育教学要关注当代大学生审美特征，营造良好的课堂氛围；采用多媒体教学软硬件，着力提高教学实效；加强师生交流互动，兼顾学生主体与教师主导的作用。

（2）强化美育学科的渗透意识。一方面，继续加强艺术课程的审美化教学；另一方面，不断强化非艺术课程的美育渗透教学。① 将美育的意识渗透到各个专业学科的教学之中，鼓励各专业教师在美学理论的指导下，从各自专业学科中寻找美的元素，指导大学生进行基于专业的审美活动。

（3）提高教师自身美学素养。从授课教师的视角来看，高校美育教学对教师提出了更高的要求。教师的基本审美能力及对专业的审美认识，决定了其审美教学和美育的水平。教师应在提升自身美学素养的基础上，多采用富有诗意的语言进行授课，增强课程的美学情趣。

（4）理论学习和实践体验相结合。对于美育课程而言，大学生通过相关活动的参与和自主性体验的收获会远胜于课堂上的学习，课堂主要是教给大学生欣赏艺术的方法和理论，课后才是他们美丽人生的开始。课后体验的重点在于多看、多听、多品。教师可以充分利用课余时间带领学生进入音乐厅、美术馆等，以深入生活的方式进行各种艺术鉴赏实践，引领学生体验感悟艺术的美；同时可以利用钉钉、慕课等网络教学平台进行讨论，让学生各抒己见；还可以按翻转课堂模式，让学生自主选择相关作品进行分享，从而引导学生在生活中寻找美，又将美育融于生活，从而提升生命的境界与品质。②

3. 建设底蕴深厚的校园文化

作为美育的重要载体，校园文化环境是"大美育"格局的重要组成部分。校园文化不仅体现高校的办学理念和特色，而且集中展示高校管理者和广大师生的人文素养和文化品位。高校应充分利用校园广播、电视、网络、教室、走廊、宣传栏和自然风景等，营造格调高雅、朝气蓬勃、充满活力的校园文化氛围，凸显学校的历史积淀和人文内涵。

价值观导向是美育的核心问题。高校美育要旗帜鲜明地弘扬社会主义核心价值观，使之具体化、形象化、生活化。底蕴深厚的校园文化环境可以让社会主义核心价值观、中华优秀传统文化基因润物细无声地滋润大学生的心田，强化青年们的文化主体意识和文化创新意识，进一步增强文化自信；还可以引导学生发现并感受自然之美、生活之美、心灵之美，使大学校园不仅成为传播科学知识的理性王国，而且成为自由放飞梦想的诗性家园。

---

① 叶泽洲，赵伶俐. 我国高校美育研究四十年：回顾与展望：基于 CNKI 的文献分析 [J]. 美育学刊，2019（4）：43-50.
② 孙菱，蔡亚鸣. 在欣赏中感受美：高校美育课程教学方式与路径研究 [J]. 美术大观，2020（8）：150-152.

四、结语

不忘初心、牢记使命。高校美育应始终展现教育的初心，引导大学生向爱而生、向美而生，弘扬中华美育精神，坚定中华文化自信。"以美养德""以美育智""以美铸魂"，为国家培养有理想、有担当、人格健全、全面发展的新时代大学生。

美育以追求人生真、善、美为理想境界，它的起点在于感受事物之美，终点在于感受人生之美。高校应倡导富有哲学意蕴的"大美"价值，它深深植根于中华优秀传统文化、革命文化等社会主义先进文化之中，并且吸收借鉴人类文明中一切优秀的美育思想，旨在培养大学生的求真品质、向善品质、趋美品质。高校美育的整体发展将全面提升大学生的审美和人文素养，满足大学生不断增长的对美好生活的需求，为建设高水平大学、促进高等教育现代化进程发挥重要作用，也为实现"强起来"的中国梦提供强劲的精神动力。

原载《文教资料》2021年第34期，略有改动

新时代高校"多元一体"美育模式构建：
何以可能与何以可为

南京中医药大学 王思特 张宗明

摘　要　新时代高校美育应该在"全覆盖、多样化、高质量"的现代化教育理念下，构建丰富多彩、层次分明、各具特色、和而不同、美美与共的"多元一体"美育模式。该模式具有建立在文化自觉和中华美育精神基础上的核心价值观，可凝练表述为"美善相和、法天贵真、美美与共"。"美善相和"是"三全育人"教育理念的必然要求，"法天贵真"是美育规律和美育特点的生动体现，"美美与共"是文化自信自强的必然要求。新时代高校"多元一体"美育模式不是简单的统一，而是表现为多样化、多维度、多层次的多元格局，具体路径包括构建多样化的特色课程体系、多维度的融合教育模式、多层次的协同育人机制。

关键词　高校美育；多元一体；美育规律；文化自信自强

中共中央办公厅、国务院办公厅于2020年印发的《关于全面加强和改进新时代学校美育工作的意见》（以下简称《意见》）是党和国家在中国特色社会主义进入新时代之后，全面推进学校美育改革发展的纲领性文件和行动指南。学校美育工作进入新时代，面临着新机遇、新挑战，也有应运而生的新要求。《意见》不仅强化了美育的育人成效，在立德树人的基础上，将育人目标进一步聚焦于"提高学生审美和人文素养"，并且提出了学校美育改革的中期目标，"到2035年，基本形成全覆盖、多样化、高质量的具有中国特色的现代化学校美育体系"。可以说这一目标，既体现了遵循美育的特点，也与《中国教育现代化2035》提出的"到2035年，总体实现教育现代化，迈入教育强国行列"目标相呼应。2022年党的二十大提出了教育事业未来五年的目标要求，进一步指明了学校美育在整个教育体系中的地位、任务和目标，"全面贯彻党的教育方针，落实立德树人的根本任务，培养德智体美劳全面发展的社会主义建设者和接班人，加快建设高质量教育体系，发展素质教育，促进教育公平"。

因此高校美育应该在"全覆盖、多样化、高质量"的现代化教育理念下，在"五育融合"与"三全育人"的大格局育人视野下，着力于学生"审美和人文素养"的提升,构建丰富多彩、层次分明、各具特色、和而不同、美美与共的"多元一体"美育模式。本文将从内涵外延、价值意义及路径策略三个方面,对构建高校"多元一体"美育模式进行初步的探索与思考。

一、何为"多元一体"美育模式

"多元一体"思想源自费孝通先生于 20 世纪 80 年代提出的"中华民族多元一体格局"理论,该理论认为中华民族的 56 个民族单位是"多元",中华民族是"一体",中华民族的主流是由许多分散孤立存在的民族单位,经过接触、混杂、联结和融合,同时也有分裂和消亡,形成一个我中有你,你中有我,而又各具个性的多元统一体。① 这是一个既存在着凝聚的核心,又包含着多层次的多元格局。新时代高校美育建设运用"多元一体"理论,其内涵就是在审美的、人文的层次上,以中华美育精神和文化自觉为核心,以艺术教育为骨架,在丰富多彩、各具特色的美育活动中构建既多样化又具统一性的育人模式,充分体现出"和而不同""美美与共"的新时代美育特色和文化理念。

(一)"多元一体"美育模式存在着一个凝聚的核心价值观

中华美育思想源远流长,儒家的美育思想一方面从政治教化角度提出了道德修养和人格境界的要求,另一方面凸显了美育的社会功能和实用价值。从三皇五帝时代的"先王乐教",到周公"制礼作乐",再到"乐斯二者(仁义)"(《孟子·离娄上》)、"兴于诗,立于礼,成于乐"(《论语·泰伯》)的全人育人思想,铸起了传统美育"美善相和"的核心价值观。道家美育思想超越了礼教的束缚,讲求"法天贵真",张扬人性,提倡多样化的艺术风格,"性格清彻者音调自然宣畅,性格舒徐者音调自然疏缓,旷达者自然浩荡,雄迈者自然壮烈,沉郁者自然悲酸,古怪者自然奇绝。有是格,便有是调,皆情性自然之谓也"②,强调在艺术中每一种情感和每一种性情都能得到抒发与宣泄。这种通过"法天""任自然"来求"真"得"道"的美育思想,与儒家相互补充、相互影响,逐渐形成了携带着中华文化基因的"真善美"美育思想。这是新时代高校美育将"多元"凝聚为"一体"的核心价值观的思想基础。

---

① 费孝通. 中华民族的多元一体格局:民族学文选[M]. 北京:生活·读书·新知三联书店,2021:478-479.
② 焚书[M]. 李竞艳,注说. 开封:河南大学出版社,2016:383.

(二)"多元一体"美育模式的核心价值观建立在文化自觉和中华美育精神基础上

费孝通先生对"文化自觉"做了著名的阐述,文化自觉指生活在一定文化中的人对其文化有"自知之明",明白它的来历、形成过程、所具的特色和它发展的趋向,不是要"复旧",同时也不主张"全盘西化"。① 中国的美育一直伴随着我国对科学与民主的追求而发展,20 世纪初中国现代美育运动的先驱蔡元培、王国维等人,怀抱着文化兴国、改良人心的教育理念,在吸收西方美育思想的基础上,提出了"全人教育""五育并举""美育游戏说""以美育代宗教说",奠定了中国现代美育思想的基础并付诸实践。宗白华、朱光潜等人主张美育使人超越功利性和日常生活的平庸,他们从传统艺术中挖掘中国人的生命哲学,"一民族的盛衰存亡,都系于那个民族有无'自信力'。……无论诗歌、小说、音乐、绘画、雕刻,都可以左右民族思想的"②。他们以传统艺术的生命智慧和宇宙观唤起国人的民族精神和生命激情,并且在人与社会和个人生存的层面上,提出了"艺术人生化""人生艺术化"的美育理念,可以说是对传统美育"成于乐""游于艺"的进一步阐释。

面对即将到来的风云变幻的新世纪,费孝通先生提出了"各美其美,美人之美,美美与共,天下大同"的理念,生动地阐释了"文化自觉"的历程。文化自觉是一个漫长艰难的过程,既要认识自己的文化,对自己的文化保持自信力,还要能欣赏不同的文化,在多元文化的世界中确立自己的位置,通过沟通和对话来不断促进相互认同。尽管费先生不是专门论述美育,而是就全球化过程中的纷繁矛盾提出人文价值怎样取得共识的问题,但我们可以将此看作在更高的文化层面上的美育价值取向,是一种超越了一般物质的要求,"文化的高层次应该是艺术的层次……人类最终就是要追求进入这种艺术的、美好的精神世界,一种超脱人世的感受"③。费先生用文化自觉的理念和全球化的视野勾勒了一幅"文艺兴国"的画卷,可以看作是当代美育的现实关怀和终极目标。

面对百年未有之大变局和中华文化复兴之路,我们需要用文化自觉的心态来审视并回归中国传统的生态美学思想、人与自然和谐统一的哲学观、不同民

---

① 费孝通. 费孝通论文化与文化自觉:第 2 版[M]. 北京:群言出版社,2007:190.
② 林同华. 宗白华全集:第 2 卷[M]. 合肥:安徽教育出版社,1994:121-122.
③ 费孝通. 费孝通论文化与文化自觉:第 2 版[M]. 北京:群言出版社,2007:268-269.

族间"和而不同"的生存智慧,以此来追求更高的艺术意境与人生境界。① 新时代高校美育"多元一体"的凝聚核心,就是建立在文化自觉和中华美育精神基础上的价值观,其内涵触及人与社会、人与自然、人与人、道德与审美、身体与心灵等多个维度的互动关系,表现出知、情、意、行相统一的中华审美境界。② 凝练中华美育精神、阐释新时代学校美育的核心价值观是构建高校美育"多元一体"模式的首要任务。本文认为新时代高校美育的核心价值观可以表述为"美善相和、法天贵真、美美与共",这也是高校美育"多元一体"模式的理论内核与构建框架。

二、"多元一体"美育模式何以可能

作为新时代高等学校教育的重要组成部分,美育承担着培养具有健全人格、全面素质和创新能力的社会主义事业接班人的责任,同时也肩负着传承和传播中华优秀传统文化的时代使命。随着国家对高等学校美育的重视,各高校根据自身资源特色开展美育课程及相关活动的探索与实践,取得了一些成效。但总体来看,学校美育体系构建还处于初级阶段,价值意义没有充分揭示,理念尚未达成共识,体系正在构建中,协同育人机制尚未形成。因此有必要展开对新时代高校美育"多元一体"模式的理论内涵和价值意义的探讨。

(一)美善相和:"三全育人"教育理念的必然要求

习近平总书记在全国高校思想政治工作会议上指出,做好高校思想政治工作,"要用好课堂教学这个主渠道,思想政治理论课要坚持在改进中加强,提升思想政治教育亲和力和针对性,满足学生成长发展需求和期待,其他各门课都要守好一段渠、种好责任田,使各类课程与思想政治理论课同向同行,形成协同效应"③。习近平总书记不仅强调高校思想政治工作,还对所有课程都提出了"立德树人"的要求,也就是说所有课程都要利用好课堂教学的主渠道,自觉承担起育人的职责,并形成协同效应,构建全员、全过程和全方位的"三全育人"大格局。

---

① 李劲松,焦杰洁. 文化哲学参照下高校艺术教育目标取向与价值诉求[J]. 江苏高教,2018(2):22-26.
② 冯学勤. 论"中华美学精神"与"中华美育精神"的内涵与关系[J]. 美育学刊,2022(5):13-21.
③ 习近平. 把思想政治工作贯穿教育教学全过程 开创我国高等教育事业发展新局面[N]. 人民日报,2016-12-09(1).

"美"与"善","艺术"与"道德","美育"与"德育",自古以来都是中西方美学家和教育家关注的焦点。中国传统美育就极为重视艺术对道德品性的塑造功能,"乐者,德之华也"(《礼记·乐记》),先秦时期人们把音乐作为教化育人的重要内容,认为音乐对提升一个人的道德修养有着相当重要的作用,音乐能感化人的内心,音乐的润泽,能使人平和顺畅、宽厚诚实。通过"礼乐"可以实现"仁"的境界,即"克己复礼为仁"(《论语·颜渊篇》),荀子进一步提出,礼乐的推行能使人道德高尚,强调用音乐来实现"以道制欲"。战国名医医和提出弹古琴是为了修炼自己的道德和仪节,而不是为了娱乐。汉代桓谭道:"八音广博,琴德最优,古者圣贤玩琴以养心"(《新论·琴道》),嵇康则认为古琴"性洁静以端理,含至德之和平"(《琴赋》),"以琴养德"成为贯穿两千多年古琴美学思想的核心,对中国文人的生活方式及道德养成产生了极大的影响。蔡元培认为美育在促进德育方面有得天独厚的优势,"美育之目的,在陶冶活泼敏锐之心灵,养成高尚纯洁之人格"[1],这一思想既带有中国传统美育"美善相和"的烙印,又受到席勒推崇的美育道德说的影响,"美善相和"体现了艺术与道德的互惠和辩证关系,也体现了"多元一体"美育模式中立德树人的核心引领价值。

(二)法天贵真:美育规律和美育特点的生动体现

习近平总书记在2018年给中央美术学院老教授的回信中谈道:"做好美育工作,要坚持立德树人,扎根时代生活,遵循美育特点,弘扬中华美育精神,让祖国青年一代身心都健康成长。"[2] 探索美育的规律、遵循美育的特点,是构建新时代高校"多元一体"美育模式的指导思想。

王国维认为美育和智育、德育有着密切的联系,并进一步提出美育即"情育",美育是一种独特的情感教育。蔡元培认为美育区别于他育(除美育以外的其他教育)的最大特点就是"感性教育"和"情感体验",这是一种长期的润物细无声的教育。美育以艺术和各种美的形态作为具体的媒介手段,通过审美活动来展示人生、自然、社会、文化的丰富的价值意味,然后直接作用于受教育者的情感世界,从而潜移默化地塑造和优化人的心理结构、铸造完美人性、提升人生境界。[3] 因此美育最重要的不是"以理服人",而是"以情动

---

[1] 高平叔. 蔡元培全集:第6卷 [M]. 北京:中华书局,1988:180.
[2] 中华人民共和国中央人民政府. 习近平给中央美术学院老教授的回信 [EB/OL]. (2018-08-30) [2022-11-26]. http://www.gov.cn/xinwen/2018-08/30/content_5317814.htm.
[3] 朱立元. 谈谈美学与美育 [J]. 美与时代(下),2010(7):12-13.

人"，以美的眼光观察世界，以美的情操陶冶心灵，以超越功利的态度审视人生，唤起人们深邃而强烈的情感，追求更高的人生境界。

如何"以情动人"？求"真"是关键。"是故情深而文明，气盛而化神，和顺积中而英华发外，唯乐不可以为伪。"（《礼记·乐记》）说的就是音乐直接表情，感情真挚，作品就神采飞扬，气韵生动，更出神入化，无情便不能作乐，情伪则必然不能感人。在美育过程中真正打动人心的，一定是"真"情，情真意切才能"以美化人"。"法天贵真"的"真"，在这里并不是认识论范畴的主体对客体的正确认识，而是指自然之道和本性、本真，也是人类情感的内在真诚，不矫揉造作的纯真之情。"真者，精诚之至也。不精不诚，不能动人。故强哭者虽悲不哀，强怒者虽严不威，强亲者虽笑不和。真悲无声而哀，真怒未发而威，真亲未笑而和。真在内者，神动于外，是所以贵真也。"（《庄子·渔父》）审美活动不同于理性认知，它通过感性方式直接触动道德情感、激发学习兴趣和创新思维，是自然而然的，不需要借助外力来完成。唯有真实的情感，才能直抵人心，唯有"精诚之至"，才能引起强烈的情感共鸣，唯有真切的情感体验，才能产生强大的精神内驱力，最终使受教育者身心发生变化。因此，新时代高校美育须遵循美育自身的规律和特点，按照"立美求真——以美化人"的逻辑进路构建"多元一体"模式。

（三）美美与共：文化自信自强的必然要求

"各美其美，美人之美，美美与共，天下大同"，是费孝通先生在面对新世纪的风云突变之际思考不同文明如何共处的问题时，从中华民族"多元一体格局"中获得的启示。中华民族几千年经历了分分合合，纷争不断，但是从"多元"走向"一体"的趋势是历史发展的主线。"多元一体"需要一种"各美其美"的文化心态，在充分认识本民族文明的同时，也要能欣赏、尊重其他民族的文明，实现不同文明之间的平等对话，这就是建立在文化自觉和文化自信基础上的"美美与共"。这一思想可以追溯到先秦美学的"和同"说。"夫和实生物，同则不继。以他平他谓之和，故能丰长而物归之；若以同裨同，尽乃弃矣。"（《国语·郑语》）异类相杂，才能产生新的事物，并繁衍不息；同类相加，事物就不能继续发展，甚至失去生命力。"声一无听"，单一的声音不可能动听，"和六律以聪耳"，高低不同的音调才能组成悦耳的音乐。传统文化的智慧表明，"和而不同"不仅是生命的规律，是美的规律，亦是万事万物的规律。在新时代高校美育建设的语境下，"和而不同""美美与共"在微观层面上是一种美学思想，在中观层面上是指导具体教学内容和教学过程的方法论,在宏观层面上是构成"审美与人文素养"的重要内涵。新时代高校美育的现实关怀就是要在世界百年未有之大变局之际通过"以美育人、以美化人、以美培元",来树立"美美与共""自信自强"的文化心态。

习近平总书记在党的二十大报告中指出,要"推进文化自信自强,铸就社会主义文化新辉煌",唯有文化自信,才能文化自强,"文化自信是更基础、更广泛、更深厚的自信"。文化自信是"最硬"的软实力,是一个国家文化软实力的核心内容。文化自信不仅是主体在文化选择过程中的一种价值诉求,也是对本民族文化价值和生命力的肯定和确信,更是在与异文化的交流、对话、碰撞和融合的过程中,赋予主体以包容性的理性心态。① 美育借助于艺术的形式或文化象征符号,将中华民族文化作用于主体并转化为主体的审美素养、精神境界和价值观,形成"审美认同""审美共识",因此在文化认同、文化传承发展,以及各民族文化之间的交流沟通等方面具有重要的社会功用。新时代高校美育建设是推进文化自信自强,增强国家文化软实力的重要力量。

三、"多元一体"美育模式何以可为

"多元一体"美育模式不是杂合的多元,也不是简单的统一,而是体现为一种多层次、多维度的多元格局,各个层次、维度之间的关系不是孤立的,呈现出相互影响、相互联系的动态关系。费孝通先生在谈到中华民族未来发展的时候说道:"一个社会越是富裕,这个社会里的成员发展其个性的机会也越多;相反,一个社会越是贫困,其成员可以选择的生存方式也越有限。"② 这个规律同样可以用到新时代高校美育发展的范畴中,美育活动越是层次丰富、和而不同,各高校凭借各自的优势去发展特色美育的机会越大,然后高校之间通过互相学习、对话交流、取长补短,再进一步提升自身的美育建设。

（一）多样化的特色课程体系

设计多样化、高质量的特色课程,是新时代高校美育建设的首要任务。可以从"艺术教育的美育""课程思政的美育""校本特色的美育"这三个有机相连的层面来构建多样化的课程体系,进一步丰富新时代高校美育的内涵和外延。

第一,"艺术教育的美育"是主渠道。美育不能仅限于艺术教育,但艺

---

① 刘林涛. 文化自信的概念、本质特征及其当代价值 [J]. 思想教育研究, 2016 (4): 21-24.
② 费孝通. 中华民族的多元一体格局: 民族学文选 [M]. 北京: 生活·读书·新知三联书店, 2021: 518.

教育是美育的重要抓手。每一门艺术都因其所用媒介的不同而有不同表情达意的语言,所以在美育中应该十分重视对各门艺术不同表情达意的艺术语言的教学,比如音乐是声音的语言、舞蹈是肢体的语言、绘画是造型的语言、电影是镜头的语言等。各种艺术语言都是在长期艺术实践的基础上,经过历史积淀而形成的,具有系统的形式规范,蕴含着丰富的审美和人文意义。① 学生只有掌握了这套语言,才能真正理解艺术作品表达和蕴含的文化意义。"艺术教育的美育"不是一味强调知识和技能,而是通过以技入道的方式,最终提升大学生的审美和人文素养,使学生成为人类文明灿烂瑰宝的守护者。

第二,"课程思政的美育"是桥梁,沟通了"美育"与"他育",凸显了美育的育人导向。课程思政的美育,不是把美育上成思政课,而是在美育课程中彰显中华优秀传统文化特色,深入挖掘传统艺术中的哲学智慧、精湛技艺、科学思想及劳动态度,将社会主义核心价值观与中华优秀传统文化精华通过美育的路径来提升大学生的思想素质、文化素养和文化自信。要构建"全覆盖、多样化、高质量的具有中国特色的现代化学校美育体系"②,就一定要重视"课程思政的美育"的桥梁作用,这座"桥梁"不仅可以打破学科的壁垒,融通"五育",还能进一步深化美育的内涵、拓展美育的外延。

第三,"校本特色的美育"是高校美育创新生长点。各高校可充分挖掘地域美育资源、依靠学校特色优势、运用学科交叉的视野,设计具有校本特色的美育课程。比如在中医药院校,中医学蕴含的丰富人文属性和美育内容使中医药院校具有开展特色美育课程的得天独厚的优势,发挥中医人文精神对美育的深化拓展作用、深度挖掘提炼中医专业知识体系中所蕴含的美育价值,具体包括中医的"医德美""技艺美""器物美""哲理美"等。一方面可丰富和充实美育的内容,另一方面也可提升中医专业课的情感温度与美感维度,并立足于创新型人才培养模式的理念,辨析美育与中医学哲学方法、高尚医德、科学精神及临床实践等范畴的互动关系,既实现美育课程的交叉创新,也助力"新医科"创新人才的培养建设。

如何构建以"艺术教育的美育"为主渠道、"课程思政的美育"为桥梁、

---

① 杜卫. 坚持育人导向,遵循美育特点,探索美育规律:关于当前普通艺术教育的若干观念和方法论思考[J]. 美术研究,2022(1):110–114.

② 中华人民共和国教育部. 教育部关于全面实施学校美育浸润行动的通知[EB/OL].(2013–12–22)[2024–03–30]. http://www.moe.gov.cn/srcsite/A17/moe_794/moe_628/202401/t20240102_1097467.html.

"校本特色的美育"为创新生长点的"三位一体"的课程体系,是新时代高等学校美育课程体系建设需要探索与实践的重大课题。

(二) 多维度的融合教育模式

多维度的融合教育模式首先是教学模式的多元化与融合。目前高校的美育教学活动主要有第一课堂(传统课堂教学)、第二课堂(社团活动与校园文化)、第三课堂(竞赛展演与社会实践)和第四课堂(在线网络学习)。若这些课堂只是各自封闭开展活动,便无法打通美育知识、技能和素养之间的壁垒,因而需要在多形式、多内容、多情景的视角下进行多元化的素质拓展教育(第 X 课堂),将各种教学模式有机结合,拓展美育教学的方法维度和空间维度。

其次是多学科的融合模式。美育是一个跨学科领域,美学(及相关学科)、艺术学、教育学和心理学是美育的四个支撑性学科,但是这四个学科的学科属性差异极大,其学科范式也有着天壤之别。周宪教授提出建设"美育学科共同体",提倡运用美育学科想象力,克服固有学科的视角局限,以及共同体内部的离散性张力,增强共同体各学科及其成员之间的聚合力与协调性。[1]

最后是跨领域的融合模式,即"五育融合"模式。"五育融合"是在"五育并举"的基础上实现"融合育人"的,提倡在德智体美劳任何一方面的教育中都渗透其他四个方面,而不是将五种能力的培养并列起来。[2]"五育融合"视域下的美育模式,不仅要将美育渗透到其他教育中,也要汲取其他教育的育人资源来进一步充实美育的内涵;不仅要实现从审美技巧到审美体验的转型,更要将对"艺术美"的体验拓展到对"自然美""劳动美""科技美""生活美""道德美""生命美"的感悟,即"一育引领,诸育融合",将"以美育人、以美化人、以美培元"的理念浸润到教育的全过程和全方位。

(三) 多层次的协同育人机制

高校美育构建协同育人机制,首先需要转变教育理念,树立"三全育人"格局下的"大美育"观。艺术教育是美育的重要内容和具体抓手,但美育不是艺术教师、美育教师的"专利",所有课程都具有"以美育人"的功能,比如数学的理性之美、几何的图案之美、哲学的逻辑之美、技艺的工匠之美、物

---

[1] 周宪. 美育的学科共同体及其想象力 [J]. 美育学刊, 2021 (4): 1-7.
[2] 宁本涛, 杨柳. 美育建设的价值逻辑与实践路径: 从"五育融合"谈起 [J]. 河北师范大学学报 (教育科学版), 2020 (5): 26-33.

理的简洁之美、化学的多变之美、伦理的道德之美、数码的科技之美……从育人本质上看，"大美育"就是一种教育理念，可利用课内、课外、网络及校园文化等渠道来实现"以美育人"的目标；从育人方式上看，"大美育"是一种"隐性"的美育育人方式，"艺术教育"是"显性"的美育，是美育的"骨架"和抓手，但美育还需要"血"与"肉"，深入挖掘各类"隐性"课程中蕴含的"美"的元素，把理性精神、家国情怀、文化自信、人格养成等人文素养与课程中的知识技能传授等"隐性"美学有机融合，通过润物无声的方式达到"以美培元"的育人目标。

其次要做好顶层设计，建立长效机制，结成育人共同体。美育建设是一个系统工程，要做好顶层设计，统筹整合各方育人资源，形成协同合力。成立由学校党委领导，宣传、教务、学工、团委、艺术教育中心等相关职能部门组成的学校美育工作领导小组，研究制订学校美育建设方案，出台相关保障与激励措施，打通美育与他育协同育人的学科壁垒和体制藩篱，并研究制定符合美育规律的多元化的评价标准。学校美育建设不仅涉及不同学科、专业，还有第一课堂、第二课堂、第三课堂、网络课堂等不同的教学模式。不同类型的课程具有不同的特点和具体目标，因此要因课制宜，制定不同的评价标准。另外，要建立激励机制，目前开展学校美育改革创新，存在着教师认识不到位、能力不够、动力不足等问题，需要通过研究项目支持、教学成果引导、职称条件要求、绩效分配倾斜等多元政策措施，支持、激励广大教师投入美育创新建设之中。

四、结语

新时代高校美育建设面临着中华民族伟大复兴，面临着21世纪的多元化、全球化格局，高科技、互联网元素，以及产业升级和后疫情时代的影响。这样的时代比任何时候都更加需要具有良好的心理素质、全面的学科素养、深厚的家国情怀、卓越的创新精神的人才。美育所具有的陶冶情操、塑造人格、启迪心智、引发想象和提升精神境界的功能在21世纪的人才培养中更显独特的作用。恩格斯曾说："文艺复兴是一个需要巨人而且产生了巨人——在思维能力、热情和性格方面，在多才多艺和学识渊博方面的巨人的时代。"因此，在世界百年未有之大变局之际，推动高校美育的理论创新和实践对中华民族伟大复兴有着重要的意义。

原载《大众文艺》2023年第13期（原标题为《新时代高校"多元一体"美育模式的内涵、价值与构建路径》），略有改动

参与式美育介入艺术高校课程思政的价值构建

四川音乐学院　汤　伟

摘　要　教育部在《高等学校课程思政建设指导纲要》中明确提出，艺术学类专业课程的思政教学应坚持以美育人，以美化人，全面提高学生的审美和人文素养。将艺术院校的课程与美育有机结合为艺术院校开展课程思政指明了具体方向。对于协同完成育人的培养目标、达到人性本质的丰满，以感性思维见长的艺术院校具有一定的优势。思政作为实践经验的理论提取，具有一定的普遍性和抽象性，在回应审美教育宏观的人文关怀中，美育以何种实践形式介入艺术高校的课程思政，显得尤为突出且必要。本文首先探讨参与式理论立意于美育的合理性，其次分别从艺术高校专业课程与思政教育的本质出发，阐释二者耦合发展的当前困境，进而引申出参与式美育与课程思政在本质同构、价值引导、实践路径上的和谐共存，论证其理论是更适宜艺术高校课程思政发展逻辑下的美育思维场域。

关键词　参与式美育；艺术高校；课程思政；价值构建

一、参与式的本质

（一）界定

参与式基于关系美学的立场，围绕体验、介入、共享等范式作为理论切口进行论述，讨论主体与对象在活动展开过程中以何种艺术形式参与社会的构建，成为界定参与式的核心，其具有去中心化、呈现事件过程的在场性、共享经验到共创内容的再生性等性质。该理论拓展至教育领域，则意味着教学活动是在教师与学生共同参与中完成的，由教师作为课程的发起者，邀请学生合作开展不同的议题设置。

作为一种新型的现代教育理念，参与式越来越受到当今教育者的推崇，并在不同层级课堂中常有探索与实践。美育区别于德育、智育以行为规范为准则，其本质强调先从情感体验中重构自我的理解与意义，与践行参与式教育主体为中心的理念最为吻合。

（二）参与式教育的内核

参与式是讨论重置主体身份到重构内容的实践过程。教师与学生在教学活动中自然构建成为一种交往关系，体现在课程的每个节点和教育过程中。相较于中小学生的自主发展机制不够成熟，大学生作为相对独立的社会个体，要求在教学成果优化中，完善人格塑造、保障在人格上与教师的平等，这决定了高校课堂的知识传授，更需要双方在高度合作的前提下展开。教师若始终以自上而下的主体身份介入课堂，强调其教师身份在内容生产中的绝对主导地位，容易形成一种二元对立的假性关系，忽略学生作为主体角色赋能的权力性，将会导致学生在师生交往关系中的身份缺席。由此，参与式概念根植在以人为主体的理念之中，讨论与他人关系在何种参与实践介入中更为合理，可通过不同主体角色的交换进行复位。由于现代社会赋予人们不同的劳动分工，相互间具有一定的制约和不可逾越性，这使得不同主体的经验难以产生深层次的交流与共享。高校教师埋怨学生难以融入课堂，学生又抱怨教师将知识满堂灌、课程内容难吸引人等，这些问题俨然已成为当代高校教育的常见现象。

呼吁参与式理念介入课堂，首先是主动模糊教师与学生的二元身份边界，以开放性的课堂作为双方平等交往的公共场域，人类的交往互动及其社会语境作为理论的出发点，而不是从强调独立的、私有的象征空间的理论出发[①]，与他人的交往关系则需要在彼此经验共享中建立，教师与学生可借由自我及交换自我成为他者的模拟关系中，跨越不同身份、地域、文化经验，在双方共识的情境性中展开，重置高校课堂的权利结构。此时，教师从原知识主体的主要传播者，转化成为协助或者鼓励对方主动寻求答案的见证者，学生也不只是隐身在课堂中的知识搬运者。这消除了教师与学生的身份差异，使学生将个人的感性经验重新编排演绎，自觉转化成为一种主动且有效的实践行动，获得多元的审美感知，加深对自己原有行为的再认知，实现主体本位的身份认同，与现代教育强调"以人为本"的本质同构。

主体身份重置的进一步目的是在个体交往的平等关系中，讨论如何更好地以建设课程内容为落脚点，即针对课程的不同议题、不同环节使各成员协作完成，这源自教师与学生各自的主观能动性，他们均是课程信息的提供者与建设者，此时的课程内容不再是一个闭环式的概念与既定的知识，它更像是一个动态的中介环节，要求主体通过参与事件的历史过程、美学形态、社会结构等情

---

① 尼古拉斯·伯瑞奥德. 关系美学 [M]. 黄建宏，译. 北京：金城出版社，2013：10.

境构造，并结合对现实的实地考察，共创一种交复式的文化活动。这种主体与主体、主体与事件互为主体性的成立，将课堂作为反映多个主体关系的社会场域，这样的教学理念更适合在高校课堂中运行。大学生主观能动性较强，课堂则是将关注自我意识的学生群体进行集合的最大场域，随着教育生态的不断更迭，传统教育理念的单向传播模式明显已很难适宜于今天的高校学生群体，他们不再满足于仅仅作为现实生活的围观者，在固定空间中等待信息，而是更多开始习惯和正在习惯参与式学习和生活体验，希望通过多种渠道获得多样的讯息，更期望在交往过程中有所回应，使其主体的参与受到重视，从而体现自身的价值。

参与式的教育理念以主体体验、介入共创的文化行为，为融入高校课程建设提供了多种可能性，不再是自上而下的单一秩序规则。教育是帮助被教育的人，使他们能发挥自己的能力，完善他们的人格，于人类文化上尽一分子的责任；不是把被教育的人，造成一种特别器具。[①]

(三) 美育践行参与式教育的可能性

"参与"在 20 世纪 70 年代政治领域开始受到学者关注，此时的参与更多指向社会与政治领域，由于个体与社群主义自主意识的增强，人们开始呼吁政治权利应回至大众，其强调参与者的社会认同感。在今天的政治领域，参与是民主社会进入公共程序讨论的通道，通过在对话协商过程中，使不同民族、地域、文化群体可以超越二元对立立场，达成某种合理共识。参与倡导交流对话，多元共生的理念在现实语境中常因群体需求不同，导致矛盾冲突，难以达成某种共识。审美与艺术以满足人类共通的感性与精神诉求为价值目标，以超越现实利益冲突而获得人类精神愉悦的普遍性，此时的参与式就借助审美/艺术的实践形式，通过构建特殊空间将其理论内核合理化，创造模拟平等对话的活动形式。

随着近些年国家的大力推行，美育受到越来越多教育学者、教师、家长等不同群体的关注，高校美育取得了较大进展。但从总体上看，美育仍在教育事业中处于相对弱势地位，从教学方法上分析，美育存在模式化、抽象化、概念化等问题，忽略主体在参与过程中的体验性、创造性及多重感官的感受，被动模仿、二手经验产出，导致美育成品大同小异。审美教育以宏观的人文关怀为中心，以从不同个体体验、分享到群体共享、丰盈人的情感等为基点，对人的

---

① 高平叔. 蔡元培全集：第四卷 [M]. 北京：中华书局，1984：177.

感性活动进行关注。由此，在审美教育的环节设置中，须关注主体情感的多样性，以适应当今主体发展的情感多样需求，特别是随着今天媒介技术的发展普及，参与者不再满足自己作为被动的接受对象，而是要作为直接参与事件的建构者，这自然对当代美育以何种方式融入教学实践过程提出新的要求。

参与式正是通过二元身份的重置，将在场各主体的经验进行连接，由发起者提供不同主题/事件为情境，将直观体验作为参与者情感呈现的最佳通道，通过超越现实冲突的审美活动，在采用对话、协商、合作的关系中形成不同主体的感知，保证主体的自我意识不受困于现实关系，在表达上始终呈现多样化的形式，以符合审美情感差异的特质，美育活动为实现参与式教育理念提供了生存空间。

主体在体验中获得的经验感知，又如何结合生产、创作等实践方式进行输出，这是作为参与者的主导理念转化为事实的重要环节。参与式着力于以社区项目、工作坊、剧场展演等艺术实践形式进入社会领域，促使主体协作参与社会的公共服务建设。显然，参与式的艺术实践区别于单一的实践活动，不是将个体的审美经验通过单独技术学习进行反复试练，生成艺术形象创作的首要条件，或者以特定历史语境、风格范式作为艺术生产机制的内部考察，而是将主体审美经验、艺术本体扩展至外部的社会领域。技术本质是培养艺术能力的保证，它不是凭空而起的产物，是需要符合社会规律、人的内在尺度所形成的一种实践与超越，自然要求主体的经验与社会的日常关系进行连接，这不仅是对主体前期专业能力的考察，更是根据具体的社会实践需求，结合在地调研、报告方案等跨学科合作方式呈现主体与社会的交往关系，以实质的艺术活动进入特定的社会领域，使主体在实践过程中，主动参与事实的历史情境过程，获得更深层次的感性认识，从而创造更具有认同性的社会艺术实践内容。反之，参与式理念也拓展了探索美育实践过程的边界。

综上所述，参与式美育较完整地呈现了教育活动从主体体验到创造的生产过程，这也为嫁接第一课堂与第二课堂提供了新的建设思路。参与式的本质则是在行动实践中显现，在与他人的交往过程中实现，以审美、艺术教育活动发挥主体自由的感性形式，提供情景交融空间，它保证各主体在更大程度上获得经验感知，从而激发自主意识。其区别于传统的艺术审美活动，将材料、语言等媒介作为审美结果的直接呈现，受众通过系统学习，具有将内化经验感知提升到理性研究的审美能力。参与式将情境活动外延至现实领域，更关注主体在行动实践过程中的本身，基于在场的未知与多样性，培养主体将课堂知识运用在社会实践过程中的能力。以此，参与式依托于外部的现实条件成为社会实践的第二课堂，自然需要参照具体指导思想，使其成为美育价值显现的有力保证。

二、当前艺术高校"课程"与"思政"耦合发展的困境

课程思政由"课程"和"思政"两个板块共同组成，单从词义界定来看，"课程"是高校根据各专业的培养目标，通过制订人才培养方案形成的各类教学科目；"思政"是指专门的思想政治教育学习。

2016年，全国高校思想政治工作会议提出的课程与思政有机结合，使二者处于交融与交叉的对话关系。从外延来看，课程思政不同于专门的思政教育课程，它是一种隐性的思政观念，根植在所有课程的运行与日常教学活动过程中，以育人作为首要目标。在内核上，课程本身的内容知识点较多，思政在实施过程中能否融入不同学科的专业特性，贴合学科的发展轨迹，适应人才培养，决定了二者的协同程度。2020年，教育部针对各高校不同专业特点，进一步明确课程思政分类建设的指导纲要。由此可见，艺术高校因自身学科专业的特殊性，决定了其在课程思政设置与开展上，应不同于其他专业院校，这自然给艺术院校在课程思政创新与实施路径的研究上带来了新的考验与挑战。

从思政的外延立意审视，其内容是对过去实践经验的提取，它是脱离了一定具体语境的理论提炼，具有普遍性和抽象性。艺术的本质首先要求主体的感性体验，这决定了艺术院校学生在对客观事物的观察与表达中，更关注个人化的情感诉求，这种感性思维方式与思政的理性抽象理论容易产生假性的观念对峙。对于教师而言，在专业教学内容上融入课程思政，常出现形式单一，难以平衡内容的现象。设置宏观主题会导致思政理论的空洞，将微观的历史个体作品直接作为思政内容，不仅阻碍思政持续性展开，更是将其作为一个固定封闭的历史概念，导致学生个体经验脱离现场，难以与作品联结产生深层次的共情。课程思政、教师、学生通过课堂构建成一种交往关系，若是在内容衔接上出现隙缝，必然会产生教学困境。

观察艺术课程的内部结构，往往偏重一般门类实践的生产过程，强调专业技术知识作为洞察该学科发展的主要动机。由于其专业性强，通常反馈在艺术院校的就业需求上，学生要求以与本专业的匹配程度作为工作考量的重要指标，甚至是唯一指标，如在就业匹配上有一定落差，面临社会需求则表现出较难适应的境地。我们应反思，对艺术课程的实践本质与艺术创造的价值意义探

索,是否应与当下的社会实践需求形成相互对接与输送的关系。艺术活动是一场游戏,它的形式、模态和功能会随着时代和社会脉络演变,本质上并非一成不变。① 片面强调专业中心化,在脱离具体语境的实践过程中形成的艺术教育,明显忽略了艺术人才在能力培养上,"人"的主体价值的引领,只以单一知识当作统一的实用工具技能,造就艺术课程在当代社会实践语境中被剥落与孤立。由此,介入思政教育是对人的价值意义与精神显现的引导,对于突破各艺术门类的专业壁垒,具有一定的普适性、融通性,并在拓展思想意识及知识结构上为艺术实践课程的创新育人指明方向。

再回到课程思政融合下的主体立场,课堂是教师与学生共同参与作用下的产物,在进入课程的过程中,无论是教师还是学生,始终要回答关于主体语境的问题,即主体是在何种场域中完成自我意识的身份认同的。课程思政的"出场",则回应了主体身份是在其所处的民族、国家、地域等文化认同中,完成艺术观、创造观的个人塑造。血缘、地缘、业缘是联结主体自我的身份认同,艺术教育是主体意识下文化符号呈现知行合一的结果,由此,课程思政为艺术院校的课程开展埋下了土壤。

三、参与式美育介入艺术高校课程思政

(一) 参与式美育与课程思政的内在理论关联

1. 本质同构

美育与思政教育都以"育人"作为理论立意的根本。美育是人在审美活动的体验和创造中,完成自我意识的观照,并且审美是根植在物质存在的一种直接的感官显现,它与人的现实生活相连,造就了美育的人生向度和人文意义的普适性。思政是人与社会价值关系的探索,它是善的指引,是美与善的和谐共存,实现育人的培养目标,以达到人性本质的丰满。美育作为宏观的人文关怀,以实践形式介入课程思政内核,对学生实现以美育人,尤其是在感性思维见长的艺术院校,参与式美育强调主体的在场经验,为艺术院校的课程提供了一种有效且持续的实施理念,思政在主体与社会合理关系的价值讨论中,完成对参与式美育主体体验与社会交往内容的修补。

2. 价值同频

参与式的文化理论可追溯到20世纪90年代,法国艺术家尼古拉斯·伯瑞

---

① 尼古拉斯·伯瑞奥德. 关系美学 [M]. 黄建宏,译. 北京:金城出版社,2013:1.

奥德在《关系美学》中提出"艺术参与"的构思，指出艺术实践是主体在社会交往中完成的，召唤主体与社会情境的互动关系，将艺术与审美从一直纠缠于自律与他律的泥潭中拉出。美国社会学家亨利·詹金斯在《文本盗猎者：电视粉丝与参与式文化》一书中提出"参与式文化"概念，该词最早用以描述媒介文化中的互动现象，人与社会关系的转变，造就媒介生态环境的改变，受众从主动介入文本的体验到生成的过程，获得主体身份的认同。可见，参与式是将主体在场作为考察的第一要素，此时的主体必然已脱离恒定不变时空下的静态概念，在与不同地方性、特定文化事件的接触中，展开与社会交往的动态关系。

如前文所述，参与式理念最早是从政治扩展至文化领域的，借由审美艺术的情境活动，直观再现主体与现实生产的连接，并以艺术的形式介入讨论社会发展机制的合理性，从而获得主体的审美愉悦。思政则是以理论共性为社会发展提供明确的前行方向，建构主体在参与过程中与现实的交往关系，自然地为参与式美育介入艺术院校课程提供精准的思想引导，保障艺术专业人才能力培养上的正确价值引领，从不同维度确立主体自我意识的感知价值，以个体真实触及的现实为指引，在回溯对自我观照的审美化过程中，完成对人的价值追问。

3. 应用同行

马克思美学将审美对象重新放置在现实社会关系中考察，带动了美学研究的新转向，不再以传统精英视角介入现代性的问题讨论，转而以建设性的角色参与现当代社会的发展进程，以审美泛化至日常生活为研究导向，以美的规律为纽带共同构建社会的合理性，成为当代美学的实践命题。自此，传统美学在面对当今个体的审美经验时，由于缺乏现实语境的回应，其理论难以形成闭环。当代美学则需要以鲜明的社会文化问题意识为指引，使个体不受制于日常碎片的现象中，审美理念在介入社会意识的过程中，其自身又通过践行显现美育的价值，使主体美感经验形成理论的自觉。

参与式正是在人与对象的关系中生成，借助艺术审美的自由活动重构二者的关系，自在显现主体的感性经验，但区别于传统的艺术审美，它将展开过程直接放置在社会的语境中呈现，回应了马克思美学强调人的感性经验是在现有的事实中建立的观点，这自然也为当代美学的实践探索提供了新的方案。思政教育作为人与社会的价值指引，具有客观理性的规律特征，同样以立足现实实践显现社会文化的意识，在自在的主体感性经验中彰显标尺的意义。

(二) 参与式美育介入课程思政的实践路径

笔者近几年在四川音乐学院的教学工作经历中，积极探索专业教学和课程思政的有机融合，依托于专业特质深入挖掘思政资源，将思政教育融入日常的教学活动中，并结合校地、校企资源，最大程度地体现艺术院校因材施教、以美化人的育人优势。笔者在具体考察中发现，无论是课堂教学还是艺术实践中的思政呈现，教师仍是大部分活动的主导者，学生更多扮演固定观众或者历史作品（内容）的表演者，在被动且不自觉的情况下参与了全过程。

介入参与式美育理念作为实践路径，以对话、协商等形式，将教师与学生的身份重置，目的是关注学生主体的参与意识。当然，参与式在赋予学生课堂的主体权力的同时，并没有剥夺教师"在场"的重要性，课程思政既然是隐性存在于教学现场，那么它的观念则给予教师不同主题设置、引导的灵活性。比如面对经典文本或作品语境下的历史文化议题，其作为艺术专业与课程思政融合的重要选择题材，教师不应局限于先行理性语言的陈述，使学生在单向接受的过程中获得一种结果式审美，而应考虑将课堂构建成事件发生的"游戏现场"，因为游戏可以成为人与人、人与事件交往的中介。首先游戏是在与他人的协作中完成的，这保证了游戏以主体间的公共交往为前提；其次游戏不是现实事件，但又是根植在日常之中的特殊活动，是由主体发起，借由切换新的空间模拟事件，人与人、人与事件自然构成一种参与共存的关系。在共同进入游戏的发生过程中，它自身的随机性及不受结果支配的特质，决定了主体可以在参与中摆脱说教、规训等外化作用的影响，而根植在个体内化体验的存在之中。

当然，游戏不能舍弃结果或目的，教师需要结合思政内容设置具有一定导向性的游戏规则，以正确的价值取向与人格培养为目的指引，并邀请学生结合自己擅长的艺术行为方式，共同以感性化的排练形式模拟情境，从而体验事件的生成过程。参与式美育始终强调主体参与事件过程的体验，区别于教师仅将事件作为知识结果，或学生以表演者身份间接再现事件的发生过程，虽后二者有不同过程的审美介入，但在某种程度上缺少了在事件-他者的语境中作为主体"在场"的能动性。借由游戏的过程，是将日常的、熟悉的历史现实结合艺术化的形式，获得一种陌生化的感性经验，并且最终由于在场的不确定性，突破了预先内容的封闭结构，不同主体与事件又形成了一种新的开放式关系，在不断参与的过程中，加深其感性经验的积累，这是教师将实践与理解思政的感知权力，结合熟悉的艺术形式更大程度地还给了学生。

对于参与式的在地性，不应局限于学校课堂，还须更多地与当地的社会文化空间拓展联结。思政并不单是静态的一种思想指引，人的价值意识需要在具体的社会环境中，通过具象化的实践活动来动态显现。教师可选择体现当地及周边的文化特色活动，与学生以小组或团队的方式对其进行调研、问卷等田野考察，在问题的搜集、梳理、发现过程中真实地感知现实，并且在考察过程中发现问题，使学生针对问题利用自己的知识技能回应事件、解决问题，在切身语境中培养技术连接现场的能力。这不仅区别于社会学以采集数据作为呈现一般问题的支撑结果，而且在问题的理解过程中介入主体对现实的观察，更多关注自我的感性经验，以直观感知的艺术形式呈现与社会交往的结果，是艺术实践教学的成果反映，用更有温度的方式回应思政教育中对人的本质关怀。除此之外还可作为当地艺术文化符号的再呈现，将田野过程结合当代大学生感兴趣并擅长的影像、新媒介方式进行在场性的介入，或者邀请戏剧、舞蹈等身体行为感知敏锐的艺术专业学生进行本专业与跨专业的综合性呈现。它可以是在场性的群体对话，也可以是结合表演活动的艺术行为，在可见的实践过程中使学生理解现实，更好地融入社会。在地性也正因为在主体的多重经验表达中，借由不同媒介形式呈现出当地文化的多维度视角，促使主体与在地自然形成一种互文性的艺术传播效果。艺术行动就是要参与现实感觉和社会意识的塑造，它是一种排演，就是用事件性去拆解、改造艺术作品的物性，就是使作者与观者、个体与群体之间，形成符号和欲望、思想与感觉的交错撞击，凝聚起感知、制作与行动之间折射回荡的洪流。① 这区别于单纯的艺术采风，以及以交换空间，在不同现场进行同一重复的艺术表演、展演活动，等等。参与式正是舍弃脱离社会情境标准化下的艺术生产活动，或者悬置主体经验对在地的理解认知，因为自我的情感经验只有在现场的实践过程中才能得以显现，在此基础上，思政作为确切的指导策略与问题意识，才能引导主体通过在地性的艺术活动，形成主动参与公共社会构建的意识自觉，才能创造更贴近当地文化的多元价值成果。

四、结语

参与式美育以人与人在社会中的交往为根基，以审美艺术的形式介入讨论现实发展机制的合理性，获得主体的审美愉悦，思政以明确的社会价值引领为

---

① 许江. 国美之路大典：艺术策展卷·行动之书 感知现实［M］. 杭州：中国美术学院出版社，2018：8.

参与式的实践空间提供了有力保障,这为当代美学的探索提出可操作的实践路径,更是对美育如何介入艺术高校的课程思政的新思考。作为现代性的一种教学手段,参与式在艺术高校课程的生成与生产过程中,为学生如何参与、怎么参与,以及教师如何引导学生参与思政的价值构建,实现艺术教育是主体意识下文化符号呈现知行合一的结果,创造了更具有认同性的社会艺术价值成果,也为参与式美育在持续的实践过程中,讨论其理论生成与转化的合理性,探索出更符合当代艺术高校的教学理念留下空间。

高校美术馆美育文化空间的探索与建构
——以西安工商学院美术馆为例

西安工商学院　李　珊　赵明煜

摘　要　高校美术馆是集收藏展示、艺术教育、学术研究等多重职能为一体的综合性教育空间，承担着美育实践与文化交流传播的双重责任，其育人职责在弘扬美育精神和提升人文素养方面尤为重要。高校美术馆为校园美育提供了资源和场地，应尽可能地提升美术馆在美育工作中的利用率，助力新时代高校美育工作的持续深化。本文从空间生产的角度探讨高校美术馆文化空间的建构，用个案研究的方法对高校美术馆的育人路径、管理体系及实施成效进行探索，以期为地方高校美术馆美育职能的开发、美育效能实施路径的探索提供更多的实践思考。

关键词　美育；美术馆；文化空间

当代高校美术馆是集收藏展示、艺术教育、学术科研等多重职能为一体的综合性教育空间，承担着美育实践与文化交流传播的双重责任，其育人职责在弘扬美育精神和提升人文素养方面尤为显著。2020年中共中央办公厅、国务院办公厅印发《关于全面加强和改进新时代学校美育工作的意见》，指出高校美育工作的目标是"到2022年，学校美育取得突破性进展，美育课程全面开齐开足，教育教学改革成效显著，资源配置不断优化，评价体系逐步健全，管理机制更加完善，育人成效显著增强，学生审美和人文素养明显提升。到2035年，基本形成全覆盖、多样化、高质量的具有中国特色的现代化学校美育体系"。文件中要求着力改善办学条件：要加强高校美育场馆建设，鼓励有条件的高校与地方共建共享剧院、音乐厅、美术馆、书法馆、博物馆等艺术场馆。

列斐伏尔的空间生产理论为高校美术馆空间的开发利用研究，尤其是从空间生产的角度对高校美术馆空间生成具体路径的探索提供了重要的视角。美术馆是艺术、文化、学习、交往的多元共享空间，高校应从单一美术馆空间的物理维度延伸到空间生产的社会维度，最后在美术馆空间的精神维度发挥作用，形成一个实体与概念、现实与虚拟相结合的多元文化空间。

列斐伏尔对空间的研究和分析主要围绕空间实践、空间表象、表现的空间三要素进行展开。① 空间实践（spatial practice）是被感知的空间，是一切社会构成的生产和再生产的统一体。空间表象（representations of space）是构想出来的社会空间，是生产与再生产的秩序或关系，通过对知识、符号的控制使空间的形态具体化、概念化、表象化，这是空间实践的控制规则。表现的空间（representational spaces）是对空间的重构和反思，通过对符号、图形、象征等手法的探索去发现其表象背后的内涵意义、象征意义或意识形态方面的要求。由此可见，列斐伏尔认为空间实践反映的是空间的物质特征，空间表象是精神性的想象空间，而表象的空间是将空间实践与空间表象的特性相结合。换句话说，理想状态下完美空间的认知是将空间的物质特征与精神特征相结合。列氏不断强调空间的社会性，认为其不仅是各种社会关系发生的场所，也是社会关系生产与再生产的过程，从而揭示了空间的价值产生功能。这些观点给此后的研究者如福柯、哈维等人奠定了研究基础，将空间的概念、范畴不断拓展，为美术馆空间研究及美育功能的实施路径提供了新的视角。

本文从空间生产的角度探讨高校美术馆文化空间的建构，用个案研究的方法对高校美术馆的育人路径、管理体系及实施成效进行探索，以此为地方高校美术馆美育职能的开发、美育效能实施路径的探索提供更多的实践思考。

一、高校美术馆的美育职能及实施现状

美术馆是博物馆的一种，属于文化艺术类博物馆。"美术馆是造型艺术的博物馆，是具有收藏美术精品、向群众进行审美教育、组织学术研究、开展国际文化交流等多职能的国家美术事业机构。"② 当代的美术馆是集收藏、展览、教育、研究为一体的社会美育空间，是公共文化服务机构，作为社会美育平台，承担着公民美育的职能。当代的美术馆同时也是一个多元知识的生产空间，通过不同主题的展览和各类艺术作品吸引大众，以对展览审美欣赏为起点，引发参观者对作品的创作背景、文化现象等知识进行更深刻的了解，提升观者对美的感受力，以美启智，对提升公民综合素质意义重大。

高校美术馆的建设结合社会美术馆的运营模式和高校学术资源为一体，依托高校丰富的教育教学资源，以校园文化环境为主要场域，服务于全体师生，

---

① 郑震. 空间：一个社会学的概念 [J]. 社会学研究，2010（5）：167-191.
② 文化部. 美术馆工作暂行条例 [EB/OL]. (1986-11-10) [2024-06-01]. https://www.chinacourt.org/law/detail/1986/11/id/5751.shtml.

并且该空间与教学、科研等高校实践活动紧密联系，功能的复杂多元性使高校美术馆对"展""教""研"功能的结合尤为看重。校园美术馆在校园文化环境建设、人才培养、学科建设和高校美育工作中发挥着至关重要的作用。高校美术馆的美育功能主要体现在：利用校园文化资源和馆内艺术资源，向全校师生开展体验式、开放性的审美教育，以趣味培养带动陶冶情操，以培养完整健全人格带动学生树立正确的人生观、价值观，提升学生精神世界的丰富性，使他们成为内心世界丰盈充实的阳光青年。20世纪90年代起随着科教兴国等战略的实施，国内高校美术馆迎来了快速发展的阶段。2018年全国高校艺术博物馆联盟曾提出"杭州共识"，主要对高校美术馆的现状和未来发展方向达成共识，相关内容有履行社会美育责任和使命、促进艺术学科的发展、培养艺术类创新型人才、完善社会公共文化服务体系建设等。

经笔者研究发现，现阶段我国高校美术馆职能的履行与开发总体呈现不平衡的状态。部分领军高校和艺术学院对校园美术馆的建设路径进行探索和开发，能做到教学工作与美术馆美育效能相互促进帮助。但大部分高校或因各自条件的限制，其美术馆的使用与校园美育工作的关联性极低，出现馆内开展的校园美育活动寥寥可数、硬件资源匮乏、管理模式单一等现象，这些都显示出校园美术馆履行美育职能不健全等问题。由此可见，多数高校的美育场域并未发挥出其应有的美育功能，美术馆校园美育实施路径有待探索和完善。

从地域角度看，笔者所处的陕西地区，在2010年前后各高校逐渐提升对校园美术馆的重视，先后完善了校园美术馆的设施和管理制度。目前从各高校美术馆举办的展览来看，各类展览主要服务于学校艺术学院，展览内容较为单一，以美术类专业学生的结课展或毕业作品展为主。从各高校美术馆开展的活动来看，美育活动与校园美术馆的合作密切度不够，大部分高校美育活动在校团委的组织下进行。如大学生社团文化艺术节、书画展览等活动，参与者主要为部分社团学生，活动的组织者和指导者通常是社团的学生社长，这使得高校美育活动在实施的广度和深度上都有一定限制，无法达到良好的校园美育效果，据此可知高校美术馆的利用路径和美育效能的开发亟待探索。

二、"空间生产"理论下的校园美术馆建设路径探索

美术馆属于典型的社会公共空间，对参观者的种族、国籍、性别、年龄、身份地位、宗教信仰等没有任何限制，所有人在美术馆享有平等的权益。美术馆依托馆内的展览资源和馆藏资源，承载着文化传播、艺术教育、社会交往等

各种社会职能,是集学习空间、知识空间、文化空间等为一体的多元文化互动交流。参观者在此空间中积极参与并进行表达交流,通过参观馆内的作品与古今中外艺术家心灵对话,将静态的展览与动态的社会交流空间合为一体,自由建构一种关于知识生产和文化传播的活态共同体,这种形态也正是列斐伏尔所倡导的"空间"概念的内核。从文化认同的角度看,这一空间的交流方式也有助于构建稳固的中华民族共同体意识,起到提升民族自信和文化认同感的作用。

无论是社会美术馆或校园美术馆都有收集、整理、保存、展览艺术品,并开展相关主题的教育宣传活动的社会教育职能。美术馆在对各类文化和艺术资源进行收集、整理、展览的整个过程也实现了其作为文化资源的载体的职能,美术馆空间生产过程符合列斐伏尔提出的空间生产三重维度的理论。

1. 美术馆空间生产的物理维度

从空间属性的层面来说,美术馆是通过馆内展览区域的分割和布局,将不同的展览空间、互动交流空间相结合的有实体的物理空间。此空间是可感知、有具体形态的物理空间场所,或曰美术馆物理空间的审美场域,是现实物理空间的生产。

2. 美术馆空间生产的社会维度

参观者在美术馆里通过欣赏艺术作品,在不同主题和展览空间中受到文化和艺术的熏陶,此过程隐藏于物质空间生产中,通过不同的社会活动和社会关系相互作用最终得以实现,是通过各种社会关系的作用在美术馆进行的知识生产活动。此过程在物理空间的基础上又反作用于空间中的生产,成为基于个体审美经验、社会生产活动和空间关系相互协调影响的社会空间。物理性空间对应的是列斐伏尔空间三要素中的空间实践层面,是可感知、可实践的空间,此社会性空间不但是各种社会关系发生的场所,而且是各种社会关系的生产与再生产过程本身。

3. 美术馆空间生产的精神维度

美术馆空间还具备列斐伏尔所阐述的空间的精神性特质,此特质对应列氏空间三要素中空间表象层面,是构思的空间、构想的空间、精神构造出的空间。具体可以说是美术馆展览空间的规划,或者空间的分割、设计思路等内容,也可以说是对该空间概念化、抽象化的理解和感悟。①

---

① 彭松林. 列斐伏尔"空间生产"理论对图书馆转型发展的启示[J]. 图书馆建设,2021(1):105-113.

而列氏空间三要素中表现的空间层面，是结合空间实践和空间表象的综合性多元展示空间，通常借助文化符号、象征手法、语言学等手段表达自身内涵，是社会实践和社会关系的综合。在此空间中参观者可以对空间体验、实践、意义等进行加工再生产，是具有深刻超越现实意义的综合体。

上述空间生产的三要素与空间生产的三元形态共同作用于美术馆这个空间生产的全过程，赋予美术馆这一知识生产的空间更多元的意义和内涵，在满足空间生产、参观者精神需求及社会发展需求的层面上提出了新的思考和实践方向。

三、高校美术馆育人路径的探索与实施——以西安工商学院校园美术馆为例

1. 校园美术馆概况分析

高校美术馆为校园美育提供了重要的场域，能有效推动高校美育的发展。西安工商学院校园美术馆成立于 2018 年，成立之初与西安高陵区文化馆签订了合作协议，成为高陵区文化馆的校园分馆。该馆总面积 1500 余平方米，是集艺术展览和学术文化交流为一体的校园综合美术馆，也是学校艺术学院大学生教学实践基地，承担着设计、布展、学习、交流、创作、展示等功能。同时，该馆毗邻校园双创教育中心和西安市高陵区优秀传统文化传承基地，该区域各单位发挥职能优势结合、互助互利，亦可作为今后校园美术馆美育职能开发路径的探索方向。

目前学校美术馆常设展览由经典国际艺术展、教学成果展、优秀学生作品展三部分组成，此外还陆续举办如"纪念西安事变主题电影手绘场景图片展"等专题性展览。展厅两侧各设一间 60 平方米的展藏库和教研室。该美术馆由学校艺术学院直接管理，但存在展览规划内容单调，专题性展览更新慢，各类展览与教学活动、校园美育活动的紧密性不高等问题。笔者认为应结合校园地域文化特点，挖掘校园美术馆中的美育教学资源，提升美术馆在高校美育工作中的利用率，助力校园美育工作的持续深化和发展。

2. 美育效能开发路径建构

（1）建构丰富多元的育人模式

① 艺术与非艺术专业全覆盖。校园美术馆作为校园的美育公共空间，是全校师生共同参观、学习、交流、体验的共享空间，参观者相互交流沟通的过程较强地体现了该空间的社会性，其开放性、公共性、包容性的特点助力校园

美术馆成为一个平等参与、自由出入的文化艺术知识生产场域。①

具体来说，以往校园美术馆展览主要面向艺术类专业学生，是学生毕业作品和艺术竞赛的重要展示平台，对非艺术专业学生的参与度和美育实践功能重视度不够。所以校园美术馆在宣传教育上要重视引导各专业学生积极走进美术馆，并参与到展览作品的布展、讲解和趣味性艺术实践活动中去，提升学生对艺术展览、美育实践的参与性，打破学生对艺术展门槛的偏见，帮助学校全面提升学生的艺术素养与审美水平。

② 课上课下联动。校园美育的实施除了在传统课堂中进行相关美育课程以外，还打破时空限制，拓展当代学生学习知识的渠道。一方面，校园美术馆作为第二课堂有"第三空间"的特质，能让学生接受不同知识和文化艺术的熏陶。这个过程通过显性和隐性两个层面促进学生间进行学习与交流，如对校园美术馆中的艺术作品进行欣赏和分析的同时，结合作品知识和背景资料、馆藏文献资源，学生可自主学习，此为该空间显性层面的学习方式。另一方面，结合馆内举办的艺术沙龙交流会或学术讲座等活动，让前来观展的师生在展览空间中就展览内容进行交流互动，形成一个展览参观用户关系网，助力学生建立一个立体多元的学习与交流体系。

此外，校园美术馆作为艺术教育的课堂延伸，可以充分将美术馆和艺术课堂进行融合联动。在教学过程中，教师可以带领学生走进美术馆，将授课空间转换到美术馆中，结合美术馆的实体陈列作品进行现场互动讲解，从而拉近学生和艺术作品之间的距离，提升学生的艺术欣赏体验感和审美愉悦感。在教学结束后，收集学生作业，以美术馆为平台举办结课展，并在展览现场进行点评，并与学生交流，让学生在互评互讲中对艺术创作活动进行总结和反思，激发学生的创作灵感，促进学生的创作积极性。

③ 校内外美育组织合作共助。校园美术馆要顺应时代发展趋势，除了作为校园区域内知识生产和传播的空间外，还要尝试打破物理空间限制，建立校内外知识传播网络和美育传播活动机制，促进校园美术馆成为多元协作、积极创新的新型美育实践空间。

在促进高校与社会公共美术馆合作方面，美育课程的实施不应仅限于校内的各项活动，还应与校外各项美育实践活动紧密联系。西安工商学院地处陕西关中平原腹地高陵区，从秦孝公十二年（公元前350）建县至今，高陵区千百

---

① 王子舟. 公共知识空间与图书馆 [J]. 中国图书馆学报，2006（4）：10-15.

年来文脉不断、人才辈出，拥有丰富的历史文化积淀。校园美术馆在建立之初就与区域社会文化馆高陵区文化馆紧密合作，是承担着公共美术馆美育和校园美育双重职能的区域文化馆分馆。高陵区文化馆成立于1953年，被国家文化和旅游部评定为国家一级文化馆，馆内有大量区域非遗资料和作品，经常开展民俗文化专业培训、讲座和调研活动，并组织发动千人进行"口述史文化调查"。学校美术馆与区域文化馆紧密合作交流有助于促进科研学术资源和非遗艺术实践资源共享，极大地扩展了校园美术馆馆藏和艺术展品的丰富性，促进了学校更加符合教育部统筹整合社会资源的要求："让收藏在馆所里的文物、陈列在大地上的文化艺术遗产成为学校美育的丰厚资源，让广大青年学生在艺术学习的过程中了解中华文化变迁，触摸中华文化脉络，汲取中华文化艺术的精髓。"[1]

2022年6月，西安工商学院举行了高陵区文化馆西安工商学院分馆揭牌仪式暨"激发非遗活力·创造美好生活"活动，2022年高陵区举办了"文化和自然遗产日"非遗宣传展示活动，活动通过展演、街头巡演、集市摊位等方式展示了药惠竹马、船张芯子、洞箫艺术等16项地区非物质文化遗产。学校通过校园美术馆和高陵区文化馆的联动，把社会文化资源与校园资源相融合，营造了良好的美育氛围，使学校美育空间内容更加丰富，便于师生梳理地方文化脉络、彰显地域文化传统，引导学生对地方文化特色进行深入的凝练和理解，鼓励学生发挥实践能力对地方特色文化进行艺术风格和表现形式上的创新和探索，促进区域文化的弘扬和宣传，加强校内外文化合作，同时也响应了国家建设文化强国的策略。（图1）

图1　非遗宣传展示活动

---

[1] 中华人民共和国教育部. 教育部关于切实加强新时代高等学校美育工作的意见[EB/OL]. (2019-03-29). http://www.moe.gov.cn/srcsite/A17/moe_794/moe_624/201904/t20190411_377523.html.

此外校园美术馆还可定期组织专题讲座和美育论坛，邀请艺术家或非遗传承人进行美育讲座，并请专家学者进行艺术作品创作的现场示范活动，提高美术馆美育活动的参与度和实践性。

校园美术馆与校外企业合作，可为学生提供更广阔的实践和展示空间。校园美术馆可与多家公司签订合作协议，建立集艺术创作、文化旅游产业为一体的校企合作方式，长期稳定的合作有助于校内外美育成果的展示和商业转化，文创产品的开发和变现在一定程度上也激发了学生参与美育实践工作的积极性，形成校内外互补互助的良性发展模式，为学生创造一个更优质的文化环境，发挥地域优势鼓励学生参与到地区非遗的保护和传承活动中去。校园美术馆应坚持"五育并举"，推进"三全育人"的重要举措，充分利用校园文化资源，推动校园美育工作的落地。

（2）美术馆管理机制

2022年8月起西安工商学院成立美育研究中心和美育教研室，建立专职美育教师队伍，校园美术馆由美育研究中心直接管理。这种馆教一体的管理模式，使美育课程的建设和实施者同时也是美育空间的直接管理者，打破了常规高校美术馆与教学单位分属不同行政部门的壁垒，消除了美术馆使用过程中因管理机制不完善造成的障碍。据此，美育教师可充分利用校园美术馆作为美育交流空间，保障美术馆与美育教学实践紧密结合。美育教学体系的建立和完善与美术馆空间功能的建构相互融合，将极大地促进校园美育效能的开发与实施。

（3）探索新技术与传统展览模式相结合的交互式美术馆

校园美术馆的物理空间与数字媒体技术的虚拟空间相结合，将美术馆展览空间进行延伸，同时扩大美术馆知识空间生产活动的内涵与外延。后疫情时代给我们的生活带来了更多可能性，校园美术馆的美育方式也在展览方式等方面相继发生变化。高校美育中心将学校现有数字媒体技术、VR技术与非遗展品、传统民俗艺术展品相结合，筹备搭建线上线下两个展览平台，建立线上虚拟美术馆和线下VR观展体验中心，利用新技术让师生从多角度对艺术作品进行审美欣赏。校园美术馆的数字媒体技术依托艺术学院数字媒体专业团队的技术支持，为学生提供以线上、线下美术馆为主的展示和实践平台，使教学与实践相结合，让学生成为既掌握数字媒体技术理论又熟练运用相关技能的实用型人才。

美术馆积极组织开发新技术与传统展览模式相结合的展览方式，在场馆的规划中，留出空间专门用新媒体技术营造一定的情境和氛围，通过 VR 技术将非遗和民俗作品的制作工艺、创作流程进行数字化处理并展出，通过材料的选取、加工制作等流程的展示让学生们更直观地了解制作流程，感受非遗之美。比如学校加设的美育实践课程"壁画之美"中，将壁画制作结课展与美术馆灯光技术相结合，营造出幽暗深邃的石窟之感，利用全息投影等技术播放与课程内容相关的影片，将数字媒体技术和展览相结合，设置 VR 互动、游戏互动等区域，提升校内师生展览体验，增强学生艺术感受力，有效提升美术馆美育工作成效。

（4）展厅内容及空间规划

校园美术馆空间规划应当在展现美术馆基本职能的同时推进打造地域文化特色空间，建立一个传承与创新融合的综合性多元美育传播空间。校园美术馆从多角度思考美术馆的美育实施规划，结合校内外多领域资源，开发并设计出各类丰富的校本美育活动。馆内设置艺术实践区、非遗体验区、民俗艺术区、讲座区、数字化展区、创作工作坊、艺术展演等展区。将探究式观展活动和流动式展览活动相结合，加强展品与观展师生之间的交流；在导览参观的安排上，以美育中心专任教师牵头，鼓励整合美育校本课程的师生和学校社团积极参与，培训并打造一支专业的讲解团队；联合校宣传部，将不同主题的展览提前在网络平台上进行内容的宣传和推送，提升学生参展的积极性和观展热情。（图2）

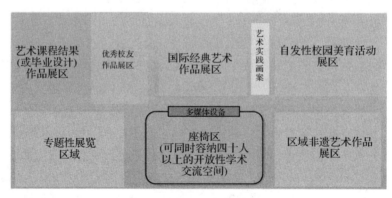

图2 展厅空间布局设置

① 常设展：校园美术馆常设展主要由国际经典艺术作品展、区域非遗艺术作品展、优秀校友作品展三部分组成。

国际经典艺术作品展主要是中外经典美术作品赏析，展览旨在对中外经典艺术作品进行普及和赏析，来到这个展览空间仿佛将漫长的时空进行压缩，学生在欣赏艺术作品的同时感叹人类的无穷智慧与艺术的伟大，开拓学生的视野，帮助学生了解艺术史发展脉络，形成广阔的艺术视野。

区域非遗艺术作品展是学校美术馆的特色之一，展览与高陵区文化馆合作，展示部分高陵区非遗艺术作品及珍贵的影像资料。美术馆借高陵区"文化和自然遗产日"非遗宣传展示活动的机会，将区域内非遗艺术及著名文化艺术作品收集整理后展出烙花、剪纸、叶雕、扎花及纸扎等作品，同时通过开展本土艺人个展的形式，宣传艺术家返璞归真的生活情操，弘扬淳朴的民风民俗和崇文尚礼的传统美德。目前馆内展品有高陵洞箫、船张芯子、高陵花灯纸扎、剪纸、扎花以及当地艺术家的书法、绘画等，展览的形式主要为：非遗实体作品、数字非遗、非遗 VR 体验区及上述非遗传承人的影像资料，这些作品长久以来一直深深嵌在一方水土的文明演变之中。学生通过欣赏这些珍贵的非遗作品，了解它们传承保护情况和传承人现状，切实感受艺术与人的密切关系，体会本土艺术的温度与质朴感，加深学生对非遗保护和传承紧迫性的体会，激发他们的社会责任感，积极倡导和宣传非遗的保护与传承，培养学生的实践创新意识，以艺术创作和非遗元素的创新设计为理念做力所能及的传承实践。（图 3、图 4、图 5）

图 3　非遗作品展示区

图 4　非遗传承人工作坊（毗邻美术馆）

图 5　学校美术馆非遗 VR 体验区

优秀校友作品展是学校收集各专业学生优秀艺术作品，并进行不定期更新，注重校友榜样性力量的树立，激发学生努力向各界优秀校友、榜样力量靠拢的展览。

② 专题性展览：校园美术馆专题性展览主要由红色主题展、特定艺术专题展、教育教学成果展三部分组成。

红色主题展与学校所处的地域文化相结合，将校本美育与课程思政紧密结合。因学校毗邻延安革命老区，有深厚的红色革命基因，围绕建党等各类主题及热点活动举办相关艺术展览或影像欣赏活动，有助于凝聚人心，使学生在欣赏艺术作品时潜移默化地接受思政教育，在艺术欣赏的过程中既提升了审美水平又了解了革命历史；使学生汲取革命精神的需求变得更为强烈，帮助学生树立正确的历史观、文化观、民族观、国家观，陶冶学生的高尚情操，增强文化自信。

特定艺术专题展的内容设置与高校美育培养方案相关联，美术馆每学期组织两场专题性展览，内容为经典艺术作品展，结合美育课程让美育理论与实践从时间和空间上都有所拓展，做到让学生于课内外、校园各个角落都能在美中浸润，营造良好的校园美育氛围。

教育教学成果展区主要展示学校近年来的办学成果，集中为教师和学生的获奖、学校荣誉等方面的展示，激励更多的学生参与到美育实践活动中去。

③ 自发性校园美育活动展：此类展览主要是美育中心组织的美育教学实践活动，联合校团委、校宣传部等诸多部门及各二级学院之力，举办各类校园美育活动及成果展，面向全校学生征集优秀作品，包括摄影、书法、绘画、剪纸、手工等。

学校的艺术家工作室为学生美育提供了创作平台，而这个展区也为学生美育的学习交流提供了良好的场所，以此加强师生、生生之间的互动交流，能让学生在自由快乐的创作、交流环境中以美润心。

（5）引进来、走出去：构建理论与实践相结合的互动交流模式，宣传定制校本美育 IP 品牌

美术馆带给师生的体验是多元的，将美术馆空间的物理性、社会性、精神性相结合，增强该空间与师生的关联性，就要依托于各种形式的互动交流模式，在理论上为学生对校园美育的认识奠定基础，从实践层面促进学生对以美育人、以美润心等美育策略的认同感，让美育切实和学生的学习、生活发生关联，引导学生对美的认同感从身体、心灵、精神上得以贯通，激发学生对美的感受和体悟能力。

地方高校美术馆具备社会美术馆的基本职能，同时应开发其对高校艺术教育课堂教学的拓展和补充功能。美术馆配合美育课程大纲，每学期依据校本美育课程的相关特色设计主题，组织符合主题的校园美育实践和展览活动，其中包括美育课程结课展、非遗考察创作展、艺术课程写生汇报展和毕业创作展等主题明确、注重美育理论与实践紧密结合的阶段性成果汇报展。通过不断更新的各类展览，各专业学生能切实参与到参展、布展、设计、讲解等各个展览阶段，拉近与艺术展览的关系；学生在美术馆中自主参与和组织活动，拉近与校园美术馆的距离。师生在各类展览和作品的欣赏中相互交流、彼此互动，不断开阔视野，帮助学生培养独立思考、发现问题的批判性思维和学术思维能力，为校园美育理论知识体系的完善和建构提供更有利的学术土壤。

校园美术馆可与校团委、校宣传部联合，将学生的艺术成果在网络新媒体平台进行宣传，并进行实体转化。如结合校园美术馆展出的非遗与民间艺术作品及学生在非遗美术实践课程中的作品，设计开发文创产品，在校内艺术工作坊进行售卖，包括叶雕书签、叶雕手办、剪纸、拓印、烙花、扎花、帆布包、DIY 壁画、钥匙扣、笔记本等，让非遗文创"火"起来，努力开发出既有个性又符合潮流的衍生品。校园美术馆将优秀内容设计成校本文化品牌符号，在校园网络平台对相应物品进行商业销售，推进"展览—体验—输出"的美育活动模式。通过观看展览、体验制作过程、带走参与制作的相关文创产品的活动流程，润物细无声地熏陶培养学生，从而鼓励学生发挥创作力和想象力。只要作品符合校园文化形象即可成为校园文化品牌实体并批量生产。校园美术馆开发的文创产品将审美价值、实用价值和收藏价值融为一体，此方式不仅可提高师生的创作热情，还会在一定程度上帮助宣传校园文化，提高校园在地区发展中的影响力和认可度，形成具有地域特色的校园文化品牌。

四、结语

高校美术馆是校园美育的重要实践场所，在列斐伏尔空间生产理论的指导下，优化和提升馆内空间的建设，提高高校美术馆空间生产的质量，对于高校美育建设成效的影响至关重要。首先，要做好高校美术馆物理空间层面的建设和规划，利用校园美术馆现有的物质基础，将美术馆内部的展览空间进行合理的规划和布置，在突出其美育功能的基础上，着重对展馆内具有地域特色的展示和宣传部分进行规划，提升物理空间的利用率。其次，从美术馆美育空间精神性层面的特点看，要着重突出对美育理论和以美育人精神的传达和渗透，各类展览在提升学生艺术修养的同时要激发学生学习的积极性和对地域文化的认同感。通过特色美育展和地方文化艺术的介绍展示，可增强学生的民族自信，触发学生对民族地域文化艺术的情感共鸣。最后，从美术馆空间生产的社会性看，校园美术馆的建设和美育实施路径还要注重其空间的社会文化交流与互动特性，将展览空间建设成多元性、开放性、平等性、个性化、复合型的文化交流空间，让学生从课上、课下，学习中、生活中时时在美中浸润，刻刻在美中成长。

高师乐理与视唱练耳教学的美育向度

盐城师范学院　汪　洵

摘　要　美育是党的教育方针政策，学校美育工作是立德树人、培根铸魂的事业。高师美育具有专业性和师范性的双重特性，师范生是当下的美育受教者，更是未来的美育施教者。因此高师音乐学专业的每一门课程都承担着双重使命。

乐理与视唱练耳是高师音乐学专业的核心课程，它将基础理论与音乐实践相结合，培养师范生必备的专业基础知识与基本音乐能力，培养师范生应对未来基础音乐教育教学工作的潜能。新时代，高师乐理与视唱练耳教学须做到重塑教学理念、整合教学资源、重构教学模式、革新教学方法，方能实现课程的美育价值，夯实师范生的美育素养，提升未来音乐教师"以美育人"的能力。

关键词　美育；乐理与视唱练耳；实现路径

18世纪50年代，德国哲学家席勒在《美育书简》中首次提出美育概念。席勒认为，美育是理性与感性的桥梁，美育以感性为基础开展人格教育，以发展敏锐的感知、丰富的情感及精彩的想象力等感性能力为目标实施创造教育。美育是德智体美劳"五育并举"的重要组成部分，学校美育工作是立德树人、培根铸魂的事业。1995年颁布的《中华人民共和国教育法》第五条规定：教育必须为社会主义现代化建设服务，为人民服务，必须与生产劳动和社会实践相结合，培养德、智、体、美等方面全面发展的社会主义建设者和接班人。进入21世纪，人们对美育的认识与实践不断深入。2020年，中共中央办公厅、国务院办公厅印发《关于全面加强和改进新时代学校美育工作的意见》（以下简称《意见》），这是继2015年国务院办公厅印发《关于全面加强和改进学校美育工作的意见》之后出台的第二个国家层面的美育文件。该《意见》丰富了美育内涵，拓展了育人价值，坚定了正确方向，厘清了美与道德、美育与德育的内在关系，确立了美育立德树人的重要地位，为学校美育工作指明了方向。

一、乐理与视唱练耳教学突出美育的必要性

（一）突出美育是课程教学改革的自身要求

为进一步深化高校音乐学（教师教育）本科专业的改革，提高教育教学质量，培养适应学校音乐教育需要的高素质人才，教育部于2004年印发《全国普通高等学校音乐学（教师教育）本科专业课程指导方案》，2006年又发布《全国普通高等学校音乐学（教师教育）本科专业必修课程教学指导纲要》作为音乐学（教师教育）各门课程教学实施的纲领性文件。

作为音乐学专业的必修课程，乐理与视唱练耳"以视唱练耳基本技能的学习为基点，立足于对乐音音响的感受，将音乐基础理论知识渗透其中，使其音响化，以音响再现其各个类别的内容，通过弹、唱、读、听、写，对基本概念、内容、类别、特性进行诠释和表达（现），引导学生用最便捷的方法获取最全面的音乐基础知识和信息，提高音乐基本素养和综合能力，为进一步学习音乐理论、声乐、器乐、指挥、作曲等打下坚实的基础"①。可见，本课程的实质是在音乐理论知识学习的基础上，不断拓展学生的音乐听觉能力，进而使其音乐感知力得以提升，通过理性认知构建感性听觉能力，为音乐创作、音乐表演，乃至音乐评论、音乐赏析等一切音乐实践活动打下坚实的基础，追根究底是对学生底层审美能力的建构。

删芜就简，乐理与视唱练耳课程教学的主要内容是理论学习与技能训练，如果不从美育的维度进行教学设计与实践，难免会陷入理论学习与技能训练割裂的状态：乐理学习以理论讲理论，为解题而解题，脱离音乐本体与实践；视唱练耳训练将音乐解构为节奏、音程、和弦等要素，分别进行听唱训练，只见树木不见森林，忽略了音乐各要素之间的联系。

（二）突出美育有助于培养新时代师范生

2022年4月，教育部颁布的《义务教育艺术课程标准（2022年版）》强调艺术课程的育人取向，指出艺术课程"是对学生进行审美教育、情操教育、心灵教育，培养想象力和创新思维等的重要课程，具有审美性、情感性、实践性、创造性、人文性等特点"②。新课标的实施需要教师具有与时俱进的综合

---

① 陈雅先．乐理与视唱练耳：第2册［M］．上海：上海音乐出版社，2010：引言．
② 中华人民共和国教育部．义务教育艺术课程标准：2022年版［S］．北京：北京师范大学出版社，2022：1．

素养，培养未来音乐教师的高师音乐学专业亟须改进教育方法，提高学生接受美育和实施美育的能力。

作为美育的重要组成部分，音乐教育的核心素养包括审美感知、艺术表现、创意实践、文化理解等。落实到乐理与视唱练耳课程的教学中，各自为政的理论讲授和技能训练无法培养学生的核心素养，只有从美育的维度出发，以音乐审美培育为核心，音乐综合素养发展为主线，音乐基础知识学习与基本技能养成为落脚点，才能培养出符合新时代需求的未来音乐教师。

二、乐理与视唱练耳教学实施美育的立足点

从高师音乐学专业乐理与视唱练耳的课程特点和课程目标出发，其美育实施也有相应的立足点。

（一）发挥音乐的美育功能

1. 音乐可以丰富情感体验

实施美育需要借助具体的美的形象，音乐作为一种重要的艺术门类，本身就是一种丰富的审美资源，是实施美育的绝佳载体。《乐记》中记载："凡音者，生人心者也。情动于中，故形于声；声成文，谓之音。"音乐长于抒情，常常与人的情感形成共鸣，它以抑扬婉转的旋律、疏密有序的节奏、形态多变的织体、明暗交替的音色等传递着丰富的情感，直达心灵，使人感知到音乐之"美"，迸发出"情"，进而引领人们的情感态度与价值追求，帮助其形成高尚的审美趣味，获得敏锐的审美能力。如无伴奏合唱《牧歌》用婉转悠长的曲调营造出辽阔空旷的意境，在学生的脑海中描绘出一幅大草原的美丽画卷，从而激发学生对祖国河山的热爱和赞美之情。

2. 音乐可以陶冶道德情操

"美是纯洁道德、丰富精神的重要源泉"[①]，美与德相互交融，立德树人离不开美育。音乐是情感的艺术，它通过音乐语言用美的形象感染学生，进而陶冶他们的情操。陶冶是寓教育于情境之中，通过预设的情境来感化和熏陶学生。陶冶不会一蹴而就，无法立竿见影，却能浸润心灵，在潜移默化中对学生品德以深远的影响。正如荀子《乐论》所云："故乐行而志清，礼修而行成，耳目聪明，血气和平，移风易俗，天下皆宁，美善相乐。"如民族器乐曲《春

---

① 中共中央办公厅，国务院办公厅. 关于全面加强和改进新时代学校美育工作的意见[EB/OL]. (2020-10-15)[2024-06-01]. http:www.gov.cn/xinwen/2020-10/15/content_5551609.htm.

江花月夜》神似精细工笔，清新淡雅、层次分明，将古典音韵的格调发挥得淋漓尽致；钢琴协奏曲《黄河》以史诗般的结构、华丽的技巧、壮阔的意境体现了震撼人心的民族魂；交响乐《红旗颂》以宏伟庄严的歌唱性主题，表现了中国人民在红旗指引下，昂首向前、奋发向上的精神风貌和革命气概，促生听者的民族自豪感与文化自信。

3. 音乐可以培养创新意识

习近平总书记强调："创新是一个民族进步的灵魂，是一个国家兴旺发达的不竭动力，也是中华民族最深沉的民族禀赋。""美育是审美教育、情操教育、心灵教育，也是丰富想象力和培养创新意识的教育。"① 别开生面的音乐实践活动能引发学生内在的创造欲，调动他们的感知、想象、理解等心理因素，使他们获得活跃的思维、自由的联想和广阔的想象，激发学生的表现欲和创造热情。如即兴演奏、即兴演唱、即兴创编等音乐实践活动可以为学生提供自由表达的空间，让他们体会自由运用心灵、大脑、身体的快感，激活他们的创新意识与潜能。

（二）立足师范生的核心素养

《义务教育艺术课程标准（2022年版）》指出，艺术课程要培养的核心素养主要包括审美感知、艺术表现、创意实践、文化理解等。师范生将承担起培养德智体美劳全面发展的人才的任务，师范生自身的审美修养和美育能力，将直接影响他们的从教能力。因此，高师音乐学专业培养目标理应与新课标中的核心素养高度契合。乐理与视唱练耳教学应以培养师范生的核心素养为目标，潜移默化地实施美育，使师范生具备良好的审美素质，同时注重价值引领，实施课程思政，将美育与德育相结合，以美育为突破口，树立"育才于美，以文化人"的教师培养理念②。将核心素养落实到课程教学的过程中，通过灵活、合理的教学模式，科学、新颖的教学方法使学生掌握理论知识，练就音乐能力，提高审美能力和美育能力，形成职业素养，培养创新思维和文化理解力，成为符合时代发展要求的未来音乐教师。

---

① 中共中央办公厅，国务院办公厅. 关于全面加强和改进新时代学校美育工作的意见[EB/OL]. (2020-10-15)[2024-06-01]. http:www.gov.cn/xinwen/2020-10/15/content_5551609.htm.

② 吴洋洋，王晓旭. 高师院校美学课程改革的美育维度[J]. 通化师范学院学报，2021（9）：133-137.

三、乐理与视唱练耳教学的美育实践路径

（一）完善教学目标

乐理与视唱练耳教学增加美育的维度，意味着课程须将理论性与实践性的结合落到实处，着眼于师范生的全面发展。高师乐理与视唱练耳作为音乐学专业必修课，担负着培养师范生底层音乐素养和未来教学能力的重要职责，这些素养和能力最终会蝶变成师范生的核心素养，为他们进一步的深度学习打下牢固的基础。因此，本课程的教学目标可更为完善地表述为：

（1）能够掌握音乐学科基本理论，对基本概念、内容、类别、特性进行诠释和表达，全面获取音乐基础知识和信息，提高音乐基本素质和综合能力，为进一步学习音乐理论、声乐、器乐、指挥、作曲等打下坚实的基础。在学生获取音乐知识和技能的过程中培养他们的审美感知力，促进他们形成正确的世界观、人生观、价值观，树立成为一名合格音乐教师的理想和信念。

（2）具备中小学音乐课堂教学所需的听、唱、记、弹等音乐实践能力，具有一定的艺术表现力，并形成一定量的音乐作品储备。能将所学的音乐基本知识和所掌握的音乐实践能力运用于中小学音乐课堂教学。结合中小学生身心特点，进行音乐教学设计。具备一定课内外音乐活动的组织能力。能够结合教材有意识地融入爱祖国、爱科学、爱传统文化、环境保护等内容。

（3）具备良好的教学能力，具有中小学音乐教学必备的创意实践能力。能分析中小学音乐教材和创编教学内容，能够运用所掌握的音乐学科知识体系的思想与方法、音乐学科基本理论和知识等对中小学音乐教材内容进行分析和把握，培养中小学生音乐美育的实施能力。

（4）具备团队协作精神。在课程学习过程中，能与老师、同学、文本交流对话，逐步形成一定的学思能力和文化理解力。

（二）拓展教学资源

我国高师音乐教育目前仍受20世纪初从欧洲引进的音乐教育模式的影响，传统的乐理与视唱练耳教学以单纯的音高、节奏、音程、和弦等要素为基本教学内容，强调掌握"固定唱名法"，教材以法国雷蒙恩和卡卢利的《视唱教程》为蓝本，着重从"技术训练"的层面安排教学任务和教学内容。长此以往，学生对于中国音乐的调性风格、地域特色及音乐形态特征反而陌生，更遑论进一步的思考和研究。

《义务教育艺术课程标准（2022年版）》指出："义务教育艺术课程以立

德树人为根本任务，培育和践行社会主义核心价值观，着力加强社会主义先进文化、革命文化、中华优秀传统文化的教育"①。所以，乐理与视唱练耳应发掘我国优秀音乐文化资源，丰富教学内容，将我国各民族优秀的传统音乐作为音乐教学的重要内容，打造"中国耳朵"，牢牢把握中国音乐的本土特点和本质规律，从感受"音乐"、培养"听觉"等基础环节入手。培养学生内心对中国音乐文化的认同和热爱，振奋民族精神，培养爱国主义情操。

（三）运用混合教学模式

每名学生都有其独特性，传统课堂教学无法顾及学生的差异化需求，线上线下混合式教学模式有利于实现乐理与视唱练耳教学的美育功能，在一定程度上实现了以学生为中心的教学理念。本课程可依托"蓝墨云班课"搭建在线教学平台，平台主要分为"教学资源""测试作业""沟通交流"三个模块。

教学资源模块主要上传课程内容、教学视频、学习指导文本、有声化教材。学习指导文本是学生视角的教案，主要作用分为两方面，一是以文本的形式描述每次课程的教学过程，明确教学目标和重难点，展示教学内容，提出学习要求，指导学习方法，说明课后作业要求，学生在观看教学视频前阅读学习指导文本，可以使他们的学习更有针对性、更有效果；二是提供课上用到的音乐素材和相关知识，比如作曲家的生平、代表作品、艺术贡献，作品的创作背景、艺术价值、历史意义，以及与素材相关的可帮助学生理解教学内容的相关信息。其中一些视听性的内容，教师可将网址制成二维码，学生扫码即可观看。这些经过教师筛选的教学资源，可以帮助学生更精准地拓展音乐知识、内化音乐元素、增长音乐能力。

测试作业模块用于检测学生对所学内容的掌握情况，教师可根据测试结果数据了解学生的学习效果。本课程的测试作业主要使用课前测试、课后作业、阶段测试三种形式。课前测试用于了解学生对上一次教学内容的掌握情况，教师需根据测试数据及时调整本节课的教学内容、深度与节奏。课后作业可帮助学生及时巩固每一节课的知识与技能，教师也可据其了解学生对教学内容的接受程度。阶段测试用于检测学生在一个阶段内对某一主题内容的掌握情况。

沟通交流主要分为课前、课后两个阶段。课前教师主要可通过 QQ 群和蓝墨云班课公告布置预习任务，提醒学生查看蓝墨云班课中相关的预习资源。课

---

① 中华人民共和国教育部. 义务教育艺术课程标准：2022 年版 [S]. 北京：北京师范大学出版社，2022：1.

后教师可对学生上传在蓝墨云班课中的作业进行评价，形成另一层交流。

（四）创新教学方法

《义务教育艺术课程标准（2022年版）》提出重视艺术体验，"强调艺术课程的实践导向，使学生在以艺术体验为核心的多样化实践中，提高艺术素养和创造能力"①。音乐艺术包含创作、表演和欣赏三环节，其中表演最为重要。20世纪，欧洲音乐教育家创造出了三种以表演为核心的教学法。瑞士音乐教育家达尔克罗兹提出了"体态律动教学法"，强调音乐节奏感和舞蹈动作的协调；德国作曲家卡尔·奥尔夫创造了"奥尔夫音乐教学法"，强调乐器演奏，认为演奏方能使学生全身心地感受和表现音乐；匈牙利作曲家和民族音乐学家柯达伊·佐尔坦创立了"柯达伊教学法"，强调演唱，认为应当从本民族的民歌入手进行音乐教育。

在高师乐理与视唱练耳教学中应综合借鉴这些经典教学法，探索出实现课程美育功能的教学方法。如节奏创编接龙，给出需要掌握的节奏型，要求学生按一定的节拍和长度进行组合，一个接一个，后一位学生接的时候要把前一位学生的节奏模仿出来，再进行自己的节奏创编，一直连贯地演奏下去，过程中所有人统一速度打恒拍。又如多声部视唱创编，将学生分组，给每组一条单声部旋律，由学生根据已有的经验，将它移动高度或增减时值，编创出两声部以上的旋律，还可以加上击拍、跺脚等节奏律动。这样的练习既使学生掌握了节奏、速度、音高等音乐要素，又锻炼了学生的内心听觉、音乐记忆能力、音乐创作与音乐审美能力、团队合作能力。

总而言之，美育向度下乐理与视唱练耳的教学改革思路是改变过去以传授知识和技能训练为主的片面的课程模式，以学生为主体，重视感性经验在美感形成中的作用，鼓励学生通过欣赏、演奏、创作等音乐实践活动，将理性知识和感性经验结合起来，实现课程的美育价值。在价值引领下，将美育与师德教育结合起来，夯实师范生的美育素养，提升未来音乐教师"以美育人"的能力，以期将他们培养成符合新时代需求的中小学音乐教师。

原载《艺术评鉴》2023年第13期，略有改动

---

① 中华人民共和国教育部. 义务教育艺术课程标准：2022年版［S］. 北京：北京师范大学出版社，2022：2.

重庆市民办高职院校美育发展现状、问题与建议

重庆城市职业学院　罗　伟　胡欣岑

摘　要　美育是高等教育中的重要一环,在高等教育中,民办高职院校属于比较年轻且特殊的群体,其办学过度注重市场时效性的模式很容易导致美育的缺失。文章从重庆民办高职院校特有财政视角下的美育工作现状、民办高职院校发展与生存制度下的美育课程现状、民办高职院校特有学生属性下的学生美育素质现状三个方面对民办高职院校美育的发展现状进行梳理,对其外部环境的关系、自身内部环境的优化等因素进行系统分析并提出改进措施。

关键词　民办高职；美育；现状改进

当代教育的趋向目标是培养德智体美劳全面发展的人,美育作为其中重要一环,对人的素质的提升发挥着越来越重要的作用。前北大校长、教育家蔡元培先生认为美育能够陶冶人的性情,使人变得活泼敏锐,并帮助人养成高尚纯洁的人格。《国家中长期教育改革和发展规划纲要（2010—2020 年）》明确提出,要"改进美育教学,提高学生审美和人文素质"。2018 年 8 月 30 日,习近平总书记在给中央美术学院 8 位老教授的回信中说,要"做好美育工作,要坚持立德树人,扎根时代生活,遵循美育特点,弘扬中华美育精神,让祖国青年一代身心都健康成长"。习近平总书记还强调,"要全面加强和改进学校美育,坚持以美育人、以文化人,提高学生审美和人文素养"。2020 年 9 月 22 日,习近平总书记在教育文化卫生体育领域专家代表座谈会上,再次强调加强和改进学校美育。2020 年 10 月,国务院办公厅、中共中央办公厅出台了《关于全面加强和改进新时代学校美育工作的意见》等文件。以习近平同志为核心的党中央把美育提高到了前所未有的高度,把以"美"育人的美育工作当成了培养具有健全人格和人文精神的社会主义建设者、接班人的关键环节。

美育是高等教育中的重要一环,在高等教育中,重庆市民办高职院校属于比较年轻且特殊的群体,它的起步和发展比公办高职要晚,并且一直遵循的是

基金项目：重庆市教育委员会人文社会科学研究一般项目"民办高职院校美育工作现状及改进策略研究"研究成果（项目编号：19SKGH289）。

和市场紧密结合、以培养学生职业技能为中心的发展理念。同时由于民办高职院校面临着竞争带来的生存压力，其办学过度注重市场时效性的模式很容易导致美育、人文教育等方面的缺失，所以有必要对民办高职院校美育的发展现状及改进策略进行分析和研究。

本文针对重庆市 6 所民办高职院校发放了《民办高职院校美育发展状况调查问卷》，最终获得 153 份有效问卷数据。以下是笔者根据问卷反馈统计的数据进行的相关分析与研究。

一、民办高职院校美育发展现状

（一）民办高职院校特有财政视角下的美育工作现状

民办高职院校是靠民营资本投资办学的，在中华人民共和国成立以来 70 余年的发展中，为经济社会发展培养了大批实用性、应用型人才，并做出了卓著贡献。

投资办学与公益办学的区别是投资办学希望投资有所回报，民办高职院校所产生的经济收益不仅要用于教育扩大再生产，还要考虑对投资办学者的投资回报。民办院校非公益性的办学性质，导致多数民办高职院校的经费支出主要用于改善教育教学条件及扩大办学规模上。

根据调研数据显示，在同等规模和水平的高职院校中，民办高职院校在改善教育教学条件和扩大办学规模上的费用支出比例比公办高职院校的要高，但是在美育方面的投入则不如公办高职院校；美育相关方面专职工作人员的占比方面，民办高职院校低于公办高职院校；调研数据还显示民办高职院校的教师对自身专业技术的重视程度要高于公办高职院校，但对美育的重视程度低于公办高校。在教师美育方面的培训上，公办高职院校美育教师进修培训的机会较民办教师明显偏多。在知网统计的发表美育类相关研究论文的数量上，公办高职院校教师发表的要比民办高职院校教师发表的多。

（二）民办高职院校发展与生存制度下的美育课程现状

民办高职院校的首要问题是生存与发展。要生存与发展，学生的就业是关键。一所学校的就业率影响其专业设置及后面的招生情况，而让学生掌握一门过硬的专业知识和技能，是就业的核心。根据调研显示，大部分民办高职院校的专业建设围绕"以专业技能为目标""技能型、应用型的人才培养"展开，其专业技能类课程有完整的课程体系、师资队伍。但是与美育类课程相关的如美术鉴赏、音乐鉴赏等选修课程或是没有开设，或是以线上选修的形式展开。

经民办高职院校教师反映，大部分学生的线上选修课程趋于形式，学生一边使用手机播放在线课程，一边用电脑打游戏的场景是常态。

（三）民办高职院校学生美育素质现状

根据调研显示，重庆市民办高职院校的学生生源大部分为职业中专、技校、职业高中及普通高中高考成绩不理想的学生。这些学生大部分来自农村，且有相当一部分是农村中的留守儿童，相对而言，他们从小缺少好的教育环境和资源，初高中时期的文化基础不扎实，相对于招收分数较高的公办高职和普通本科，他们的文化课程度达不到要求。根据调研所反映的学生综合素质来看，民办高职院校学生的自律性较差，对游戏诱惑的抵御能力较弱，有良好的生活、学习习惯的学生比例不高。此外有约65%的学生缺少对身边美的事物的发现能力，只有3%的学生有逛博物馆和美术馆、听音乐会的生活习惯。

二、民办高职院校美育存在的问题

（一）机制问题：民办高职院校美育的发展机制有待完善

课题组调研时发现，民办高职院校美育意识相对薄弱的主要原因首先是美育不能给学校的学科建设和人才培养带来直接的指标贡献，其次是美育工作的实施没有以某种显性指标体现在教育部学科评估中，甚至未能体现在教学工作审核评估中。民办高职院校美育工作测评工作目前仍缺乏一个权威、科学、规范、可行的参考标准，符合民办高职院校美育自身特性的评价系统还远未建立起来。缺乏美育工作测评标准这一硬性约束和工作抓手，民办高职院校美育工作在资源分配、队伍建设和机构设置等方面处于相对弱势地位。行之有效的高校美育工作测评标准能够促进美育发展，完善美育工作机制建设，进一步提升美育工作的重要性，这是当下全国高校，也是民办高职院校应当着手去做的工作。

（二）师资与课程问题：美育课程体系有待构建

根据调研显示，民办高职院校很少招聘美育类教师，这样的现实满足不了教育部要求的大专院校必须开设数门美育课和专职美育教师的配备比例。其原因是民办高职院校的经费重点用于与专业课程和专业建设配套的实训设备购买和实训室建设，较少投入美育课程体系建设。

民办高职院校每年的招生规模都在变化。招生人数的不确定，导致即便是有美育类的线下课堂选修课，也会造成学生选课难、课程不确定的窘境。

培养学生良好的专业技能是确保他们就业的重要因素，但不能因此而忽略学生素质的全面发展。一个拥有良好道德情操和审美能力的人，能够在工作岗位中受到青睐，在长远的发展中取得较大的成绩，在漫长的岁月中拥有一个健康幸福的人生。审美能力是学生综合素质的重要组成部分，民办高职院校如果过分重视专业技能而忽略学生的美育，会给学生的就业和未来的长远发展带来不利影响。

（三）学生问题：适合学生成长的美育环境有待营造

首先，审美教育的缺失容易导致学生缺少辨别善恶的能力。一些民办高职院校学生容易受社会上不良观念的影响，导致他们的世界观、人生观、价值观发生扭曲，拜金主义、物质至上的观念日益盛行；同时，审美教育的缺失往往会让他们的思想变得无味、庸俗。在当下抖音、快手等视频类 app 中低俗视频逐渐流行，审美标准逐渐庸俗化的情况下，许多民办高职院校学生盲目跟风，看似是突出个性，实则是无个性的机械模仿。其次，审美教育的缺失容易使学生难以缓解自身的负面情绪，导致他们孤僻、抑郁、缺乏自信和对生活的热情。教育心理学研究认为，如果学生的情绪不能得到有效疏导，就会以负面的方式显现出来。调研显示，民办高职院校中有部分学生待人态度冷漠，与人交往语言粗俗，缺乏高职院校学生应有的素质。

而美育可以帮助他们改正这些不足，从调研结果显示，大部分学生都有受审美教育的需求。然而，民办高职院校以职业技能教育为主，人文素质教育方面，包括审美教育，往往被忽视。在学校不重视的大环境中，即使一些学生偶尔获得了美感体验，也会因为没有受到良好的审美教育引导而导致该体验无法提升为审美意识，审美的创造就更是后话了，审美意识与审美创造的缺失在一定程度上影响了民办高职院校学生的创新能力。

三、民办高职院校美育发展建议

（一）协调学校之间美育的均衡性，美育资源适当向民办高校倾斜

针对民办高职院校对美育重视程度不足的现状。首先，在政府层面，政府教育部门可制定适应民办高职院校的政策，整合各方资源，建立民办高职院校与企业、行业的美育协同发展机制，促进学生美育培养、培训，教师美育研究和服务创新发展。其次，成立民办非艺术类高职院校与民办艺术类高职院校的校际美育协作，发挥艺术类民办高职院校的带动作用，从而促进民办高职院校美育的协同发展。鼓励民办高职院校教师参与课程美育建设和教学实践，支持

新老教师、不同专业教师之间的美育课程研发合作。建立民办高职院校美育课堂教学经验交流和演示平台。增加对民办高职院校教师的美育培训。再次，鼓励和引导优质高校美育教师和社会上对美育有建树的专业人员到民办高职院校担任兼职美育教师。积极促进民办高职院校与公办高职院校联合组建美育教学联盟，并依托联盟搭建具有民办高职美育特色的交流平台。最后，继续鼓励和支持专业艺术团体和非专业高水平艺术社团有计划地去民办高职院校开展高雅艺术校园活动，邀请当地手工艺人、民间艺术家进入校园，让在地美育与校园文化建设有机结合。

（二）优化民办高职院校美育制度建设，构建适合民办高职院校自身的美育课程体系

针对民办高职院校发展与生存特点下的美育课程和课程美育有待提高的现状，首先，应深化民办高职院校美育教学改革。以"尊重民办高职自身规律为前提，因时因地因材施教为基础"，将美育写进民办高职院校的人才培养计划。同时，建立以提高学校美育教学质量为目标的管理机制和工作办法。根据社会和文化发展的新变化，制订适合时代特色的美育课程培育计划和内容要求，强化美育的非功利化目标，及时更新教学内容，构建适合民办高职院校自身的美育课程体系。其次，利用民间资本，开发当地的民间审美教育资源，建立开放的审美教育平台，扩大教育空间。依托当地资源，加强学校美育实践基地的建设，孵化与美育相关的学生创业工作室。再次，丰富教学内容，打造课程美育，民办高职院校的课程教学一方面应当紧贴学生的培养目标，精选核心课程，优化教学方法，丰富教学内容，强化课程内容的针对性和实践性，培养卓越的技术型人才；另一方面应大力推进专业课程与美育课程的结合，构建实现课程美育教学任务的总体设计。课程在保证知识传播和知识系统性的同时，采用情景式、信息化等方式进行课堂教学改革，从而实现教师和学生双主体互动，在实践中充分融入美育元素。最后，将美育嵌入学生三年的大学学习生活中，从民办高职院校自身的实际出发，通过学校的重视、美育制度的设计，把美育融入学生大学全过程，让美育贯穿他们的大学生活。此外，学校还可根据学生的不同美育兴趣特点，建立审美教育平台，为学生的个性培养与人格的完善创造有利条件。

（三）开发民办高职院校校园美育环境，营造适合民办高职院校师生的美育环境

环境既包括自然因素，也包括社会因素。环境能够对人起到潜移默化的影

响和感化作用。所以学校应当注重强化校园环境在育人过程中的重要地位。

首先，将环境美育作为美育工作的重要一环，在校园建设中着力打造校园景观，将文化景观之美与自然景观之美有机融合。学校在着力打造优美自然人文景观的同时，着力营造美育人文氛围，在校史馆中植入美育元素，对学生进行校史、校情教育；定期展览校内外教师和专业学生的书法、美术、设计作品，并面向全校学生开放；在多功能媒体室组织经常性的校内音乐专业师生音乐会、民歌会等丰富多彩的艺术活动；不定期开展有关当地风土人情的主题展览，在对学生进行人文熏陶的同时，有效地进行审美教育。

其次，民办高职院校的美育理念要跟上当今互联网时代的观念和趋势，积极建设既有审美导向又能够吸引当代学生的新媒体平台，形成大数据"互联网+"的智慧校园平台。让学生在平台上有参与感和获得感，通过平台展示与校园相关的美育案例，传播校园的美丽风景，构建适合民办高职院校自身的审美文化，从而实现互联网平台的审美教育。

最后，民办高职院校应结合自身历史、定位及远景来建立校园文化内涵。形成课堂美育、线上美育、课后美育的大美育环境，从而让学生能够在潜移默化中沐浴审美教育。

四、总结

重庆市民办高职院校美育现状存在的问题，是民办高职院校自身特有属性所导致的美育资源、师资的匮乏和过程、手段等方面的失衡。首先，对于这样的现状，本着教育公平性原则，教育部门在制定美育政策、配置美育资源时应该有所倾斜。其次，民办高职院校可利用自身的资源与优势，与优质高职院校、艺术类院校形成联合，形成优势互补。最后，利用信息技术手段完善课程美育体系，让更多线上优秀美育资源普及到民办高职院校。总之，民办高职院校美育可以通过资源配置、制度设计、环境美化、信息技术等手段得到有效开展与质量提升。

原载《黑龙江教师发展学院学报》2021年第12期，略有改动

新文科背景下乡土文化遗产的高校美育课程模式构建

柳州工学院　臧春铭　于瑞强　王秋莲

摘　要　新文科建设背景下高校美育正迎来一系列重大变革，作为新文科建设的重要组成部分和推动跨学科协同创新的有力抓手，美育成为当下各高校面临的重要课题。本文以乡土文化遗产为突破口，以推动乡土文化遗产与"高校美育"的融合发展为目的，明晰高校美育建设新特征及现实基础，从增强文化认同、拓展文化视野、提高创新能力三个方向探讨两者融合发展的重要意义。进一步发挥其在高校美育教学研究中的独特作用，从平台建设、资源整合、形式拓展三个方面构建新文科背景下高校美育新模式，以期切实提高学校美育交叉融合的育人成效，应对百年未有之大变局下的社会竞争与压力挑战，培养新时代创新性复合型人才。

关键词　新文科；高校美育课程；乡土文化遗产；非遗美育

党的十九届五中全会明确了"建设高质量教育体系"的政策导向，并确定到2035年建成教育强国的目标，党的二十大又再次强调了"实施科教兴国战略，强化现代化建设人才支撑"的重要性。新的背景与使命要求文科教育必须加快创新发展，而新文科概念的提出，正是立足当前发展阶段和时代，服务于国家战略和经济社会需求的关键一步，其重在破除学科壁垒、坚定文化自信、培养时代新人，推动跨学科交叉融合、探索协同创新新范式。这对高校美育创新发展具有极大的启发意义。高校美育建设作为促进新时代青年全面发展的重要路径，在提高学生审美水平与思想认知，促进学生创新素养及综合能力提升方面具有特殊作用。基于高校美育学科交叉融合的特点，在新文科建设视野下高校美育呈现新特征。推动乡土文化遗产融入高校美育课程建设，阐释二者融合发展的重要意义，进一步提出乡土文化遗产融入高校美育课程策略，构建科学合理的新型美育课程模式，充分发挥乡土文化遗产的育人优势，在培养创新型、复合型时代人才的同时，有助于实现中华优秀传统文化的创新传承。

一、当前高校美育的新文科语境

(一) 新文科建设的精神内涵

2017年,美国希拉姆学院首次提出"新文科"的概念,旨在通过对传统文科进行学科重组,实现学科交叉融合的综合性跨学科形式。我国在2018年全国教育大会的文件中首次提出把新文科建设作为人文学科发展的新方向。2020年,教育部正式发布《新文科建设宣言》,立足并服务现实,从共识、遵循、任务三个层面来推动新文科建设发展。新文科思想是人文精神与时代精神的集中体现,跨学科门类交叉融合是新阶段高校文科改革的重要方向。突破传统文科的思维定式和学科范式,以继承与创新、交叉与融合、协同与共享为主要途径[①],以多学科交叉融合与协同发展打破专业壁垒[②],对传统文科进行赋能升级,培养适应时代需求的应用型、复合型人才是新文科建设的重要目标。旨在国际上拥有自主话语权,"提升国家软实力、促进文化繁荣"的同时构建"中国学术话语"体系,传达中国方案,推动构建人类命运共同体。

面对当前世界百年未有之大变局和日益综合化、复杂化的社会问题,新文科概念的提出,正是着眼我国高等教育转型升级的关键阶段。推进"双一流"高质量建设、实现跨学科交叉协同发展、繁荣人文社会科学,是人才培养与国家社会发展的重要着力点,也是新时代中国高等文科教育创新发展的新举措。新文科建设是实现构建哲学社会科学体系的必由之路,中华美育话语体系是中国哲学社会科学体系建设的重要组成[③]。

(二) 新文科背景下高校美育的新特征

"新文科研究与改革实践"的开展对当下高校美育体系建设的创新与实践提出一系列新要求,新文科建设的实施必然影响高校美育的发展与变革,高校美育模式也要在新文科建设中加以更新与突破,深化自身价值。高校美育作为多学科参与的体系,本身就具有学科交叉融合的特质,一方面,在培根铸魂、

---

① 王铭玉,张涛. 高校新文科建设思考与探索:兼谈外国语言文学学科建设 [J]. 天津外国语大学学报,2019 (6): 1–7.

② 清华大学艺术与科学研究中心,清华青岛艺术与科学创新研究院. 艺术与科学融合创新 [M]. 北京: 清华大学出版社,2021.

③ 金江波,张习文. 引领与融合: 新文科建设语境下的"新美育"建构思考 [J]. 装饰,2021 (7): 18–25.

以美培元的价值取向上与培养复合创新人才的育人目标上是一致的[①]，推动学生个体自我完善与全面发展。另一方面，通过美育实践塑造学生的民族时代精神，提高文化认同感，传承中华优秀传统文化基因，在多学科交叉与融合中实现价值引领的渗透。因此，在新文科的视域下，高校美育发展呈现新的特征，对高校美育创新发展的探讨具有长远意义，新文科的有序发展也将直接关联着高校美育的发展趋势。

新文科框架下的高校美育建设，应从更广泛的审美观念入手，不局限课程内容，不拘泥于教学形式，将美育观念引入教育的方方面面，进一步发挥其基础性作用，实现育人价值。自高中阶段文理分科以来，中学时期学校美育停留于表面，在应试教育下甚至出现断层态势。传统高校美育课程也局限于课堂式的谱系化教学，虽然艺术教育是循序渐进地培养人的审美能力和审美素养的最有效的途径[②]，但单一的通俗性知识的学习或职业性训练容易导致其概念化和形式化[③]，使其吸引性、实践性、育人性减弱。新时代高校美育须从国情出发，打破传统美育封闭于美学、艺术学和教育学科体系的藩篱，覆盖和贯穿于理、工、农、经等各个学科之中，探索隐藏在各学科中的美育新空间。通过学科"综合性"培养"复合型"人才。以审美激发智慧，打破学科间沟通障碍，构建具有广阔视野的跨学科课程体系，挖掘新的美育资源与创新教学形式，从顶层上做好新文科下高校美育课程交叉融合的体系设计，形成学科联动的发展趋势。从而实现高校美育理论创新与科学突破，适应科技革命和产业革命的新周期，应对复杂多变的新挑战。

（三）乡土文化遗产融入高校美育建设的政策基础

2020 年中共中央办公厅、国务院办公厅印发的《关于全面加强和改进新时代学校美育工作的意见》中指出要弘扬中华美育精神，以美育人、以美化人、以美培元，全面深化学校美育综合改革，整合美育资源，不断完善课程和教材体系。2019 年教育部印发《教育部关于切实加强新时代高等学校美育工作的意见》，明确提出把中华优秀传统文化教育作为学校美育培根铸魂的基础，要在传统文化艺术的提炼、转化、融合上下功夫，让收藏在馆所里的文

---

① 沙家强. 新文科背景下学科美育交叉融合的内在理路与实践探索 [J]. 教育理论与实践, 2022 (3): 16-19.
② 杜卫. 当前美育和艺术教育关系的若干认识问题 [J]. 美育学刊, 2019 (3): 1-6.
③ 金江波, 张习文. 引领与融合：新文科建设语境下的"新美育"建构思考 [J]. 装饰, 2021 (7): 18-25.

物、陈列在大地上的文化艺术遗产成为学校美育的丰厚资源。这一系列政策法规为乡土文化遗产融入高校美育课程及其美育价值实现提供了制度保障。

地方高校要充分利用区域优势和文化资源，积极推进高校美育课程转型。以关注地区经济发展和文化需求为标准，关注现有资源拓展新的美育研究、教学、传播力量，充分利用乡土文化资源，构建与学校专业发展、地域文化遗产保护传承相适应的学校美育发展体系，培养既有坚实理论基础又有较强实践能力的美育师资人才，创新地域人文社会科学研究地域特色①，在保护文化多样性的同时突出自身美育课程特色。

二、乡土文化遗产融入高校美育建设的重要意义

乡土文化遗产是生成于乡村社会的"地方性知识"，其形成与发展过程根植于各民族的真实生活，蕴含着丰富的文化信息及审美内涵。乡土文化遗产又称乡村文化遗产、村落文化遗产，主要指基于乡土文化之上，衍生出的各种文化内核和其物质载体。主要包括古村落建筑、农业景观、自然山水等物质文化遗产，以及民俗风情、乡土记忆、表演艺术、传统技能等非物质文化遗产，乡土非遗作为独具区域特色的艺术表现形式，融合实践性、地域性、审美性等多元特色于一体，具有区别于文本艺术的美育价值效应。乡土非遗作为优秀民族精神最理想的载体，是我国农业文明历史悠久的见证。各地乡村保存着形态各样的乡土文化遗产，它们承载着民族的历史和文化，是高校美育课程建设取之不尽的资源。推动乡土文化融入高校美育课程建设，能够让大学生了解源远流长的中华文明，深入理解我国乡土文化遗产中蕴含的审美情趣、工艺技能、伦理道德等丰富内涵，认识历史悠久的中华优秀传统文化，从而提高他们的民族自尊心、自信心与文化认同感，培养当代大学生的文化品位和素质、能力，激发大学生浓厚的爱国、爱乡情怀。乡土文化遗产的美育价值体现在以下三个方面。

（一）增强文化认同感

乡土文化遗产是中华民族自我身份识别的重要方式，我国各族人民在长期生产实践中创造形成了丰富多彩的乡土文化遗产，正是这些乡土文化遗产构成了我们自我认同和相互认同的文化标识。只有对本民族特有的建筑风貌、民风

---

① 王铭玉，张涛. 高校新文科建设思考与探索：兼谈外国语言文学学科建设［J］. 天津外国语大学学报，2019（6）：1-7.

习俗、语言服饰等乡土文化遗产理解认同，新时代的青年学生才能了解中华传统文化的历史脉络，汲取中华文化艺术中的精髓。推动乡土文化遗产在高校教育中传承实践，有利于大学生体认本民族文化主体性，而民族文化主体性的确立，是实现中华民族伟大复兴的基本前提。①

（二）拓展文化视野

伴随数字网络的快速发展，全球范围的文化交流互鉴日益频繁，在彰显了人类文化多样性的同时，也不可避免地带来中外文明之间的冲突与碰撞。信息时代与移动终端的进步在客观上促进了外来文化的发展传播，却间接性导致青年学生离本民族的传统文化越来越远，大学生群体在思想和行为上都更加多元，城市文化、娱乐文化、潮流文化在青年学生中渐据主导，审美教育缺位导致青年学生对美的认识不足，乡土文化遗产融入高校美育课程建设，能使大学生在跨文化视野的文化比较中，深刻理解本民族的精神内核。同时在对多元文化的学习中，学生也能具有和而不同的包容精神和向其他民族先进文明学习的进取精神，在全球性视野中体会民族文化的特性与共性。

（三）提高创新能力

长期以来，传统高校美育课程中存在重"理论"轻"实践"的意识倾向，以培养审美意识、艺术修养为主的美育无法调动学生的创新激情和实践兴趣。利用乡土文化遗产的活态传承特点，推动乡土文化遗产在高校美育建设中的系统性介入，可突破传统审美课程僵化的传授模式，在生产生活的实践中激发学生的兴趣。乡土文化遗产多元的内容与形式是对中华民族具有杰出创造力的历史反映，大学生在实践中深层次地认知和感受中华民族的历史与文化，能够实现乡土文化遗产的时代价值，促进其创新能力的培养与创造力的发展。

三、基于乡土文化遗产的高校美育课程模式构建

（一）平台建设：推动多层次美育教学研究平台与师资队伍建设

做好美育人才培养顶层设计，美育教师是确保美育教学工作创新发展的重要因素，加强美育师资队伍的建设是提升美育教学改革质量的关键。随着新文科建设的开展及美育教学改革的持续深化，美育师资队伍短缺、结构不合理的问题日益突出，这在一定程度上影响着高校美育的深度与广度。艺术教师作为

---

① 周强. 非物质文化遗产在高校美育中的价值及其实现路径［J］. 南京理工大学学报（社会科学版），2019（4）：22-27.

美育的主力，应不断探索美育的规律和方法，注重美育与专业教育相结合，发挥艺术学科的主体作用。加强对乡土文化遗产的学习与研究，培养学科与审美融合的思维理念，鼓励教师开展跨学科、跨文理的合作教学[①]，充分认识乡土文化遗产的美育价值和意义。积极推动校级美育研究中心、乡土非遗美育品牌、区域非遗研究基地建设，针对非物质文化遗产传承实践性强的特点，吸收优秀非遗传承人参与指导和理论研究，提供更多研究素材的同时，改善师资结构。

2002年"中国高等院校首届非物质文化遗产教育教学研讨会"在北京召开并发布《非物质文化遗产教育宣言》，这成为高等院校开展非遗教育的标志性事件。2021年10月《中国非物质文化遗产传承人研修培训计划实施方案（2021—2025）》指出高校应在遗产保护传承方面发挥积极作用，增强传承人的文化认同感，提高其专业技术水平。例如，截至2022年，中央美术学院已成功举办11期非遗研修班，种类涉及刺绣、剪纸、漆器、木雕、玉雕、民居营造等非遗项目。中央美术学院将研培与美育教学相结合，"让非遗启蒙教育，让艺术照亮非遗"[②]，借助研培计划推动学校美育建设与学科发展，积极邀请非遗传承人参与课程的研究与教学，让青年学生了解、认知、研习、传承非物质文化遗产，在二者交流互动的过程中，激发学生实践创新的灵感。在新文科建设背景下，中央美术学院"非遗研培计划"教育培训体系不断成熟、提升，完善了非遗在高校研究与传承的路径，实现乡土非遗的美育价值。

（二）资源整合：挖掘乡土美育资源，完善高校美育课程体系

乡土文化遗产与高校美育联系紧密，但并不是所有的乡土文化遗产都适应美育需求，美育课程开发也并非将其内容简单复制嫁接，须根据审美教育的规律、学生成长的规律、时代发展的规律及美育教学实际需求，对所处的地域性乡土文化遗产资源进行梳理、提炼，从中挖掘、分析、整合相关素材，通过挖掘其内在文化传统，融合乡土文化遗产艺术美学特色，打造具有地域特色的美育课程教学体系，开展实践教学达到以美育人、以美化人、以美树人的美育目标，打通中华优秀传统文化与现代美育理念的内在联系，形成非遗美育的教学

---

① 许晶，张清. 美育在研究生创新培养中的作用及推进措施[J]. 北方工业大学学报，2017（6）：72-77.

② 王晓琳. 大学与非遗：中央美术学院"非遗研培计划"教育培训体系构建与探索[J]. 美术研究，2022（4）：4-7.

体系①，实现乡土文化遗产与高校美育融合发展的时代架构。提高学生的审美意识与艺术鉴赏能力，增进学生对中国传统的文化认知，增强其民族自信和文化自信。②

例如，青岛科技大学高密校区所在的青岛高密地区具有浓郁乡土气息和丰富乡土文化遗产，为学校开展美育工作、深化美育内涵和拓展美育外延创造了有利条件。学校通过积极挖掘地方资源，围绕高密"四宝"——扑灰年画、剪纸、泥塑、茂腔等地域性乡土非遗开展传统文化进校园活动，邀请非遗传承人、民间手艺人进学校、进课堂，初步形成校地共建的大美育工作格局，积极打造"四宝学堂"。国家级非物质文化遗产"高密剪纸""扑灰年画"的代表性传承人李金波、吕红霞先后走入高校美育课堂，他们分别围绕剪纸和扑灰年画的历史、工艺、艺术特点做了精彩生动的讲解、展示，广大学生现场了解学习乡土非遗创作的过程，感悟民间艺术瑰宝的魅力。校地合作和美育资源的互动互联、共建，可积极拓展大学生美育空间，帮助学生更好地认识我国传统文化，提高他们对传统艺术之美的认知和理解，激发学生的爱国之情，推动乡土文化遗产的传承保护。

（三）形式拓宽：拓宽校外美育新形式，实现"课堂+实践"协同

校外研学的目的和宗旨是提高学生了解社会、了解历史的社会实践能力，具有服务性、研究性、可操作性、实践性的特征，而乡土文化遗产"活态"传承的特点又借助校外研学得以更好地开展。乡土文化遗产以物质或非物质形式存在于传统村落的自然风土、历史民居、生产生活和民俗文化中，具有鲜明的时代价值与美育价值。高校美育的校外研学实践就是将物质或非物质文化遗产知识，根据不同学段的学习目标及学生身心发展阶段性特点，经过体系化、专业化的课程设计传授给学生，根据美育研学的学段、时间、教学要求等，重点安排参观访问、写生创作、沉浸式体验、小组式互动等形式的传统村落研学旅行。通过线下体验和动手实践，确保美育研学的教学质量。研学路线区别于游览路线，以教育为出发点和最终归宿，丰富大学生的文化体验，突出美育特色，培养当代大学生对美的发现、体悟、创作能力，提高他们对乡土文化的理解认同，提升文化自信。用更规范化、科学化的方式传承乡土传统技艺，促进

---

① 张汝伦. 现代中国美学的自我理解及其理论困境 [J]. 中国高校社会科学，2013 (5)：55-65，157.

② 张俊杰，屈健. 非遗美术与西部美育的协同创新：以关中地区的国家级非遗美术为中心 [J]. 美术研究，2021 (5)：17-18.

乡土文化与高校美育的有效结合。

浙江省金华市古村落早在2015年就打造了国际研学交流旅游古村（国际研学基地），并开展了一系列有关研学旅行的"海外名校学子走进金华古村落"活动，推动传统村落与高校美育研学实践融合的同时，服务了地方乡村经济的社会发展。利用村落资源集中整合完善配套设施，推动村落美育研学基地建设，以在地文化为主线打造具有地域特色的高水平、高质量的美育研学实践中心，再通过美育研学传播传统村落优秀传统文化，让美育研学与文化传承两者产生共鸣，让两者在作用力与反作用力的关系下实现和谐共生与可持续发展。

四、结语

新文科语境下的高校美育正面临寻求转型，乡土文化遗产拥有其独特的美育价值，是高校美育课程建设的最佳美育资源。乡土文化遗产融入高校美育课程，强调以中华传统美学精神为灵魂，以创新型、复合型人才培养为目的，以服务社会需求为导向。构建基于乡土文化遗产的高校美育课程模式，在实现美育创新育人的同时推动乡土文化遗产的传承。在乡土文化遗产传承中强化美育功能，是新文科建设下高校美育工作的必由之路，也是新时代高校美育的社会任务。

原载《教育评论》2023年第6期，略有改动

新疆沙粒画文化内涵与传承路径研究

新疆应用职业技术学院　潘　帅

摘　要　为挖掘新疆沙粒画潜在的艺术价值和社会价值，丰富新疆美术的文化内涵，本文从新疆沙粒画的历史概述出发，细致分析了新疆沙粒画所蕴含的民俗、地域生态文化内涵。进而从统筹规划、多元联动、整合资源三个方面，探索了新疆沙粒画在高职院校传承的路径。结果表明，新疆沙粒画具有独特且丰富的艺术价值和社会价值，其传承有助于促进文化旅游产业发展，推进"文化润疆"建设，展现多样新疆文化形象。

关键词　新疆；沙粒画；文化内涵；高职院校；传承路径

新疆独特的地域性、历史性、文化性奠定了当代新疆美术的基础，产生于此的新疆沙粒画，具有独特的表现形式。新疆沙粒画是以天然沙粒和石子为主要原料，与胶混合粘贴制成，其沙粒质地不同，选自新疆各地；其题材以新疆的风土人情为主，内容广泛；其艺术风格多样，表现手法丰富，如喀什古城沙粒画、独山子大峡谷风貌立体沙粒画等。其画面层次分明、立体感强、造型突出，具有别致地域风格和民族风情，深受国人喜爱，并一定程度上促进了新疆文化旅游产业的发展。

一、新疆沙粒画的概述

新疆位于中国西部边陲，聚居着汉族及维吾尔族、哈萨克族、回族、蒙古族、柯尔克孜族、锡伯族、塔吉克族、乌兹别克族、满族、达斡尔族、塔塔尔族、俄罗斯族等少数民族，文化资源丰富。从地理位置上来看，新疆美术的生发具有复杂性；从多民族聚居角度来看，频繁、多样的民族交流与融合，使新疆美术的发展过程具有流动多变的特性；从历史文化角度来看，佛教、伊斯兰教美术文化和俄罗斯油画，相继进入新疆地区，对新疆本土美术产生了巨大影响。笔者尝试从历史、材料及专利申请等角度分析新疆沙粒画的产生发展过程，这不仅有助于了解新疆沙粒画，还有助于发掘其文化内涵，进而做出恰当的传承路径选择。

有专家学者认为龟兹时期的克孜尔石窟对新疆沙粒画的创作具有启发性意

义，新疆沙粒画在颜料和凹凸技法上都承继了该石窟壁画艺术。克孜尔石窟位于新疆阿克苏地区拜城县克孜尔乡，开凿于公元 3 世纪，到唐朝时期修建完毕。其壁画的绝大多数色彩由矿物颜料呈现，且矿物颜料大部分由天然矿石制成，主要有绿、青、朱、赭、白几种色调。这与新疆沙粒画颜料的选用方向具有一致性。新疆"三山"多矿物，五金、宝石、硇砂、明矾丰富，且唐朝时期，矿物色彩体系已然成熟，每种颜料甚至被分成了不同的颗粒等级。这些历史现实条件都为新疆沙粒画提供重要的外部支撑。

另外，克孜尔石窟175窟太子诞生图，其壁画较多使用晕染法，以表现形体的凹凸感。有所谓"圈染"，即将人物形体依照结构分为若干块，先平涂，再用同类色从外向内勾画，逐渐接近肤色。①《建康实录》云："一乘寺梁邵陵王纶造，四门遍画凹凸花，称张僧繇手迹，其花乃天竺遗法，朱及青绿所成，远望眼晕如凹凸。"这说明，此种远近立体感的画法，为西域佛画传入而来的新技法。而且，张卫民表示，唐朝于阗（今新疆和田）著名画家尉迟乙僧②的凹凸技法就是对这种技法的继承。这就不难说明受佛教文化熏染较深的新疆地区绘画具有"凹凸法"传统，而从新疆沙粒画的凹凸特色来看，明显与这种传统凹凸技法一脉相承。由此，在颜料和技法上，可以初步认为龟兹时期的克孜尔石窟是新疆沙粒画艺术的重要源头。

与此同时，俄罗斯油画也在新疆沙粒画的形成过程中扮演了重要角色。俄罗斯油画在17世纪末进入新疆，从悬挂摆设，到广为发展传播，逐渐与当地生活习俗、日用品及建筑材料相结合，形成了明快、细腻、鲜亮的民间风俗画，同时也融入了新疆独特的审美观念。而正是俄罗斯油画细腻、鲜明的表现手法，成就了新疆沙粒画写实、颜色明亮的格调。

绘画材料某种程度上决定了艺术的风格，材料演变体现的是绘画观念的不同。史前绘画就有把矿质粉末当作颜料的先例，以动物血或皮胶做调和剂使用，但大多比较粗糙。新疆沙粒画所采用的沙粒等自然材料，与史前绘画有相承关系，但更趋向于20世纪后突破油性材料的世界潮流，而这正是以一种更自觉的行为来更新绘画表达方式。这种自觉，是人工合成材料繁荣甚至走到桎梏境地后才产生的。而这种反思中的诉求，正是现代艺术渴求的原始生命力。

中国当代艺术家对自然材料的使用最早可追溯到20世纪80年代，画家庞

---

① 吴焯. 克孜尔石窟壁画画法综考：兼谈西域文化的性质 [J]. 文物，1984（12）：14－22.
② 朱景玄撰《唐代名画录》赞曰："乙僧今慈恩寺塔前功德，又凹凸花面中间千手眼大悲，精妙之状，不可名焉。"

涛就曾在油画的底子中掺上沙子，得到相对粗糙的肌理效果。"八五新潮"艺术运动，更加促进了自然材料实验性质的运用，比如张国龙、朱进等将西北黄土与胶质的混合物代替一部分油画颜料。李军声更是被称为砂石画[①]的创始人，其选用材料和创作方法与新疆沙粒画有诸多殊途同归的妙想，不过在风格呈现上迥然不同。

现在新疆市场上流行的沙粒画，据传由一名叫阿里木江·阿布都热依木的伊犁维吾尔族男子首创。2005 年，新疆耐菲斯沙粒画有限责任公司正式向国家申请沙粒画专利，其专利主要元素包括沙子、丙烯和复合胶，且复合胶是此项专利的关键与核心。而根据国家知识产权法规定，专利申请必须具备创造性、新颖性和实用性的要素，缺一不可。综上，我们更加有理由认为新疆沙粒画是在传统绘画形式基础上新生的现代产物。

综上，新疆沙粒画准确的开端时间并不十分明确，但它属于在新疆历史文化背景下，守正创新、兼收并蓄的产物；其从新疆佛教石窟中沙土制作的凹凸壁画汲取灵感，在风格上受到俄罗斯油画影响，以材料创新为切入点，产生的现代绘画形式。它也是新疆古代岩画、石窟壁画凹凸绘制手法的延续和创新，是集绘画、雕塑等为一体的艺术形式，凝结着新疆人民群众的智慧。

二、新疆沙粒画的文化内涵

多民族聚居成就了新疆地区文化内涵的灿烂多彩，立于中国绘画艺术百花园中的新疆沙粒画，亦是生于斯长于斯的一朵奇葩。新疆沙粒画以天然、质朴的特性造就了其浑然天成的艺术意境，并与人类有着天然的亲和力。而独特的创作方式使其以挺立的姿态，承载着别致的民俗文化、地域文化和生态文化内涵。

1. 民俗文化内涵

随着民俗文化的讨论，"民"和"俗"的内涵都在不同程度地扩大。于是，民俗的主要对象扩大到生活文化——应被理解为生活世界意义上的基层文化。[②] 而新疆沙粒画的艺术生产，即是把日常生活和社会实践当作肥沃的创作土壤，既吸收口头民俗，又蕴含民俗符号。

---

① 世界美术史专家王镛评价说，砂石画不光是创造了一个新的画种，而且创造了一种新画风。砂石画艺术家在前人利用矿石颜料绘画的基础上，将原有的砂石、植物粘贴原料进一步扩展，采用天然的彩色砂石和矿石，极大地丰富了砂石画的色相。在技法上讲究笔力、线条、刀法及洒法和吹法。

② 高丙中. 民俗文化与民俗生活 [M]. 北京：中国社会科学出版社，1994：141 – 142.

就新疆沙粒画而言，它是伊犁乃至新疆地区民俗文化的重要载体，是生活文化的集中表现形式，具有世代传袭、作用现实生活、稳定的形式、审美价值等民俗文化属性。其创作内容深深根植于民间，表现了新疆人民的物质生活环境和精神面貌。

具体来说，新疆沙粒画的创作素材取自日常，以反映时事风俗和当下生活为主，集中体现了新疆人民昂扬、挺拔的民俗文化内涵。新疆沙粒画的内容多表现风俗、生活、动植物、自然风光等，如街市一角、沙漠胡杨、农具老物件等。作品贴近生活，画面质感强，极具张力，呈现出新疆人民坚忍不拔的精神。

总之，民俗文化犹如源头活水，其丰足的生活民俗事象，铸就了新疆沙粒画的根基，也使其具备蓬勃的生命力；而新疆沙粒画也成为新疆民俗文化的重要载体，反映出民俗文化生动活泼的历史和现实，蕴含着新疆人民昂扬、挺拔的精神内涵。

2. 地域文化内涵

地域文化一般指一定区域内源远流长、独具特色、传承至今仍然发挥作用的文化传统。我国地大物博，纵深辽阔。新疆地区更是民族交流频繁的地方，经过历史的积淀与传承，形成了既具有中华文明传统基因，又富有独特气质的地域文化。任何社会成员都会在成长的过程中建立起对环境的认知，并对朝夕相处的地理环境产生心理依恋，在此基础上建立起明确的地方认同感。[①]

新疆沙粒画是中国绘画中闪亮的明珠，新疆得天独厚的地域资源，为画家提供了源源不断的创作灵感。其画作取材于天然，取景于自然，其独特的新疆地域文化内涵主要体现为：质朴自然、粗犷宏大。

以张卫民创作的《古尔图胡杨》为例，画作取材自然，整幅作品主题鲜明，构图饱满，结构紧凑，色彩对比强烈。色彩渐变表现出天际纵深的效果，由远及近的胡杨屹立于广阔的天地间，一种孤寂与执着跃然纸上。在对立统一中，作品自然古朴又不失热情奔放的生命张力，展现出自然万物生命力的沧桑与顽强，给人极强的视觉冲击和人生哲思。

新疆沙粒画承载着新疆独特的地域文化内涵，因而必然具备质朴自然、粗犷宏大的气质和意蕴，成为一张生动独特的新疆名片。两者相互促进，不可分割。而在新疆沙粒画与地域文化稳定连接的同时，也呈现出"不稳定"的倾

---

① 周晓琳，刘玉平. 空间与审美：从文化地理角度看中国古代文学 [M]. 北京：人民出版社，2009：69.

向——题材、表现内容、表现手法和风格样式等不局限在一种框架模式内，而是不断地因时、因需而更新，而这也正是新疆沙粒画生命力不竭的重要原因。

3. 生态文化内涵

这里的生态文化，主要指人与自然和谐发展，共存共荣的生态意识、价值取向，其灵魂是生态哲学。"天人合一"的思想是中国传统哲学和文化中的重要思想观念之一，中国传统道家学派主张顺应自然，在自然中寻找生命本源，著名学者郇庆治在其论文中谈到，"生态文化"在最宽泛的意义上可以界定为人类社会不同于或超越了现代工业文明及其文化意涵的，自觉或不自觉地追求人与自然和谐共生的生态性制度、文明与文化体系及其元素。而新疆沙粒画的生态文化内涵，就在于其以天然、质朴的气质脱离工业化，以及对自然生命力的张扬。

新疆整体地形可概括为"三山夹两盆"，遍布山川、湖泊和沙漠，如天山、阿尔泰山、塔里木河、伊犁河、塔克拉玛干沙漠等。这些丰富的生态资源构筑起了新疆各族人民绿色、健康的生态观念，形成了新疆沙粒画的创作源泉。比如在长期的生态建设实践中形成的"胡杨精神""云杉精神"，就是新疆沙粒画的主要表现内容。与此同时，新疆沙粒画在制作过程中，除沙粒外，原材料还选取了废弃的锯末、碎屑、树皮……不同材质的排列组合、拼接叠加，再经过铺展、着色、固定之后，层次分明的作品就得以完美呈现。这种变废为宝、化腐朽为神奇的创作，无不体现出人与自然和谐共生的生态文化内涵，且与当前中国生态文明建设相适应，因此更加丰富了我国生态文化的内涵。

三、在高职院校传承地方特色文化路径

十八大以来，以习近平同志为核心的党中央高度重视文化事业，为加快推进中国特色社会主义文化强国建设，实施了一系列重大战略举措。在第三次新疆工作座谈会上，"文化润疆"被正式纳入新时代党的治疆方略的宏伟蓝图中，各族人民的交流、交往、交融更加全面而深入。新疆沙粒画积极回应"文化润疆"，以统筹规划、多元联动、整合资源的路径，积极促成覆盖学校、带动周边、辐射地方、服务全疆的现代公共文化服务体系。

1. 统筹规划——推动产学研创新实践

出于"文化润疆"工程的需要和对地方非物质文化遗产传承和保护的重视，新疆应用职业技术学院率先将"沙粒画"纳入教学计划。通过师生访谈，

笔者发现学院师生对新疆沙粒画沉浸式、体验式的学习非常感兴趣，且具有一定消费欲望，对其融入校园文化建设和职业教育也持有积极乐观的态度。但问题也很明显，学院对新疆沙粒画的发展脉络、体系构建及文化传承的认知，多停留在感性层面；了解、学习和传承新疆沙粒画的途径比较传统、单一；对新疆沙粒画教育教学的研究，尚处于起步阶段。

针对这些问题，学院紧紧围绕国家政策导向，立足自身实际，做好育人环节的顶层设计和统筹发展。目前，学院已把新疆沙粒画教育教学研究列入学院优质项目建设中，并在此基础上提升凝练，将新疆沙粒画引入学校育人工作和文化建设工作中。同时，加大专项资金支持，建立完善长效运行机制和监督评价机制，通过多方位评价体系，细化工作职责、明确发展目标。

融合美术、艺术设计、文学、建筑、计算机等各学科门类，组建新疆沙粒画专业群，也是当务之急；成立"一沙一画"大师工作室，组建专业教师团队，以此更好凝聚专业力量；积极参加自治区级、国家级的高职院校教师技能大赛，着力培养双师型教师。面向艺术设计、美术教育类专业学生开设新疆沙粒画专业必修课程，面向非专业类学生开设新疆沙粒画选修课程。在此基础上，融入思政，以情感人、以美育人、以文化人，在教育中弘扬工匠精神，打造新疆沙粒画文化实践特色。

2. 多元联动——拓宽宣传平台

整体规划下，学校也应依托自身优势，以学校优质建设为契机，各部门多元联动，主动打破局限壁垒，积极与多方宣传推介平台合作，形成特色品牌建设项目，产生示范推广效应。如与文化艺术旅游公司合作，将专业教学与企业市场对接，建立订单式合作模式，为其输送新疆沙粒画专业人才；与文化单位共建"新疆沙粒画非遗"工作室，举办新疆沙粒画展览；校内外开展以"新疆沙粒画"为主题的讲座与研讨会，积极组织承办新疆沙粒画传承人研修研习培训班等。

同时，运用现代技术，谋求传统绘画与现代技术的融合，加快教育信息化步伐，扩大资源共享覆盖面。将 VR 技术与新疆沙粒画推介宣传相结合，如利用 VR 摄影技术全景实拍新疆沙粒画的创作过程，创建虚拟的 VR 新疆沙粒画商店和体验馆等。利用现代技术做真实、客观的记录，不仅可以让更多人了解学习新疆沙粒画，也使数字技术起到了保护和传承非遗的重要作用。

3. 整合资源——促进教学成果转化

如前所述，新疆沙粒画创作和研究多呈零散状态，资源分散，很难形成合力。因此，整合新疆沙粒画资源，传承新疆沙粒画文化内涵，显得尤为重要。

文化宣传部门、地方院校和文创产品企业要在新疆沙粒画制作工艺改良、产品艺术设计、文化内涵挖掘、人才培养、品牌建设等方面结合市场需求整合优质资源，形成点线面相结合的综合现代公共文化服务体系。以大事件为表现内容，如改革开放、建党、建国、建军等大型主题，进行系列新疆沙粒画创作、展览，给人以潜移默化的教育。除建立新疆沙粒画学生社团外，还要搭建新疆沙粒画专业类学生创新创业平台，创立校企合作的新疆沙粒画文创产品研发中心和文创产品设计团队等，进一步提升新疆沙粒画的文化竞争力。

新疆沙粒画应在产学研创新实践的基础上，扩大优势，尽可能地实现成果转化。进而整合可利用资源，寻找重点突破口，在文化市场的大潮中占有一席之地。

综上，深含丰富民俗、地域和生态文化内涵的新疆沙粒画，须在地方高职院校统筹规划、多元联动、整合资源措施的积极作用下，才能更好地传承，促进文化旅游产业发展，推进"文化润疆"建设，展现多样新疆文化形象。这既是地方高职院校一种深刻的文化认同和文化自觉，更是其责任和使命。

原载《新疆艺术》2023年第1期，略有改动

培育时代新人的高校美育实践路径探究

苏州大学 孟园园 吴 磊

摘 要 培育担当民族复兴大任的时代新人是推动新时代高等教育发展的必然选择，也是高等教育的重要使命。美育是新时代培育时代新人的重要着力点。然而，当前高校美育发展与构建德智体美劳全面培养的育人体系还不相适应，对美育作用的忽视仍然存在。本文依据"高等教育价值论"的分析框架，从个人价值、文化价值、社会价值三个方面对高校美育的价值意蕴进行阐释。培育时代新人的高校美育实践路径需要坚持理念引领、坚持文化传承、坚持协同发展，将美育融入高等教育全过程、将文化渗透于高校美育全过程、将育人根植于人才培养全过程。

关键词 时代新人；高校美育；实践路径

自党的十九大报告中提出要"培养担当民族复兴大任的时代新人"的育人目标以来，有关培育时代新人的理论探讨与实践探索成为教育界重要的研究主题，也对高等教育回答"培养什么人"给出了具有重要意义的答案。当前，学界对"时代新人"的学理与实践研究不在少数，但对美育在高校中如何对时代新人进行培养的探讨相对较少。美育作为学校教育的重要组成部分，是培养时代新人的重要着力点，在高等教育人才培养中具有不可替代的独立地位。因此，探讨培育时代新人的高校美育实践路径是十分必要的。

一、历史选择：涵育时代新人的背景与意义

首先，涵育时代新人，是在中华民族进入新的历史征程后所提出的新的育人目标，蕴含着培育和践行社会主义核心价值观的必然要求，是坚定文化自信、推动社会文化发展的重要途径。做好新时代背景下时代新人的培育工作，也是落实立德树人根本任务、发展素质教育、实现高等教育内涵式发展的首要任务。

首先，"时代新人"提出于新时代这一历史进程当中。在党的十九大报告中，习近平总书记指出"中国特色社会主义进入了新时代"，标志着中国发展进入了一个新的历史方位，是对中国特色社会主义发展进程的重大战略判断。

同时，在十九大报告中首次对教育目标提出了"培养担当民族复兴大任的时代新人"的新要求，"时代新人"概念由此提出。此后随着习近平总书记对时代新人特质内涵的不断拓展与丰富，当前对时代新人的内涵表达也有了更为明晰的认识，立足时代之基、回答时代之问，新时代的新人是追梦者也是圆梦人，要有信念、有理想，要强磨炼、长本领，要勇开拓、敢创新，要能坚持、不懈怠，要常用真善美来雕琢自己，主动担当民族复兴的历史责任，服务人民，奉献祖国。时代新人是走在时代前列的奋进者、开拓者、奉献者，是顺应时代潮流的坚定者、奋进者、搏击者，是有理想、有本领、有担当的青年一代。[①] 时代新人概念的提出，对新时代育人工作具有明确的引领与指导作用，明晰了人才培养目标。做好时代新人的培育工作，是新时代背景下教育需要完成的重大战略任务。

其次，时代新人是推动新时代蓬勃发展的必然选择。在中国共产党发展的百年历史进程中，从初期便是青年的觉醒点燃了民族复兴的希望之光。不论是在新民主主义革命时期、社会主义革命和建设时期，还是改革开放和社会主义现代化建设新时期，青年都是推动社会发展进步的中坚力量。习近平在庆祝中国共产主义青年团成立100周年大会上的讲话中强调，"一个民族只有寄望青春、永葆青春，才能兴旺发达""青年的命运，从来都同时代紧密相连""时代各有不同，青春一脉相承"，时代总是把历史责任赋予青年，党和国家的希望寄托在青年身上！[②] 上述论述中明确了青年是时代新人的主体，也充分强调了青年在党和国家发展中的重要作用。2022年国务院新闻办公室发布的《新时代的中国青年》中强调指出，国家的希望在青年，民族的未来在青年，中国青年始终是实现中华民族伟大复兴的先锋力量。这是我们国家第一次就青年群体专门发布白皮书，可见党和国家对青年工作的重视。进入新时代，中国的经济实力、科技实力及综合国力都已达到新的阶段，迈入新的台阶，能够为青年提供更广阔的发展空间、更厚实的发展基础、更优越的发展机遇，但同样面临着百年变局对经济发展、民生改善等方面带来的严峻挑战，因此，有理想、有本领、有担当的时代新人必然是推动社会发展、应对变革挑战的先锋力量。

再次，培育时代新人是高等教育的重要使命。育才造士，为国之本。建设教育强国是中华民族伟大复兴的基础工程，教育是培养国需人才的主要途径，

---

① 刘建军. 论"时代新人"的科学内涵 [J]. 思想理论教育，2019 (2)：4-9.
② 习近平. 在庆祝中国共产主义青年团成立100周年大会上的讲话 [N]. 人民日报，2022-05-11 (2).

高等教育是人才塑造的重要关卡。习近平总书记关于教育的重要论述深刻说明了时代新人的本质内涵，为新时代人才培养提供了明确的方向指引，切实回答了高等教育要培养什么人的首要问题。高等教育与时代同行，培养德智体美劳全面发展的社会主义建设者和接班人、培养担当民族复兴大任的时代新人是新时代高等教育的首要任务。当前我国已经建成世界最大规模的高等教育体系，2021年我国高等教育毛入学率达到57.8%，相比于2012年提高了27.8个百分点，我国高等教育已进入世界公认的普及化阶段。① 高等教育的蓬勃发展显示着其服务国家重大战略能力的持续增强，在高铁、核电、疫苗研发、国防军工等重点领域均提供了关键技术，支撑引领着文化强国、人才强国等方面的建设。高等教育在构建培养德智体美劳全面发展育人体系的过程中，美育是不可忽视的一环，是培育时代新人的重要抓手。《新时代的中国青年》白皮书对新时代中国青年倡议的第一条内容即为：坚持向美向上向善的价值追求。高等教育时期在个体成长过程中是培养崇德向善、追求美好的重要时期，处于高等教育阶段的学生具有极强的可塑性，重视培养时代新人的高校美育实践路径对于个体的全面发展来说具有不可替代的重要意义。

二、价值意蕴：新时代高校美育的价值取向

价值取向是价值哲学的重要范畴，是指价值主体在面对或处理价值活动时指向价值目标的活动过程，反映主体价值观念变化的总体趋势和发展方向。② 价值取向具有决定、支配主体价值选择的作用。高校美育价值取向是指美育价值主体在美育活动中进行价值判断和价值选择时所表现出的价值倾向性，其不仅支配着高校美育的一切活动，也是判断高校美育各类活动合理与否的准则。因高校美育涉及美学、艺术学、教育学等多个学科，具有跨学科性质的复杂性，这也就决定了高校美育价值取向的多元性。

高等教育价值论是胡建华等在《高等教育学新论》③ 中将价值论的理论与方法运用到高等教育研究领域中提出的高等教育价值论研究的基本思路与框架。依据高等教育价值的系统观和历时观两个方法论思想，将高等教育的价值体系大致分为：个人价值、文化价值、社会价值三个方面。基于高校美育为高

---

① 叶雨婷. 我国已建成世界最大规模高等教育体系［N］. 中国青年报，2022-05-18（1）.
② 阮青. 价值哲学［M］. 北京：中共中央党校出版社，2004：161.
③ 胡建华，陈列，周川，龚放. 高等教育学新论：新世纪版［M］. 南京：江苏教育出版社，2006：192-232.

等教育的重要组成部分,因而本文对高校美育的价值内涵的分析依据"高等教育价值论"的分析框架开展。

(一)个人价值:促进个体的全面发展

个人价值是指美育对大学生个体的促进作用。马克思认为人也是按照美的规律来塑造的,通过审美的认识、把握,改造主观世界可以实现人的自由而全面的发展。"人的全面发展"不仅是人的智力和体力充分、统一的发展,更重要的是人的才能、志趣和道德品质多方面的发展。[①] 高等教育的主要活动是传授科学文化知识、培育道德品质与行为习惯。[②] 美育在高等教育的主要活动中,不仅培养个人的审美能力和人文素养,同时在陶冶情操、培养高尚道德修养、培养创新创造能力等方面具有不可替代的促进作用。普通高校中,个体具有很大差异,美育对于每个人的促进和推动作用并不相同,但美育活动的目标是明确的。高校美育对个体的促进作用体现在:

其一,促进个人智力发展的价值。对于个体的智力发展,传统教育中普遍以智育为主要渠道,对美育等学校教育在促进个人智力发展方面的作用具有一定的刻板印象。美育之所以受到刻板印象的影响使其在学校教育中被忽视,一是因为应试教育及美育自身特殊性,目前无法对美育进行科学性、有效性评估,二是因为美育对个体的影响从某种程度上看是无形的,且美育的反馈时效较长,正如美的内涵并不能明晰,但其在生活中却是无处不在,美育同样蕴含在不同的学科之中,在学校教育中无处不在。高校美育通过美育课程、美育实践、校园文化等不同方式对个体在感受力、想象力、创造力等方面进行审美熏陶,拓展和增进个体对现实世界的认知,激发个体的创新、创造活力,进而对个体智力产生促进作用。

其二,促进个人健全人格的价值。前文提到,美育对于个人智力发展的影响是于潜移默化中进行的,同样在健全人格方面亦是如此。美育是培养人整体反应方式的教育,在促进人的精神因素的协调发展方面具有独特的优势,[③] 人的感性和理性因素在审美活动所营造的和谐状态中可以得到最大程度的发

[①] 董学文. 论马克思主义美育观的本质和特征 [J]. 廊坊师范学院学报(社会科学版),2014(5):5-11.

[②] 胡建华,陈列,周川,龚放. 高等教育学新论:新世纪版 [M]. 南京:江苏教育出版社,2006:197.

[③] 冉祥华. 美育与人格塑造 [J]. 河南师范大学学报(哲学社会科学版),2005(6):165-168.

挥①。也就是说，美育通过审美知识、审美经验传授等审美活动的开展，推进个体审美体验、审美感悟的内化，潜移默化地将感性因素、理性因素融入个体的行为意识、价值判断当中，进而促进个体多方能力全面、和谐地发展，达到促进人格健全的作用。在普通高校中，培养科学和人文素养也是培养健全人格的核心要素，通过审美教育对个体的思想进行影响，可使其提高思想觉悟、培养健全人格和形成高尚的道德情操。

其三，促进个人审美生活的价值。促进个体审美生活是以审美引导个体遵循美的规律美化自身和美化环境，提高自身的审美水平，丰富对物质生活和精神生活的认知能力，加深对美和幸福感的理解，使个体拥有发现美、欣赏美的能力，能够加深其对美好事物的热爱，对美好未来的向往与信心。美育在融入普通高校教育教学的过程中，首先作用于个人，进而在文化传承、推动社会发展等方面产生效能。美育在个人、文化、社会上所起到的促进作用，最终均可归因为对人的作用。因此，在高校美育不同的价值取向中，个人价值是最根本、最直接的价值。

（二）文化价值：促进文化发展与创造

文化价值是指高校美育对文化的促进作用。美育在学校教育中最为重要的一项功能是促进形成人对事物具有一定审美价值取向，这种审美价值取向对人的审美感受、审美鉴赏、审美创造、审美表现等审美能力具有决定性的作用。② 此外，美育是以一种创造性的方式和创新的形式来实现的教育，与人的创造性思维有着直接的关系。因此，美育也是厚植爱国主义情怀、培养学生创新精神的基础。高校美育的文化价值体现在大学与文化发展的多种关系之中，增强文化自觉、践行文化传承、激励文化创造是普通高校培养担当民族复兴大任的时代新人的必然要求。

首先，高校是文化传承的重要载体。文化是民族生存和发展的重要力量，文化传承不仅要通过整体文化环境的渲染、浸润等无意识的方式传承，更要通过社会机构等有意识的方式进行。高校是有意识进行文化传承的社会机构中的一个主要组成部分，通过高校美育进行文化传承是弘扬中华美育精神不可或缺的途径之一。相比于基础教育的学校来说，高校可以拥有更为浓厚的文化氛围，更多文化交流、文化培育的机会，不仅有校内校园文化、实践活动的多维

---

① 滕守尧. 审美心理描述 [M]. 成都：四川人民出版社，1998：355.
② 修海林. 美育的价值取向问题 [J]. 音乐研究，1996 (4)：4–7.

浸润，更有美育、德育等课程对文化知识分析解读的培育引导。文化传承是学校教育的必然使命，不同教育阶段学生的认知与理解不尽相同，其侧重也必然不同，高等教育阶段的学生已经有了一定的文化基础，开始形成自己独立判断与思考的能力，此时高校美育的主要内容是以中华优秀传统文化传承发展为重点，通过校园环境、主题活动、文化课程等多方面地引导、帮助大学生获得比义务教育阶段更为深刻的情感体验，传授中华民族优秀的民族精神与品格，培养建立时代新人的文化传承责任与使命。①

其次，美育能够培养文化创造的能力。正如前文所说，高校美育对于个人来说，具有促进智力发展、人格健全等个人价值，其中很重要的一点是对创新创造能力的促进作用。作用到文化传承上，具有创新创造能力的个体自然可推动文化的创新与发展。高校美育的文化创造来源于对文化主体的培养，具有更多的前瞻性和多样性。新的文化主体的塑造除了传授文化理论知识，更需要主体将理论知识进行内化，构成主体的文化心理，如此才能真正达成新文化主体的塑造。高校美育以美育实践为主要形式，通过以中华优秀传统文化传承和经典艺术教育为主要课程内容的熏陶，加强对文化的认识与理解，普及文化发展规律，明确自身的文化责任与义务，增强文化自信，调动中华文化的基因传承，激发学生的文化创造精神，促进学生将中华优秀传统文化内化，进而培养具有文化创新创造能力的创新型高素质人才。

（三）社会价值：推进社会发展及育德

社会价值是指高校美育体现在促进社会发展上的作用与价值。高等教育的四大基本职能是人才培养、科学研究、社会服务、文化传承，该阶段不仅强调宽厚的知识素养、专深的专业知识与技能，同时需要具有发展指向的创新素养和创新能力。② 高校美育的主要内容是在高等教育阶段以公共艺术课程为普及艺术教育的载体，结合美育实践、校园文化、艺术展演等形式开展的教育教学，其培养目标是具有崇高审美追求、高尚人格修养、充分文化学识的高素质人才。人才培养作为高等教育的首要职能，对社会发展具有重要价值，美育在其中所发挥的作用是在高等教育阶段培养全面发展的高素质人才。此外，道德培养也是高校美育的重要社会价值之一。

---

① 罗琴，王华敏. 由"形"入"神"：文化基因视角下高校中华优秀传统文化的传承转向［J］. 学校党建与思想教育，2021（19）：59-62.

② 冉亚辉. 中国高等教育基本理论与逻辑体系研究［M］. 南昌：江西人民出版社，2020：28.

首先，高校美育具有为社会培养高素质人才的社会价值。当前我国正处于百年未有之大变局、信息的快速更迭、技术的推陈出新、思想的激烈碰撞时期，时代要求我们的教育培养"立时代之潮头，通古今之变化，发思想之先声"的奋进者、开拓者和奉献者。尤其是当前我国经济水平的快速跃进，促使国家从制造大国转向创新大国的新目标，社会需要的不仅是具有知识储备的技能型人才，更需要的是在扎实知识储备之上不乏创新创造性的复合型高素质人才，具有较高审美和人文素养、具有创新创造活力是当今社会对高素质人才的必然要求。美育的作用由此日渐凸显，在文化创意、工艺设计、科技创新等诸多方面均有所涉及。通过促进个人智力发展、健全人格、审美生活的培养，美育可以促进大学生以更加积极乐观的状态去应对生活、工作及挑战，这也是当前社会所需的高素质人才所必备的素养。

其次，高校美育具有承担道德培养的社会价值。道德价值是人的价值观系统中的核心构成要素，是指主体根据自己的道德需要对各种社会现象是否具有道德价值做出判断时所持有的内在尺度，是人们处理社会、家庭、职业与自身深层利益关系的价值准则。① 具有良好的道德修养是衡量社会发展的标准之一。高校美育以美育德的社会价值体现在：其一，强化个体的文化主体意识，涵养国民心性。增强文化自信，促进道德内化，审美感受力、审美想象力、审美鉴赏力、审美创造力等审美能力的培养会在审美教育过程中自然地内化为道德思想，真切地提高个体的道德修养，以美养善。其二，陶冶个体的道德情操，化美启德。通过美育的培养引导大学生能够真真切切感美、识美、立美、创美，领悟其中的道德内涵，以个体道德情操的提升带动改善社会的文化环境，推动社会的文化进步与和谐发展。其三，坚定个体的道德信念，提升社会文化品质。促进引导大学生树立正确、积极的审美观、价值观、世界观，培养其形成强烈的社会责任感，推动促进社会的良性发展。

三、实践路径：培育时代新人的高校美育路径选择

（一）坚持理念引领，将美育融入高等教育全过程

理念是指对事物本质规律进行概括的思想观念，只有在正确美育理念指导

---

① 李爱玲. 论大学生道德价值观教育体系的科学构建［J］. 经济与社会发展，2006（12）：232–234.

下，高校美育才能真正发挥出其自身的价值与效能。① 指向清晰的理念对美育建设具有指导性作用，能够为高校美育建设提供科学、合理的发展方向，能够更好地实现将美育融入高等教育全过程。

首先，要提高对美育的认识与重视，树立育人理念。美育实践的开展是需要在一定理念的引领下进行的，指向明晰理念的前提是对美育认识的转变，对美育功能和价值的认可。当前普通高校对美育的育人功能和价值并没有足够的重视，对高校美育的定位也没有充分的了解，这些造成了对应试的重视和对素养的轻视、对少数的重点培养和对全体需求的忽视，对比赛的重点关心和对普及的避而不谈等行为，忽视、停占美育课的现象比比存在。其原因是高校领导对美育的重视不足，学生自身对美育价值的认识也不充分。提高美育认识，要充分发挥高校领导的核心作用、美育教师的引导作用，充分认识美育的育人功能，重视美育的育人导向，以育人作为高校美育理念的根基，切实在高校中对美育工作进行统筹、规划，在教育教学过程中对学生进行渗透引导，提高对美育的认识与重视，将美育融入高等教育全过程，引导学生树立正确的审美观、世界观、人生观、价值观。

其次，要明晰美育目标，具化理念内涵。高校美育的目标在于立德树人、提高学生审美和人文素养，培养全面发展的高素质人才，培育担当民族复兴大任的时代新人。明晰美育的目标，不仅是对学校培养目标的明晰，更需要教学目标的明晰具化。美是无形的，是可以贯穿于高等教育任何一门学科的。使美育融于高等教育全过程，需要高校教师在教育教学过程中，强化美育培养意识，挖掘自身学科美的特点，在传授专业知识的同时，引导学生发现科技美、社会美、文学美等美的形态，使学生真切感受到美的相通性。此外，还应充分发挥艺术教育的主渠道作用，从课堂、实践、校园文化等多方面融合渗透，在立足知识性的基础上，强调审美和艺术态度对健全人格的重要性，将美育作为一种世界观的教育，培养学生对审美的兴趣与追求，引导学生学会审美地生活，成为"生活的艺术家"。

最后，要健全高校美育教学体系，践行落实理念。如今高校中并不缺少美育，但系统的高校美育教学体系尚待完善。高校美育教学体系的建设要调整传统教育模式中对美育等非智力因素的忽视，以理念为引领，将美育理论与美育实践有机融合，将美育与德、智、体、劳有机融合，将美育与价值观教育有机

---

① 夏侯琳娜．"立德树人"视域中的新时代高校美育理念建构［J］．理论学刊，2020（2）：127－134．

融合,有框架、有目的、有依据地对学生进行审美和人文素养的培养。健全高校美育教学体系,在教学内容上满足学生美育需求,夯实学生基本知识;教学方法上遵循美育特点,结合美育实践,强化学生基本技能;教学过程中强调面向人人,调动学生参与度;教学结果评价上注重过程性评价、定性评价,重视素质培养。

(二) 坚持文化传承,将文化渗透于高校美育全过程

中华民族是具有五千年历史文化底蕴的民族,中华优秀传统文化永远是当代大学生可以不断汲取养分的沃土。中华优秀传统文化是美育教学的核心内容。新时代背景下,学校美育的主要任务不仅是向学生进行艺术理论知识与基本技艺的传授,更是对传承与发展中华优秀传统文化的历史使命的承担。高校美育是在普通高校中以艺术教育为主要载体,以公共艺术课程为主要途径,通过美育课程和美育实践的开展拓展个体的视野与思维,强化大学生文化主体意识,对其审美素养进行提升与训练。坚持传统文化传承,将传统文化渗透于高校美育全过程,不仅要在美育课程、美育实践中进行文化浸润,更要培养学生的文化主体意识,坚定文化自信,发挥文化价值,推动传统文化的传承与创新。

以中华优秀传统文化为内容,丰富美育课程。以中华优秀传统文化为抓手,结合地方优秀文化,因地制宜,挖掘整合优质美育资源,将中华优秀传统文化课程化,优化完善美育课程体系,不断丰富美育课程内容。要充分发挥交叉学科优势,践行融合理念,打造艺术、人文等多学科交叉融合的艺术选修课程,如艺术鉴赏、艺术批评等艺术选修课程,探索更多创新教育教学路径,打造如地方戏曲等具有地方文化特色的艺术选修课程,拓展课程形式。充分利用人工智能、数字资源等现代化信息技术手段,采用翻转课堂、线上线下相结合等教学模式,推行慕课、微电影等数字化形式,鼓励学生主动参与文化传承与创作推广,扩大优质美育课程的覆盖面,提升美育课程效果。

以中华优秀传统文化为要素,拓展美育实践。打造蕴含中华美育精神的美育精品,推进爱国主义题材等主题性创作活动,让传统文化鲜活起来,通过原创文化作品的展示与推广,让学生切实了解中华文化的变迁,汲取中华文化的精髓,激发学生刻在骨子里的文化基因,增强学生对文化的认同与尊重、传承与创新。打造学校文化传承基地、校艺术团等实践平台,充分利用当地博物馆、展览馆、艺术馆、影剧院等公共文化艺术场馆,实现校内、校外美育实践联动合作,加强多样化的艺术交流,让学生在文化活动中提升感受力、在实践

中提升表现力。营造格调高雅、充满活力、面向人人的校园文化,挖掘学校校本文化资源,实现文化的多方浸润,让学生在实践活动中感受文化魅力,培育文化自信。推进美育课程、实践活动、校园文化的深度融合,丰富实践内涵,拓展实践形式,在课程、活动的有机互动、相互融合、相互渗透的过程中强化学生的文化主体意识,提升文化传承与创新发展成效。

(三)坚持协同发展,将育人根植于人才培养全过程

相比较德育、智育、体育在高等教育中的开展,美育在高校中的推进建设还面临着很多困难,在人才培养体系中的占比仍处于弱势,目前主要以公共艺术课程的主要途径及选修课 2 学分的要求存在,在五育并举的建设上,对美育的重视仍有待加强。此外,尽管在美育理论研究及国家相关政策中已不断强调艺术教育只是实施美育的主要途径,而不是唯一途径,但将二者等同视之的情况仍不在少数,实际工作中单纯地将艺术教育代替美育,忽视美育对学生身心全面发展、健全人格的作用的现象仍然存在。所以要提高高校美育的实效性,培养具有崇高审美追求、高尚人格修养、充分文化学识等全面发展的高素质人才,就需要在人才培养过程中,将美育管理与教育教学相协同、将多方联合与平台建设相协同、将资源保障与成效提升相协同,全员全过程全方位地落实育人理念,形成多方协作、开放高效的高校美育体系。

首先,将美育管理与教学相协同。美育管理是教学得以有效开展的基石,建立健全高校美育管理体系,可以从学校顶层设计层面统筹美育建设,在明确学校责任主体的同时科学规划美育工作,充分发挥学校在美育教学工作推进过程中的主导作用,为美育教学的开展提供有效的支撑条件、制度保障,全方位推进美育教学,保障教学质量,提升育人成效。这有助于学校以育人理念为引领,从人才培养目标出发,推进美育教学体系建设,形成科学化、系统化、综合化的高校美育教学体系。

其次,将多方联合与平台建设相协同。多方联合是搭建多元美育平台的重要途径,高校美育实际上还是要以学生的审美体验、审美感受为主,理论的学习是为了更好的审美体验,并为之奠定基础,学生审美素养的提升多是在切身的美育实践、美育活动中感受、领悟进而内化的。因此整合多方美育资源,搭建多元美育平台对于人才培养来说尤为重要。多元联合,需要充分挖掘、调动各项可利用的美育资源,需要创新探索校际协同、校地协同等新型培养模式,发挥地方社会资源优势,推动基本公共文化服务项目,为美育教学服务。

最后,将资源保障与成效提升相协同。高校美育资源的保障直接关系到最

后美育育人成效的体现。高校美育资源的保障需要强化师资队伍的保障，专任美育教师、校内相关领域专家学者为教育教学提供质量保障，同时学校对教师的发展进行规范护航，以保障教师的职业发展与教学热情，形成良性反馈闭环。同时需要强化经费保障和场馆条件保障等，对艺术教育所需要的教学设施、场馆配置等进行保障落实，确保美育课程、美育实践的稳步发展。

新时代艺术院系美育的思考与探索

广西艺术学院　李　君

摘　要　普通高校艺术类院系及专业艺术院校的"专业艺术教育、艺术师范教育"发展迅速，而艺术类学生"主修学科以外"的"普及艺术教育"，以及整个艺术教育从美育角度存在的"有教无美""有美无育"等一系列问题值得关注；艺术院系的美育师资相对充足，但又较为分散，缺少专门的机构来统筹教研从而进入更深层次的美育研究；通过新成立的专门美育机构，优化与集约艺术院系的美育师资和美育资源，建立"台账"制度，落实二级学院美育分管领导和美育联络员，定期开展美育研究与发展论坛，弥补"美中不足"，使艺术院系的"普及美育"形成特色、体系以服务于艺术类学生在"一级学科以外"姊妹艺术修养上的提高，使作为美育主要实施内容的艺术教育"教中有美"，且落实"课程思政"，使艺术教育"有美也有育"；艺术院系的美育可辐射其他院系的美育教研，为党和国家美育政策的切实落地，做出应有的探索和成效。

关键词　艺术院系；美育；一级学科以外；有教无美；有美无育；课程美育

一、引言：艺术院系美育所指

　　这里的艺术院系，指的是普通高校的艺术类院系及专业艺术院校的各个院系，一类如综合性大学、师范性大学开设的音乐学院、美术学院、设计学院及专科院校开设的音乐系、美术系、艺术系等，二类如专业艺术院校的各个与一级学科相关的院系如美术学院、设计学院、音乐学院、舞蹈学院、音乐教育学院、美术教育学院、影视与传媒学院等，这些可统称为艺术院系，是本文关注的对象。2022年11月22日，教育部办公厅印发《高等学校公共艺术课程指导纲要》（教体艺厅〔2022〕1号）（以下简称《纲要》），其中讲到"本纲要适用于全日制本科高等学校，专科院校可参照执行"。意味着全日制本科、专科艺术院校也可以按照此《纲要》执行公共艺术课程，以"推进高等学校美育高质量发展"。而2006年《全国普通高等学校公共艺术课程指导方案》（教体艺厅〔2006〕3号）（以下简称《课程方案》）当时讲到"本方案适用于全国普通高等学校非艺术类专业"，艺术类专业的学生公共艺术课程处于各艺院校（系）自行开展的状态。本文就此进行思考和探索。

二、艺术院系美育存在的问题

《教育部关于切实加强新时代高等学校美育工作的意见》（教体艺〔2019〕2号）提出，"高校美育要以艺术教育的改革发展为重点，紧紧围绕高校普及艺术教育、专业艺术教育和艺术师范教育三个重点领域，大力加强和改进美育教育教学"。艺术院系应该是最不缺美育也最懂美育的院系，但是，长期以来，艺术院系主修学科以外的美育处于"自我设计"状态，一些普通高校开设的艺术类选修课，主要面对非艺术类学生，艺术类学生难选或干脆不选，造成师生"身在美中不知美、不思美、不研美""有教无美""有美无育"等现象。

（一）视觉之美的"无视"

大学校门上面的校名，是一所大学的标志性形象，属于造型艺术、书法艺术和视觉审美范畴，艺术院系对其审美表现水平的提高责无旁贷。目前大学校门上的校名使用书法体的有两种情况，一种是请名人或书法家题写，另一种是从名人的书法作品中提取组合。提取组合又有两种情况：一是征求原作者或亲属的意见，二是没有征求原作者或亲属的意见。中国的书法之美讲究一气呵成，不管是竖着写还是横着写，亲笔题写的校名是一个整体，是一幅书法作品；而提取组合的校名又出现两种情形，一种看起来和谐、美观、有特色，一种看起来违和、生硬、不符合书法的基本运笔规律和艺术表现。现在全国的大学，以上现象均存在，而一些二级学院、二级单位在名人书法的后面又有三种提取方式：一种是沿用校名的书法体，从校名题写者的手稿里面提取二级学院或单位的字放到校名的后面，有的完全复制大学的"学"与学院的"学"。但这是中国书法审美的大忌，《兰亭集序》中那么多个"之"，没有哪两个是完全一样的。另一种是用其他人的书法，放在书法体的校名后面，在一个表达里面出现两个人的书法衔接，从书法的审美而言，破坏整体，同时也是对两个书法者的不尊重。正确的审美应该是第三种，即在书法体的后面用非毛笔、非手写体的印刷体如黑体等，或是其他美术字、电脑设计体来表示二级学院或单位。

除了大门上的校名，学校的大楼、广场、雕塑及校训、校风的书法设计，也是一个学校公共空间的审美表现。某大学的校园雕塑作品《后羿射日》中的持弓者变成了洋人，放在美术学院师生经常经过的地方；某大学把名人手迹的校名和另一个名人题写的校训，放在一个版面置于学校广场的显著位置，让不懂历史和艺术的观众以为是一个人的手迹。这些都是对视觉之美的"无视"。

（二）听觉之美的"无闻"

从听觉而言，学校一天几十遍响起的报时声，是学校的一道"声音景观"①，它需要有文化与审美的元素，除了它的实用功能报时外，还应该有值得欣赏与记忆的审美功能。曾几何时，人工敲击的钟声成为校园的一道声音景观，也成为毕业生们的美好回忆；后来，电铃取代了人工敲钟，枯燥的、只有实用功能的电铃没有给人留下值得欣赏和记忆的元素；再后来，有了音乐铃声，很多学校使用的音乐铃声，或是音乐+语言的报时，成为学校的新的声音景观，也体现了一个学校对广播的设计理念，特别是艺术院校和有艺术院系的高校，广播室传出的声音，要有艺术性、实用性、独特性等，以彰显学校的文化内涵与审美水准。

（三）教学之美的"无研"

艺术教育更应该讲究教育艺术，从教学来看，"专业艺术教育、艺术师范教育、普及艺术教育"都需要"教学之美"，也就是美育要有教学美。据笔者了解，很多大学有公共艺术中心之类的机构为非艺术类大学生的艺术选修课服务。而艺术院系，却没有专门的机构来管理公共艺术教育，即学生主修学科以外的艺术选修课。在当前美育改革创新形势下，面对艺术类学生的美育，大家是各自为政，缺乏组织，缺乏教研。专业艺术教师不愿从事公共艺术教育，因为备课量大、学生基础弱、学生需求高等。备课量大是因为给非本学科的艺术类学生上课往往是几十人上百人的大课，不是一对一、一对几的小课，学生对于艺术学科缺乏专业基础知识的学习；且要求高，更考验教师上课的水平。如何给艺术类的非本学科的学生授课？如果没有"公共艺术中心教研室"或"美育教研室"，艺术院系的公共艺术教育基本处于"有教无研"的状态。

（四）传统之美的"无育"

有"美"没有"育"不是真正的"美育"，甚至会走到"美的另一面"。2019年4月2日教育部发布《教育部关于切实加强新时代高等学校美育工作的意见》（教体艺〔2019〕2号），2020年10月15日中共中央办公厅、国务

---

① 从文化与审美的角度，值得记忆与欣赏的声音，即"声音景观"，简称"声景"，加拿大音乐家谢弗20世纪70年代左右提出。

院办公厅印发《关于全面加强和改进新时代学校美育工作的意见》强调将"以美育人、以美化人、以美培元"贯穿于人才培养全过程，尤其是"以美培元"，是在"以美育人、以文化人"的基础上，强调"以美化人、以美培元"，什么是"元"，元就是本，是善，是真。"人之初，性本善"，因为教育不够完善或是其他因素的影响，有的人"忘本"，不追求"真善美"，而是宣扬"假丑恶"。前面讲到某高校《后羿射日》的雕塑看起来是"力与美的结合"，实则忘了自己的老祖宗，把后羿变为裸体、卷发的外国人！在"课程思政"深入人心的教育背景下，教育部《高等学校课程思政建设指导纲要》（教高〔2020〕3号）提出，作为"艺术学类专业课程"，"要在课程教学中教育引导学生立足时代、扎根人民、深入生活，树立正确的艺术观和创作观"。

三、艺术院系美育问题的历史与现状分析

从某种意义上讲，艺术院系每天都在进行美育，是最不缺美育的院系。但是，他们通常只注重本一级学科的美育，对本一级学科以外的美育较为缺失，甚至还没有达到非艺术类学生的美育水准，造成"美中不足"的现象。

（一）课程方案没有针对艺术类专业

艺术院系存在一个特殊的现象，即艺术类非本专业的公共艺术课程，如美术类专业的同学想选修合唱艺术方面的课程显得较为困难；还有传媒学、建筑学等非艺术类的同学被"当作"艺术生一样看待。一是因为优质师资忙于专业授课，极少开设全校选修课；二是因为专业教师课时不够时才会开设选修课以完成教学任务；三是存在"专业不怎么样的老师"才去开设选修课的负面现象，这在普通高校的艺术院系尤为突出。一些学校形成了"因师设课"，而不是"因生设课""因需设课"的现象。

（二）艺术展演的分组没有"以一级学科为界"

《教育部关于举办全国第一届大学生艺术展演活动的通知》（教体艺函〔2004〕6号）（以下简称《通知》）分为普通组和专业组（艺术院校、师范院校艺术专业、普通高校艺术专业的学生）两个组别，这种分组方法沿用至第七届，参赛分为甲、乙两个组别，甲组为非艺术类专业的学生，乙组为艺术类专业的学生。以上课程方案与《通知》，是在艺术学还没有成为独立学科门类的历史背景下施行的。2011年2月，国务院学位委员会将艺术学升格成为中国的第13个学科门类，在艺术学学科门类下设有艺术学理论、音乐与舞蹈学、戏剧与影视学、美术学、设计学五个一级学科。笔者认为，在艺术学成为新的

学科门类之后，其五个一级学科之间的互相学习和选课更倾向于"普及美育"而非"专业美育"，如美术学的学生选修音乐与舞蹈学课程。

（三）艺术院系学生缺乏对本学科之外艺术种类的热情

艺术类学生投入本一级学科，特别是技能技巧的学习，需要花费大量时间，他们大多对其他一级学科不感兴趣或没有时间顾及，"隔行如隔山"；造成艺术院系学生"身在美中不知其他学科的美"，甚至不知本学科的美的情况。"美育学科与艺术教育学科有着非常紧密的联系，但却不是相同学科。近年来，艺术教育得到普及和加强，对推进学校美育起到了重要作用。不少学者、管理者和一线实践者就直接将艺术教育等同于美育。"[1] 美育不仅是现有艺术教育人员的责任，还应具体化到美育课程，以及课程的教材、教师、课堂、效果等，要解决之前艺术教育不能或没有解决的问题。如果学校不能专门开设一门美育课程，那就要如同"课程思政"一样进行"课程美育"，即在所有课程尤其是艺术类课程中贯穿美育。蔡元培先生一百年前就提出[2]，"但是美育的范围，并不限于这几个科目，凡是学校所有的课程，都没有与美育无关的"[3]。

四、艺术院系美育工作的加强和改进

反观20世纪20多年来美育的发展，专业艺术教育、艺术师范教育得以迅速发展，普及艺术教育也取得了长足的进展，而艺术生非本专业类艺术课程在美育课程与展演范畴中，凸显出一些问题，工作原则之一即应"坚持面向全体"，正如《教育部关于切实加强新时代高等学校美育工作的意见》所讲，高等学校应"坚持面向全体。健全并不断完善面向人人的高校美育育人机制，让所有在校大学生都享有接受美育的机会"。教育部2023年12月22日最新发文《教育部关于全面实施学校美育浸润行动的通知》（教体艺〔2023〕5号）改革方向指出，"以美育浸润学生，以美育浸润教师，以美育浸润学校。……到2027年，美育课程教育教学质量全面提升"。所以，艺术院系更要走在美育浸润行动的前列。

---

[1] 赵伶俐. 美育学科学位归属与人才培养体系建设 [J]. 美育, 2021 (1): 20-29.
[2] 蔡元培. 美育实施的方法 [J]. 教育杂志, 1922 (6): 1-7.
[3] 蔡元培. 美育人生 [M]. 北京: 中国画报出版社, 2022: 102.

(一) 成立专门的美育机构加强教研

1. 美育机构与公共艺术课程机构合力

本文关注艺术院系的美育教学,因为长期以来,人们认为艺术院系已经有艺术教育了,不再需要加强美育。杭州师范大学杜卫指出,艺术是审美的集中、典型形态,作为审美教育的美育当然也是以艺术教育为主要途径。但是,美育和艺术教育不是等同的关系,而是交叉关系,它们有相互重合的部分,又有不同的部分。① 让艺术类专业的学生,接受姊妹艺术的熏陶,才能更好地培养创新型人才,如美术专业的学生选修音乐类课程,音乐与舞蹈专业的学生选修美术类、设计类、戏剧与影视类等课程,通过优化与集约艺术院系的美育师资和美育资源,建立"台账"制度,落实二级学院美育分管领导和美育联络员,定期开展美育研究与发展论坛,切实推进美育工作。"为切实加强高校美育工作,深化美育教学改革,充分发挥专家对高校美育教学工作的研究、咨询、评估和指导等作用",教育部于2020年7月29日印发《关于成立首届全国高校美育教学指导委员会的通知》(教体艺函〔2020〕6号),成立了首届全国高校美育教学指导委员会(简称高校美育教指委)。至此,美育教学有了教育部的指导,真正得到重视,地位得以确立。在教育部高校美育教指委的统领下,成立各级美育教学指导委员会以提升美育地位。作为艺术院系,更有必要成立美育教研室,进一步加强高端智库的建设,"建设一批美育高端智库,重点研究高校美育的课程和教材体系、教学规律和模式、考核评价标准、教师队伍建设等,深入研究中华美育精神",美育要纳入高校科研的范畴,要有一批有志于美育研究的人员投入其中,以"提升高校美育科学研究水平,打造一批美育综合研究的高地和决策咨询的重地"②。

2. 加强和改进美育工作推出优秀案例

全国大学生艺术展演活动的项目之一"高校艺术教育科研论文"第六届被改为"高校美育改革创新优秀案例",案例主题包括高校美育教师队伍建设、高校公共艺术课程建设与教学改革、高校专业艺术人才培养模式改革创新等,总结省、校、院系坚持目标导向和问题导向,在美育改革创新实践中形成

---

① 杜卫. 当前美育和艺术教育关系的若干认识问题 [J]. 艺术理论, 2019 (4): 1-6.
② 中华人民共和国教育部. 教育部关于切实加强新时代高等学校美育工作的意见 [EB/OL]. (2019-04-11) [2024-06-01]. http://www.moe.gov.cn/srcsite/A17/moe_794/moe_624/201904/t20190411_377523.html.

的具有引领性、突破性、示范性的做法、举措和经验。① 而在这之前，美育课程开课相对自由，各教研室缺少横向联系，各学科教师缺乏纵向研究。

（二）开设美育课程群改进教学

1. 由课程方案到《纲要》的转变

2020 年 5 月 31 日，在由中国高等教育学会美育专业委员会主办的"新境况下中国高校美育工作的现状和对策高端研讨会"上，王一川提出高校美育工作的对策，建议强化美育分类教育。美育实施应分艺术专业和非艺术专业两类，针对艺术专业学生强调跨门类的艺术教育、自然美育、社会美育、人文教育等。② 艺术院校的公共艺术课程原是一块"自主经营的自留地"，各有千秋，其优势是美育师资充足，课程开设并不受课程方案的约束。如今，我们终于等来了 16 年之后出台的《纲要》，其课程设置讲到"公共艺术课程包括美学和艺术史论类、艺术鉴赏和评论类、艺术体验和实践类等三种类型课程""公共艺术课程设置要体现完整性、连贯性、系统性，符合人才培养定位和要求，不能因人设课"。我们可以借鉴《纲要》的指导，一方面结合艺术院校的特点，一方面结合不同地区的民族特点，做出不同地区艺术院校公共艺术课程"普及美育"的民族特色。从近年情况来看，设计类的美育普及课程，较受大学生（非美术、设计类）的欢迎，如设计鉴赏、设计美学、形象美学、生活与化妆、服装与生活等。

2. 教材建设是美育实施的关键

美育教材该如何编写？笔者认为应具有以下几个不同：不同于 2006 年《全国普通高等学校公共艺术课程指导方案》下的系列教材，不同于专业学科下的各类作品赏析教材，不同于艺术概论、艺术学概论等概论教材，不同于美学基础、美学原理等美学教材，不同于已有的"大学美育"系列教材。艺术院校融入"课程思政"的美育教学改革与实践，具有实质意义，一方面推动美育教学改革纵深发展；一方面针对新时代"美育课程思政"的有机融合，探索出培养全面发展人才的模式。在课程体系中，融入"课程思政"；在实践活动、校园文化、艺术展演中融入"思政"元素，强调活动的思想性与艺术

---

① 中华人民共和国教育部. 教育部关于举办全国第六届大学生艺术展演活动的通知[EB/OL]. (2019 - 08 - 28)[2024 - 06 - 01]. http://www. moe. gov. cn/srcsite/A17/moe_794/moe_628/201909/t20190917_399482. html.

② 雷雷，任晟姝. 新时代背景下持续推进高校美育工作的思考："新境况下中国高校美育工作的现状和对策高端研讨会"侧记[J]. 美育学刊，2020（5）：16 - 19.

性的结合，文化的传统性与创新性的结合，展演的竞赛性与交流性的结合，使同学们在美育的环境中全面发展。

（三）大力开展一级学科以外的美育活动

1. 形成"一校多品"的美育特色

不管是针对普及艺术教育还是专业艺术教育、艺术师范教育，除了完善的课程体系，实践活动、校园文化、艺术展演也是构成美育的重要方面。"坚持改革创新"，就要全面深化学校美育综合改革，坚持德智体美劳五育并举，加强各学科有机融合，整合美育资源，补齐发展短板，强化实践体验，完善评价机制，全员全过程全方位育人，形成充满活力、多方协作、开放高效的学校美育新格局。[①] 美育教学要融入"课程思政"，也要进行"三全育人"。

2. 促成"大艺展"分组的合理性

"大艺展"将所有的艺术类学生归为乙组即专业组，有些笼统，在新的学科门类下，艺术类学生参加"非本一级学科"的比赛应归为业余组即甲组，如音乐专业的学生参加美术专业的比赛。大学生艺术展演举办六届以来，艺术类学生一直参加乙组即专业组的各项比赛，而没有参加甲组即业余组的比赛项目，导致非本专业（一级学科）有特长的学生没有机会参与比赛。《通知》要求"艺术表演、大学生艺术实践工作坊和学生艺术作品的参加对象为全日制普通高校的在读本科生、专科生以及全日制研究生……艺术表演和艺术作品应以非艺术类专业学生为主，艺术实践工作坊应以艺术类专业学生为主"[②]。事实上，近年来大学生艺术展演只注重与组织乙组（专业组）的比赛，艺术表演和艺术作品都由艺术类本专业学生参赛，非本专业的艺术类学生不能参加甲组（业余组）的比赛，导致如美术类学生不能参加表演类的节目展演，音乐类学生不能参加美术、设计等项目的比赛，埋没了一些有多项艺术才华的学生。希望艺术院系"普及美育"的改革，能促进"大艺展"进行更科学的分组。

五、结语

总之，美育已经走入新时代，新美育有着更大和更丰富的目标，本文的思

---

① 中共中央办公厅，国务院办公厅. 关于全面加强和改进新时代学校美育工作的意见[EB/OL]. (2020-10-15)[2024-06-01]. http:www.gov.cn/xinwen/2020-10/15/content_5551609.htm.

② 中华人民共和国教育部. 教育部关于举办全国第六届大学生艺术展演活动的通知[EB/OL]. (2019-8-28)[2024-6-1]. http://www.moe.gov.cn/srcsite/A17/moe_794/moe_628/201909/t20190917_399482.html.

考与探索就是在新学科门类背景下，关注艺术院系专业艺术教育和艺术师范教育之外的普及艺术教育，让艺术专业学生在学好本一级学科的同时，注重对其他一级艺术学科的选修和提高；同时，希望"大艺展"等比赛的"专业组"应当以一级艺术学科为界，而不是把艺术学门类的所有专业归为乙组即"专业组"，能使"艺术属于每一个人"的理念得以落实，让艺术院系的同学能参加本专业一级学科以外的其他艺术一级学科的业余组，促进艺术院系学生的全面发展，发挥美育在立德树人、提升综合素质中不可替代的功用，促进德智体美劳的贯通融合，让学生在鉴赏美、感受美、表现美和创造美的氛围中成长为合格的、优秀的社会主义事业建设者和接班人。

高校文艺活动育人路径探微

盐城师范学院　韩　伟

摘　要　高校文艺活动育人，必须遵循文艺的基本规律，集观赏性、艺术性和思想性于一体。高校文艺活动存在简单模仿、俗套媚俗、生硬说教等问题，影响育人功效的发挥。高校开展文艺活动，应以习近平新时代中国特色社会主义思想为指导，以人为本，以学生为中心，加强开展文艺第二课堂教育活动，普及"互联网+"文艺，创作更多优秀的文艺作品，实现寓教于美，寓教于乐。只有这样，高校文艺活动才会向更深层次、更高品位的方向发展，才能充分保证以艺育人的效果。

关键词　高校文艺；美育；模仿复制；寓教于乐；以艺育人

文艺活动既是高校对大学生美育的重要载体，又是大学生娱乐身心的主要方式。随着生活水平的提高，大学生对校园文艺的形式、内容和品位要求越来越高。高校要与时俱进，充分认识和深刻把握当前文艺活动存在的问题，综合施策，更好地实现以艺育人。

一、高校文艺活动育人的现实逻辑

文艺具有审美、娱乐和教育的功能，这三种功能相互作用，共同影响了文艺育人功效的发挥。第一，审美功能。文艺表演通过吹、拉、弹、唱、跳等艺术实践将作品中的人物形象、故事情节、情境气氛等表现为美的作品，从而使观众理解美并获得精神愉悦。美感要有精湛的技艺水准作支撑而且要不断追求精进和形神一体。第二，娱乐功能。文艺作品要想教育人，首先要有娱乐性。娱乐是人们欣赏文艺作品的主要目的。如果相声、小品、歌舞等没有了娱乐性，那么人们就不会喜欢它，文艺自然就失去了直达人们心灵深处的功能，育人功能也就无从谈起。第三，教育功能。如果文艺的功能仅注重娱乐，过分追求感官刺激，就会有媚俗的倾向。文艺的教育功能不能直白地体现，而应润物

基金项目：盐城师范学院教育教学改革课题"第二课堂创新管理模式的构建"（项目编号：2018YCTUJGY018）；江苏省教育科学"十三五"规划课题"学生资助专项'互联网+'背景下经济困难大学生生活价值观教育研究"（项目编号：X-C/2018/03）。

细无声地影响着人的价值取向，这是它区别于其他社会意识形态的根本标志。

由此我们得知，要充分发挥高校文艺活动的育人功能，就必须遵循文艺的基本规律，集观赏性、艺术性和思想性于一体。首先，美是基础。文艺活动要达到一定的技艺水准并有表现力。其次，艺中有乐，做到雅俗共赏。最后，乐中有教。通过审美体验，大学生能明辨真善美和假恶丑，从而实现高校文艺活动的文化担当和公共关怀。

二、高校文艺活动存在的问题及原因分析

笔者以盐城的4所高校师生为调查对象，采用问卷调查和个别访谈的方法，调查当前高校文艺活动中存在的问题。调查共发放问卷500份，回收483份，有效问卷465份，回收有效率为96.27%。个别访谈32人，其中，大学生文艺骨干20人，指导教师9人，管理干部3人。高校文艺活动在育人方面虽然发挥了重要功能，但现状令人担忧，主要存在模仿、媚俗和说教等问题。

（一）简单模仿

技艺学习以模仿为先，但模仿的最终目的是进行创新和超越，技艺为创作提供支持和保障。大学生文艺方面的技艺主要源于兴趣爱好驱动学习，技艺水平参差不齐，这导致高校文艺活动存在较为普遍的模仿现象，文艺课程体系不完善和艺术指导力量单薄是其形成的主要原因。

1. 文艺课程体系不完善

国务院办公厅印发的《关于全面加强和改进学校美育工作的意见》明确指出高校构建科学的美育课程体系文艺课程是美育的重要组成部分，而现实中仍有部分高校对文艺课程建设不够完善。首先，课程设置不健全。有的高校没有开齐、开足文艺方面的课程，供大学生选择的艺术实践类选修课程较少，不能真正满足大学生多层次的文艺技艺成长需要。问卷调查中有近七成的大学生认为高校文艺课程开设不足。其次，考核机制不完善。教师开设的文艺类选修课没有规定教材，授课较为随意。一般为大班授课，管理较为松散，师生互动和交流较少。有的大学生平时不学不练，通过对互联网上的作品照抄或者模仿，随便组装、拼接一个作品谋求考试过关。虽然有的大学生想进行文艺创作，却苦于没有可供选择的系统学习课程，加之自身技艺水平有限，导致创意夭折，积极性受挫。长此以往，自然就产生了"与其创作，不如模仿"的心理。

2. 艺术指导力量单薄

技艺的学习并不是一蹴而就的，开展高校文艺活动离不开强有力的艺术指导。大学生艺术团和文艺类社团是繁荣高校文艺的主要力量，但如果没有教师的指导，学生的技艺水平难以提高。虽然高校为艺术团和社团配备了指导教师，但总体效果欠佳。一方面，指导频率较低。指导教师本身承担着较重的教学科研任务或繁重的社会工作，无暇顾及对学生技艺的悉心传授。教师指导学生次数较少，"蜻蜓点水"般的教学带来的教学效果常常是学生一知半解。另一方面，指导能力不强。有的指导教师开展群众性文艺活动的能力不足，未能处理好专业和非专业的关系。访谈中，有5名指导教师均谈及由于非专业出身，虽然知道节目存在问题，却不能从技艺上指导学生如何整改提高。另外有的教师过多从学科角度出发，一味强调专业知识，导致非专业的学生无法领悟技艺要旨。

（二）俗套媚俗

文艺要雅俗共赏。雅即高雅，俗即通俗。通俗文艺若是一味迎合低级趣味，放弃精神追求，审美情趣同质化就会诱导俗的倾向。高校文艺活动中存在的穿着暴露、言语和动作搞怪等现象，主要源于新媒介"泛娱乐"化的影响和大学生标新立异的心理特点。

1. 新媒介"泛娱乐"化的影响

利益的驱使，让文艺越来越受到商业市场的支配，娱乐成为最高甚至唯一的追求。媒体为了追逐商业利益，博人眼球，往往制造热点，搞笑成风，内容和形式过度娱乐化，从中牟取暴利。自媒体时代，微信等新媒体给人们提供了方便的生活方式，使得"原创"变得很简单，一个人借助手机发一个所谓的段子就可以完成；同时微信又为校园文艺提供了一个自由宽广的平台。[①] 这些"俗乐"大多表达随性，内容诙谐。大学生们通过再造、点赞、转发、评论助推了整个"圈子"和环境朝着"泛娱乐"化方向发展，高校文艺活动出现俗的倾向也就不足为奇。大学生们长期沉浸在这种"俗乐"的氛围中，就会滋生享乐主义、拜金主义等错误的价值观念，从而缺乏社会责任感，导致高校文艺活动背离以艺育人的初衷。

2. 大学生标新立异的心理特点

"互联网+"以一种锐不可当的姿态介入并影响每个人的生活。"00后"

[①] 张蕾，郭鹏. 浅谈高校文艺活动的现状与提升：以习近平在文艺座谈会上的讲话精神为导向[J]. 人民论坛，2015（20）：193-195.

的大学生们作为"网络土著",接受新事物的观念更加开放。大学生们对网络上另类、新奇事物的盲目跟风和简单认同,容易使他们走进审美趣味粗俗化和审美价值功利化的误区。随着社会的快速发展,多元文化和多元价值观及新媒体带来的冲击严重影响着大学生的情绪,叠加上学习、生活、情感和就业等压力,很多人往往会产生紧张、焦虑、愤怒等消极情绪。① 他们更倾向于选择简单快乐、个性自我、与众不同的文娱活动。

他们认为主流文化俗套,非主流文化时尚。在学生组织自办的文艺活动中,有些大学生为追求时尚,模仿网络作品的动作、台词和打扮,大搞"无厘头",追求"有意思"迎合观众的感官刺激。问卷结果显示,有62.3%的大学生对这种文艺表演持"随大流"和习以为常的态度。这折射出他们的审美逐渐出现多元化和非主流化的趋势。

(三)生硬说教

文艺通过生动的艺术形象促进人们内在精神世界的全面发展,让人们在艺术欣赏和审美感悟中提升自己的审美能力和思想道德修养,坚定对美好的社会理想的信念。② 而有的高校为了追求教育效果,不管文艺作品的形式和内容,仅通过语言或字幕直白、生硬地向大学生们传达教学内容。校园文艺机制建设滞后和作品内容陈旧是造成直白、生硬说教的主要原因。

1. 文艺机制建设滞后

《关于全面加强和改进学校美育工作的意见》明确指出:美育仍是教育事业中的薄弱环节。事实上,文艺活动的作用往往是说起来重要,做起来次要。高校普遍重视对科研、教学等显性量化成果的建设,而对文艺活动隐性育人的价值认识不到位。高校的关注点在于重视比赛而轻视普及。一是活动未能常态化。校园文艺活动的组织次数与年度内重大节日庆典数量正相关。节日多的学年,活动相对多一些,而一般学年则较少。二是激励机制不健全。高校缺乏相关激励措施,对师生的辛苦付出没有形成机制保障,久而久之就会使他们失去内生动力。在访谈中,指导教师和管理干部均谈到高校对优秀的校园文艺作品缺乏必要的鼓励,既影响了创作者的积极性,又影响了优秀作品育人作用的发挥。

2. 作品内容陈旧

高校文艺活动中有些作品忽视大学生的年龄特点和群体特征,与现实校园

---

① 吴福寿,张立志. 新媒体时代大学生消极情绪疏导策略[J]. 盐城师范学院学报(人文社会科学版),2018(3):106-108.

② 庞桂甲. 习近平关于文艺育人的重要命题[J]. 思想教育研究,2019(4):59-62.

生活相距较远，难以通过审美走进大学生的内心世界。导致该结果的原因是多方面的。一是内容陈旧。有的高校不注重节目创新，为了活动而去拼凑节目，甚至出现一个节目次次演的现象。还有的作品讲的不是大学生关注的人和事，72.5%的大学生认为学校文艺活动没有他们期盼的乐趣。二是形式传统。要么歌咏比赛，要么安排在主题教育之后，缺少固定的切入点和专有的展示平台，成为大学生眼中的"应景"活动。三是脱离生活。大学生身处象牙塔，平时学习任务较重，深入田野调查，到基层积累素材的机会较少。大学生无法到广阔的社会生活中去品味酸甜苦辣，往往只能无病呻吟地自我欣赏，或从网络、书本上照抄照搬他人作品来完成文艺实践任务。这样的作品不接地气也不聚灵气，不能反映时代精神和社会主流价值。

三、高校文艺活动育人的实现路径

高校开展文艺活动，应以习近平新时代中国特色社会主义文艺思想为指导，以人为本，以学生为中心。高校文艺活动育人的实现路径是加强文艺第二课堂教育，普及"互联网+"文艺，创作优秀的文艺作品，实现寓教于乐、寓教于美，使文艺活动集艺术性、思想性和教育性于一体。

（一）基本原则

1. 以习近平新时代中国特色社会主义文艺思想为指导

党的十八大以来，习近平总书记关于文艺工作的系列重要讲话中有许多经典论述，如文艺是铸造灵魂的工程，承担着以文化人、以文育人的职责①。这说明社会主义文艺真正的价值不在于消遣娱乐，而主要在于通过审美体验达到育人的目的。"文艺对年轻人吸引力最大，影响也最大"②，这一论述说明文艺符合年轻人的身心特点，揭示了其在年轻人思想教育中的独特价值。"文艺在培育和弘扬社会主义核心价值观方面具有独特作用。"③ 优秀的文艺作品是向人们宣传社会主义核心价值观的载体和介质，用生动的故事情节、典型的人物形象、巧妙的艺术手法使人们在尽享其乐的同时受到教育。以艺育人可以看作是习近平新时代中国特色社会主义思想的核心，将始终贯穿于我国文艺建设的理论与实践之中。高校应加强对习近平新时代中国特色社会主义文艺思想的学

---

① 习近平. 在中国文联十大、中国作协九大开幕式上的讲话 [M]. 北京：人民出版社，2016：17.
② 习近平. 在文艺工作座谈会上的讲话：2014年10月15日 [N]. 人民日报，2015 – 10 – 15 (4).
③ 习近平. 在文艺工作座谈会上的讲话：2014年10月15日 [N]. 人民日报，2015 – 10 – 15 (4).

习，将其作为高校开展文艺活动的指导方针。

2. 以人为本，以学生为中心

大学生是校园文艺建设的主体人群。只有以大学生为中心，才能让大学生喜欢文艺活动。高校应做到以下几点：一是尊重大学生。高校开展文艺活动要充分尊重并发掘大学生的智慧，选择他们喜欢的主题和形式，排演符合大学生年龄段和群体特点的文艺节目。只有尊重他们，关心他们，才能让他们欣然接受指导教师对节目的修改意见。二是依靠大学生。大学生是文艺活动的主人，只有提高他们主动参加和全员参与的热情，实现从观众客体向创造主体的转变，才能实现校园文艺的繁荣和长青。没有了大学生的广泛参与，高校文艺活动就成了无本之木。三是服务大学生。在学生活动内容和形式的策划上，要考虑大学生的兴趣、爱好和特长，和他们已有的知识与能力结构，以及他们对未来职业的需求和准备。[①] 从年级、兴趣和职业发展等维度开展不同的文艺活动，服务学生成长需要。

（二）实现路径

1. 加强文艺第二课堂教育

高校文艺活动属于第二课堂的范畴。高校应通过优化课程设置和培育精干文艺队伍，实现普及技艺知识、提升技艺水平、展现精神面貌的"三赢"局面。

（1）优化课程设置

高校要提高大学生文艺方面的技艺，第二课堂的课程设置是基础。问卷调查显示有超过一半的大学生没有参加过任何校园文艺活动。高校要从两方面着手优化课程设置。一是切实推进课程建设。高校应严格贯彻落实《关于全面加强和改进学校美育工作的意见》精神，把培育社会主义核心价值观融入学校美育全过程。通过前期调研，开设适合自身校情和学情的课程，重视校本课程的开发，实现技艺传授课程化。授课教师要严格按照教学计划、大纲和培养方案进行教学。高校还应适时对文艺课程结构进行不断的动态调整。课程调整既要考虑大学生的喜好，又要适应学校发展需要。调整后的课程应有不同方向和层次，从而实现不同学生的发展需要。二是注重考核方式多样性。对文艺课程的考核应注重理论与实践的统一，侧重过程性的实践考评。建立学生课内外技艺学习记录制度，把参与校内外文艺实践活动作为期末考核的重要内容，引导大学生们做到学以致用。优化课程的设置以充分调动不同兴趣爱好的学生的

---

① 刘贺，郭峰. 高校文艺活动发挥育人能效的导向探究 [J]. 南方论刊，2016 (11)：83 - 84.

积极性，使学生在统一要求和自觉参与的过程中不断提升技艺水平。

（2）培育文艺队伍

培育一支精干的文艺工作队伍是开展好高校文艺活动的基本保障。高校应做到：一是重视培养师资力量。高校要加强对校内外文艺指导教师品德、技艺和能力的培训，提高他们策划、组织和编排文艺活动的能力。在人员配备上，还应充分考虑技艺特长、年龄和性别等因素，做到优化组合，切实为高校开展文艺活动提供人才支撑。二是重视扶持学生文艺组织。高校应加强对学生文艺组织的扶持，建设高水平艺术团和文艺社团，做到每学期有作品，每学年不重样。还要注重以学生社团为载体，开展丰富多彩的课外艺术实践活动，并促进实践活动项目化，项目品牌化，品牌精品化。[①] 三是重视培养学生文艺骨干。高校应注意挖掘有文艺特长的学生，将他们编入大学生艺术团，平时注重思想教育和技艺培训，不断提高他们的舞台表演水平和综合素养，使他们在校园文艺活动中发挥更大的作用。

2. 普及"互联网+"文艺

互联网和新媒体不仅丰富了文艺形态，也丰富了文艺实践形式。人们的娱乐消遣和文艺活动都离不开互联网。新媒体较之传统媒体而言更生动、易学和有趣，可以同时发布文字、音乐、视频和图片，备受大学生的欢迎。因此，高校文艺活动也要自觉与时俱进，抢占网络阵地。通过普及"互联网+"文艺，实现大学生娱乐有品位的追求。

（1）用好平台

以艺育人需要平台持续、稳定的输入、输出与传播。一是建好平台。充分发挥各种新媒介的作用，实现多路径复合传播。平台由高校根据实际情况，整合"两微一端"、广播、电视台等，构建复合平台。通过平台收集大学生原创作品，让大学生广泛参与其中，实现从受众对象到创作主体的转变。平台将作品分门别类后邀请校内外指导教师及时交流指导，并推送成熟的作品进行线上展示。二是入驻平台。通过平台，加大线上展演展示的力度。线上展示可以减轻线下展演的压力，并突破其场地和时间的限制，使文艺活动的影响力更持久，覆盖面更宽广。高校还可以利用新媒介自带的技术优势，在校园文艺作品的表现形式上下功夫，以吸引大学生的注意力。这样一来，大学生们就团聚在"官媒"周围，实现"高大上"的"官媒"和"小而微"的大学生自媒体之

---

① 陶亚萍. 高雅艺术进校园路径研究［J］. 江苏高教，2015（6）：60-61.

间的相互贯通。三是注意互动。互动可以是演员与观众的互动、演员与演员的互动、观众与观众的互动。线下的文艺晚会能够对观众的线上行为产生影响，从而反作用于观众的线下行为。① 通过互动，可以把握舆论方向，纠正学生的错误思想，形成正确共识。

高校平台管理部门还要培养网络意见领袖，引导大学生自觉为营造风清气正、生态良好的传媒环境贡献力量。高校还要通过平台把好文艺节目的审批关，确保节目既有青春活力，又有正能量。

（2）重视美育

提升大学生对文艺作品的鉴赏能力和审美情趣，要注重美的呈现。高雅艺术担负着传播先进文化和健康精神食粮的重任。既然大学生是"网络土著"，大部分时间都在网上活动，高校就要把讲台搬到网络上来，把美学理论传播和技艺欣赏相结合，向大学生传递正向、健康的价值观。一是进行积极的线上教育。善于运用新媒介传颂真善美、抵制假丑恶、唱响主旋律。一方面，通过校园平台推送必读书目和经典曲目，加强大学生美学知识的积累和沉淀，促进他们自觉提升审美能力。另一方面，通过平台建立"互联网＋"文艺工作室，促进学生与学生、学生与教师、学生与文艺工作者的交流和互动，集欣赏、体验、指导、创新于一体，提高大学生欣赏美、创造美的能力。二是进行必要的线下熏陶。借助高雅艺术进校园或邀请文艺名家进校讲学，让大学生不出校门就能与文艺名人面对面交流，共同欣赏具有影响力的文艺作品。组织好大学生艺术展演等赛事，以赛促学，以赛促练，让大学生在勤学苦练中锤炼精益求精的禀性、甘于寂寞的耐性和锲而不舍的韧性。对于原创作品中俗的倾向，指导教师要及时与大学生交换意见，指导其对作品进行调整。

3. 创作优秀的文艺作品

文艺的教育功能及其作用就藏于作品本身。优秀的校园文艺作品往往具有吸引力和感召力，只要大学生们喜欢，就会有好的化人效果。因此，创作优秀的校园文艺作品是以艺育人得以开展的前提和基础。创造优秀的文艺作品，一靠健全机制，二靠抓好创新。

（1）健全机制

一是建立完善的工作制度。高校要重视文艺活动在育人方面的独特作用，建立符合学校文化精神的文艺制度。以制度的形式明确文艺活动在学校事业发

---

① 邵鹏，左蒙. "互联网＋"背景下文艺晚会新趋势［J］. 中国广播电视学刊，2016（10）：119-121.

展中的地位和作用。从组织领导、考核反馈、人员配备和经费保障等方面确保文艺活动的开展有章可循。明确长期目标和近期任务，给出时间表、任务图，压实牵头部门和协作单位的职责，确保各项任务都能顺利完成。尤其是针对校级层面的大型文艺活动，要提早谋划，精心组织，打响品牌。二是建立科学有效的激励机制。坚持以人为本，实施项目化运作，充分调动师生参与校园文艺活动的积极性和创造性，这些对高校文艺的发展至关重要。对师生的辛苦付出要给予精神奖励和物质鼓励，激发师生的担当意识。在评奖评优、晋级发展中予以倾斜，这样才能吸引更多的师生加入校园文艺工作的队伍，师生才会投入更多的精力到校园文艺工作中，为繁荣和发展高校文艺贡献智慧和力量。

（2）抓好创新

文艺的生命力在于创新，因此高校文艺活动须注重创新，只有不断推陈出新，才能吸引大学生的参与。抓好创新一是融入校园文化，凝练特色。每所高校都有着不同的文化底蕴，校园文艺活动的创作要与当地的风土人情、学校的历史沿革有机结合，挖掘乡土特色和校园精神内核等，形成特色鲜明的作品。学校应当结合自身校园文化建设工作实际情况，强化运行机制建设，使之契合学校文化建设工作的前进方向及自身特色。① 二是结合青春元素，鼓励原创。高校要鼓励大学生创作原创作品，让他们的才华得以充分展示，并以更多励志、向上的校园故事吸引人、教育人。三是投身广阔天地，深入生活。高校应积极创造机会，让大学生走出校园，走入社会，走进生活，通过文艺了解社会生活，丰富人民的精神世界。以文艺田野调查研究、暑期送文艺下乡等活动为契机，在研究和实践中检验学习成果，增长才干。校园文艺创作要把青春活力和社会主义核心价值观教育有机结合起来，用以小见大的手法，让大学生在欣赏校园文艺节目的同时进行自我审视和价值观培育，从而实现高校文艺活动的文化担当和公共关怀。

只有寓教于美、寓教于乐，文艺活动的审美、娱乐和教育功能才能完美融合，高校文艺活动才会向更深层次、更高品位的方向发展，才能更持久、更充分地发挥以艺育人的效果。

原载《盐城师范学院学报（人文社会科学版）》2020 年第 1 期，略有改动

---

① 陈利平. 弘扬高雅艺术下的高校校园文化建设路径探究［J］. 四川戏剧，2017（8）：170 - 172.

基于超星学习通平台的高校美育通识课大课教学模式探索
——以音乐鉴赏为例

成都理工大学　黄　静

摘　要　时代的前进和发展推动了我国高等教育的发展,高等教育大众化已成为主流趋势。高等教育学生数量增多,加大了师生比,现在大课教学是许多高校普遍采取的教学模式,特别在通识课中。师生间缺乏一定的互动性,教学任务圆满完成存在难度等问题是制约大课教学的主要因素,将超星学习通平台引入大课教学,将会呈现出新的教学效果。这是传统教学和网络教学的紧密结合,不仅能够弥补线下课堂学习的不足,还能极大地活跃课堂氛围,增加学生的课堂参与度,解决大课教学的诸多突出问题,提高学生自主学习能力。

关键词　高校美育；大课教学；音乐鉴赏；超星学习通

一、美育通识课在高校的现状

时代的前进和发展,文明的革新和进步,使得在教育教学中,美育的独特地位日益显现。各高校在如火如荼地开展美育的同时,出现了许多突出的问题。首先,现阶段学生还没意识到高校美育课程的重要性。在部分学生看来,美育具有一定的专业性,学习美育对非艺术专业学生来说存在一定的困难；还有部分学生,觉得自己的艺术鉴赏水平不高,害怕后期学习具有一定的难度。此外,美育课程设置缺乏一定的科学性,教学中仍将传统的理论知识看作教学的重点,并未通过教学进一步培养学生的创新能力。以音乐鉴赏课程为例,该课程一般是高校公共艺术中心面向全校非音乐专业学生开设的通识课,该课程以审美为主线,以音乐学科为载体,音乐课堂为主战场,音乐课堂教学为主要途径,充分发挥音乐的育人价值。根据非艺术类学生对音乐知识掌握情况,系统地在音乐教学中融入思政元素,通过学习音乐基础知识、音乐欣赏的相关知识,明晰国内外音乐文化的不同,并深度解析中外经典音乐作品。高校的美育课程不能只是简单地介绍作品,而是要与音乐史知识和思政结合起来,这样才能使高校的美育课程既有人文学科的性质，又有艺术课程的性质，同时还具有创新课程的性质。目前通识课大课教学的若干问题及解决方案主要如下。

二、大课教学存在的问题

大课教学，本义是大班课堂教学，别名叫作"合班教学"。其具体含义是，在单个教学班中，让两个以上的自然班集合在一起进行课堂教学的组织形式，此外，学生人数大于一个自然班的课堂教学也叫作大课教学。[①] 以一般院校来说，一个自然班是 30 人，大班最少是两个班合上，大多是三个班或四个班合上，一个大班人数为 60—120 人。

1. 传统模式的授课方式不适用于大课教学

目前来说，大班教学的授课方式较为单一，基本采用传统的教授方式，也就是教师一讲到底。由于大课学生人数多，教师无法像上小班课那样关注到每个学生的听课效果。学生参与教学的唯一方式就是听和记，这样被动地跟随教师的讲解会导致学生听课效率较差。

2. 大课的管理方式较难

由于组成大课的学生往往来自不同专业、不同学院，学生与学生之间缺乏沟通，所以学生在课堂上集体观念较为淡薄，学生基础不一，也导致无法因材施教。尤其是在维持课堂纪律上存在一定的困难，据相关调查可知，越是高年级学生，破坏课堂秩序的几率越高，学生上课时打游戏、看小说、睡觉等违纪行为司空见惯，或者干脆缺勤，学校对此制定了相关制度，例如，只要旷课达到 3 次及以上，就不能参加考试，但以 120 人为例的大班来讲，如果每次课前点名的话，会花费 10 分钟以上的时间，教学任务会难以完成。

3. 师生互动性差

在大课教学中，师生间沟通交流不够是普遍现象，但从目前来看，运用传统教学方法的教师也不在少数。许多课堂内容换汤不换药，归根结底并未有实质性的改变。45 分钟的课堂，没有提问、没有学生的反馈信息，因此整体课堂气氛不太活跃，这不仅会导致学生听课效果差，而且不利于教师教学的进一步开展，最终形成了恶性循环。

---

① 盛霞. 加强高校大课教学管理，提高教学质量［J］. 中山大学学报论丛，2006（6）：12-14.

三、引入超星学习通平台进行混合式教学优化大课教学模式

通过上述分析，本文的最终目的是对大课教学管理方式进行重新梳理，确保促进课堂教学模式的调整，提高大课教学质量，围绕"以学生为中心"的理念，利用线上线下混合式教学，推行以激发学生创造力为目标的艺术评价方式，激发学生的参与性。混合式教学作为一种新型教学模式，其以网络化学习为基础，让学生同时接触网络学习和课堂相关知识学习，属于教学策略的一种。以往是教师课堂上讲授知识，学生课下预习或完成作业，而混合式学习是学生通过在线平台的视频先完成课程内容的学习，然后在线下的课堂进行讨论和完成作业。通过这种模式，有助于学生学习主动性的提升，更能帮助教师及时掌握学生的学习情况，促进相关问题的解决。音乐鉴赏不能仅停留在数字化教学层面，而要通过信息技术的利用，促进数字化教学和数据化教学之间的合理转化，通过平台的后台数据分析，对学生的学习情况进行把控，进行个性化的学习过程分析，提供个性化支持。除此之外还要跟踪学生的每一次作业情况，深层次挖掘和剖析学生兴趣，进而精准诊断、个性化指导，逐步实现因材施教的教学模式。此外，在进行资源的推送时，教师要通过对学生的认识和了解选择适合学生的资料，学生也能有的放矢地选择适合自己的学习资源，既激发了学生学习的自觉性，又提升了学生的学习效率。

1. 课前（前期准备阶段）

由于音乐鉴赏课程主要以通识课为主，因此在进行全校不同专业同学教学时，要明确不同学生所掌握的音乐基础，这就需要教师在学生学习前预先发布讲授内容和预习任务，让学生能提前预习，并在预习中掌握一定的音乐基础。在备课的时候应多方面考虑学生的实际情况，设计相应的教学活动。比如在教学"音乐艺术的基本语言"这一课前，可发布预习任务，让学生提前观看课程视频《乐理基本知识》，从而增强学生对基本课程内容的了解，在预习过程中学生可将不懂的问题标记下来，后续进行班级讨论或寻求教师解答。在正式上课前，教师可分析平台的统计数据，对学生的预习时间和预习效果有所了解，从而促进教学内容的调整，确保安排的重难点符合学生能力水平，让学生在一步步闯关和解决问题的过程中促进自身课堂效率的提升。

2. 课堂教学阶段

（1）课堂时间仍是提高学生能力的最有效方式，要合理高效地利用好，尽可能减少其他琐碎事情，要利用签到系统和授课系统高效授课。特别是大班

教学，如果采取传统的签到方式会非常浪费时间。

（2）通过课前预习，学生会对课堂所讲知识点有初步认知，由于基础不尽相同，大多学生会带着疑问进入课堂。带着疑问进课堂的学生很快会跟上老师讲课的思路，而不是像传统教学那样一味地听和记。其间还可利用平台发起一些新的教学任务，如小组讨论、抢答等，活跃课堂气氛，提高学生注意力，加强教学效果。如鼓励学生上台发言，讲述自己预习的音乐作品的作者生平、代表作品、创作背景等相关知识，大胆地发表自己的感想；向学生提出问题，答对问题的给予课堂表现的分数奖励，回答不积极不加分。特别需要强调的是，大部分学生对积分都非常关注，如果一味地使用积分刺激课堂也会造成一些反作用，比如有些同学网速较快，每次都能抢到抢答题，这样势必会让一部分参与但并未抢到答题权的学生产生反感情绪，从而不再参与抢答环节。所以在设置课堂活动环节时，应考虑周全，充分尊重学生的课堂感受，及时调整不合理的课堂活动。

（3）由于大课教学的特殊性，为了更准确了解学生上课过程中的学习情况，可从学生个体特性和班级群体出发，推动针对性辅导，在章节学习结束后在班级群中发起"问卷调查"，将所希望了解的内容通过问卷进行汇总，以问卷反馈的内容为导向，设置接下来的课程教学，确保教学有针对性与持续性的混合开展。

（4）教师根据课程前期的表现和统计结果，进行课程内容知识点的归纳总结，帮助学生解决存在的问题，进而布置新的学习任务和课后作业，帮助学员巩固知识。

3. 课后反馈

大课教学在课后反馈环节往往采取的是传统的提交作业方式，对于任课教师来说，作业量大，作业水平参差不齐，不能完整反映学生的学习情况，批改作业时也无法做到绝对的公平。所以，学生的学习积极性或自尊心往往受到挫伤，解决这些问题可借助超星学习通平台中的"统计"功能监测学生的线下学习情况。"统计"功能包括课堂报告、学情统计和成绩统计。其中学情统计对学生线下学习情况一目了然，这样可以更加直观地掌握学生的学情。

（1）学生管理

超星学习通平台能够将每一位学生的学习情况进行统计分析，打开某一个班级的学生管理系统，可以看到每位学生完成总学习任务的百分比、预习视频观看时长、参与讨论次数、章节学习次数等。点击"查看详情"就可以更加直观地通过柱状图、线状图、饼状图等来了解上课活动情况、课程（视频）完成情况、学习次数等情况。教师可以从统计中有针对性地对学生做学习指导。

（2）成绩管理

成绩中加重创新所占内容的百分比。成绩管理最重要的就是"权重设置"，权重设置能够直接影响到学生的期末成绩评定。"权重设置"详细记录了所有线上课堂活动种类，教师可根据自己班级的课堂活动设置分数所占百分比。目前，音乐鉴赏课程的具体考核方法为：平时成绩 50% + 期末成绩 50%，平时成绩又由考勤 20% + 线上学习 40% + 线下作业 40% 构成。考勤的比值降低是因为线上学习会有数据记录；线上学习包含前测预习、后测复习及课后作业等，分值占比大；线下作业主要是小组讨论及完成情况等。期末考试采取非传统的线下考试。在期末考试中，在两大范围内自主选择所能完成的期末作业：第一种是选择传统的音乐作品赏析，第二种是针对基础较好的同学，可选择自由组队的形式完成一个原创或改编的音乐作品，小组人数限定在 5 人之内。对于在作业中敢于创作、勇于创新的学生，可适当加重分数所占百分比，最后在每个班级选出高质量的作业，发布在公共艺术中心公众号，供全校师生赏析，这样既能调动学生的创作热情，又能使学生各方面能力得到提升。

（3）教学预警

教师可以利用"教学预警"功能，对没有达到规定视频分数、测验分数、综合分数等标准的学生进行提醒和督促。让不积极主动学习的学生了解自己在班级整体中的落后情况，以此起到警示督促作用。

4. 课程现状与发展

音乐鉴赏课程于 2021 年成功申报成都理工大学校级试点课程，于 2022 年顺利验收并结题。在一年的时间里累计授课人数近数千人次，并且受到了学生的广泛欢迎和好评。在整个课程中，笔者不断总结经验为下一阶段线上平台的进一步完善及管理做准备，并针对大课教学的翻转课堂进行不断优化。

四、结语

综上所述，大课教学的难度较大，不论是专业基础课还是通识课，如果不采取混合式教学模式，教学质量将得不到质的提升。混合式教学模式成为我国高校教学改革发展的新方向，它改变了传统以教师为中心的教学模式，而且充分利用互联网平台优势,使得高校美育课有了新的发展思路和方向。新的学习模式的形成,对教师和学生来说都具有一定的积极意义,教师的工作强度大大减轻,学生的学习负担得到极大程度的缓解。更重要的是,在潜移默化中把学生的被动学习逐步转变为主动学习,并且提高学生学习效率。运用混合式教学手段进行美育知识、情感、思维的教学,能更好地实现我们的教育目的。

元宇宙理念下的美育模式应用

河北传媒学院 安 雪 李 峰

摘 要 近年来，国家已将美育列入人才培养方案，各高校也采取了各种措施开展美育教学活动。但是，由于各种因素的影响，高校美育活动仍然存在着推动滞后、方法陈旧等问题。在数字技术迅猛发展的今天，美的呈现也需要运用新的理念和方法手段。而元宇宙概念中的虚拟现实、交互体验所推崇的感知力、认知力、创造力和想象力，恰好与美育中的认识美、体验美、感受美、欣赏美、创造美的要求不谋而合。基于这一认识，数字时代的美育应当采用"四段一中心"的美育模式。

关键词 元宇宙；四段一中心；美育

美与生物本能相关，与生命生长相关，与未来的控制相关。它可以被结构化，并且可以通过数字、智能等现代技术创造出来。在数字技术迅猛发展的今天，美的呈现也需要运用新的理念和方法手段。因此，有必要就元宇宙理念与美育的关系展开深入研究，以更好地培养学生的审美素质和综合能力。

一、当前高校美育存在的问题

美育即审美教育，指提高人们欣赏和创造美的能力的教育。多年来，尽管国家已将美育列入人才培养方案，各高校也采取了各种措施开展美育教学活动。但是，由于各种因素的影响，高校的美育活动仍然存在着推动滞后、方法陈旧等问题。主要体现在以下几个方面。

（一）教师审美素质和美育能力低

教师是开展审美教育的重要推动力量。高校美育需要专业化、高素质的教师队伍。目前，高校美育教学队伍存在专业化师资数量不足、素质参差不齐的问题，有的高校存在无人讲授美育课程的现象；有的美育课程教师对美及审美的内涵缺乏深刻理解，也没有真正掌握美育方法，因而也无法将美育思想融入课程教学之中，大多采用机械的"灌口"式教学方法，课程教学也仅仅是为了完成学校任务；还有更多的艺术专业课教师缺乏美学素养和美育能力，在人才培养过程中一定程度上存在着只顾艺术专业教学而不顾审美教育的现象。同时，一些高校忽视教师培训和发展，美育师资培养缺乏保障和政策扶持。所有这些，都影响到高校美育的实施及其效果。

（二）讲座活动效果不理想

讲座是高校经常开展的一项教育教学活动。从某种程度上说，这样的活动在一些高校具有行政性或强制性意味，因而无法令学生产生"寓教于乐"的学习体验，学生听讲座的教育效果并不乐观。其根源主要有以下几点：一是讲座的方式过于传统，大多是请学界业界专家进行某一方面的指导。在数字化爆炸的时代，这种方式并不适合当今面临多种疑难问题的学生，因为他们每个人会有不同困惑而且可以从网上寻找到自己想要的信息或答案。二是学生缺乏发展规划。目前，多元的生活方式正在充斥着学生的日常学习与生活，学生难以投入某一门类艺术的专业学习和审美体验之中。三是一些讲座起点较高，学生无法企及。长此以往就消磨了学生的热情，影响了美育的效果。如何使学生产生学习乐趣，从而提升其学习动力显得十分必要。

（三）传统美育课堂教学面临困境

当前，高校在校生大多是"00后"。他们懂得从多种渠道获取各类信息，而且并不缺乏对美的认识，在校园日常生活学习中有对美的感受与体验。但是在传统美育的方法上大多还是以教师讲授，学生感受为主。而随着"00后"步入大学生活，高校教师年龄与学生之间的年龄差逐渐拉大。面对与学生年龄差距较大的教师，学生会有较为强烈的"陌生心理"，对教师有隔阂感，在课堂上无法做到与教师实时互动；而教师面对"00后"也有很强的差异感。由此导致师生之间的距离感，影响了师生之间良好生态关系的建立。

二、元宇宙对美育的影响

元宇宙是2021年下半年备受人们广泛关注的词汇之一。元宇宙的英文单词是"metaverse"，首先在美国1992年出版的《雪崩》一书中被提出。该书所描述的是一个庞大的虚拟现实世界：戴上耳机和目镜即可进入另一个与真实世界平行的虚拟空间。"metaverse"是"meta"和"verse"两词的组合，"meta"表示超越，"verse"表示宇宙，所以早期被译为"超元域"。[①] 直到近几年，随着互联网技术的不断发展，以及人们对互联网虚拟空间的高频使用，

---

① 尼尔·斯蒂芬森. 雪崩［M］. 成都：四川科学技术出版社，2009.

"00 后"互联网"原住居民"大量涌现，人们对于虚拟世界有了更加深切的体会后，才重新定义出"元宇宙"这个概念来指代一个在线可与现实世界交互的虚拟空间。

元宇宙的定义可谓五花八门，各行各业都对其有着不同的认识。笔者认为，贾伟在《元宇宙力：构建美学新世界》中对元宇宙概念的解析较为合理。他指出，元宇宙的精髓是"一句话、三个世界、三条主线"[①]。一句话指的是元宇宙是人类数字化、智能化高度发展背景下的虚实融合的社会新形态；三个世界指的是虚拟世界、数字孪生世界、高能版现实世界；三条主线指交互发展线、引擎发展线、区块链技术线。他的解释较为全面地概括了元宇宙的"本来面目"。综上可见，所谓元宇宙，实质上是利用科技手段进行数字化处理后所呈现的另一虚拟空间，是真实宇宙下衍生出的虚拟领域。它既是科技发展的结果，也是人类精神的诉求和文化想象的产物。虽然"元宇宙"的时空结构相对独立，但运转模式仍未脱离人类思维的基本形式。

将元宇宙理念引入美育活动能够创新美育模式。元宇宙作为一种独立的时空结构存在，它催发人们去感知它、接受它、想象它，因而它具有感知力、认知力、创造力、想象力。这种"元宇宙力"，恰好与现实世界的美学体系——自然、人文、科学、商业、宗教、哲学等概念范畴遥相呼应。例如，自然界是美的，它有万般的色彩、有山川河流、有百草树木等，因而人们能够用视觉系统、听觉系统的感知力去感受它的美，而感知力也是元宇宙所具备的特点之一。元宇宙"三条主线"之一的交互发展线，也是利用现实感官与技术相结合而产生的 AR、XR、VR 眼镜等来让人们在现实社会中去感受元宇宙。在现实社会美学体系中，人们是通过感知来建构审美体验的。而元宇宙的出现会放大这种感知体验，并对现实社会的美学体验升级。由此可见，元宇宙对美育具有重要的促进作用，基于元宇宙的概念进行美育模式的设计将是一种创新。

三、元宇宙理念下的"四段一中心"美育模式探讨

在元宇宙时代，虚拟只是其外在表现，而深度数字化则是其内核特征。元宇宙具有强社交性（交互性）、虚拟身份、开放自由创作、沉浸感等特点。因为元宇宙同美育之间有着必然联系，因而如何利用其间的关系来推进审美教育，则是笔者在此所要研究的内容。

---

① 贾伟，邢杰. 元宇宙力：构建美学新世界［M］. 北京：中译出版社，2022：38.

在数字化时代，美育既要关注可视化的虚拟场景与形象，又要积极应对数字化挑战。为此，笔者试图利用元宇宙的沉浸感、强社交性（交互性）及仿真性等三种特征，采用"四段一中心"模式，从方式、场景、手段、内容等方面实施审美教育。四段指四个阶段，即社交体验阶段、沉浸体验阶段、交互体验阶段、仿真设计阶段。其中，社交体验阶段感受美、沉浸体验阶段感到美、交互体验阶段感知美、仿真设计阶段创造美。一中心即紧紧围绕现实世界的美学体系，利用元宇宙的特点来推动审美教育。"四段一中心"模式既可以应用于某个课程、某个讲座，也可以运用于某个活动。

（一）在方式上：在社交体验阶段设置虚拟教师人物

利用元宇宙的强社交性，在开课前即社交体验阶段设置虚拟教师人物，以便学生提前接触了解。前面已经说明，目前的新生与教师的陌生感和隔阂感有所增强。对此，可以利用元宇宙的强社交性创建几个虚拟的教师人物来消除。例如，"柳夜熙——一个会捉妖的虚拟美妆达人"，抖音账号中的柳夜熙便是元宇宙的产物，一个通过数字信息化处理、建模工程等捏造出来的虚拟人物。在关于她的短视频中，通过数字化的重叠，可带领人物进入二十年后的世界，从而产生一系列剧情，引人深思。虚拟人物与用户互动良好，可消除真人突然出现的不适感，粉丝量一夜之间激增千万。同理，美育中可以充分利用虚拟教师形象，将虚拟人物带到课堂中，让其在学生与教师之间传递信息，从而有效地提高课堂效率，增强学生的思维创造能力，也为课堂增添趣味性。在开课之前，首先，学生与虚拟教师人物展开互动交流，建立师生之间的信任感。高校教育强化改革的新时代，应以全新的系统思维重新认识和审视当前大学教育所存在的问题。利用虚拟环境建造学习空间，可更好地营造学习氛围。其次，通过数字化产出，将教师与学生之间的信息相互传递，从而降低学生的不适感，增强学生对教师的信任，营造良好的社交关系，为后续的学习打下基础。同时在此阶段可以培养学生的初始美，因为在虚拟人物设计中有数字化、色彩、人物设计等不同艺术、学科的交融。

（二）在场景上：设置虚拟场景空间

利用元宇宙的沉浸体验性特征，开发建设虚拟场景，以便开课前后学生能够沉浸其中体验。元宇宙的沉浸体验十分注重对空间的设计和利用。对此，可以利用其虚拟性，建设某些虚拟场景空间，如游戏场景、影视作品中的虚拟场景，利用追踪与数字化技术，使现实与虚拟场景相结合。以"文艺作品综合实训"课程为例，这门课要求学生打造一台晚会，在晚会中增加虚拟演员、虚拟场景，让学生的创作体验彻底改变，利用虚拟场景空间真正做到让学生感知美、感受美。元宇宙的虚拟环境，突破演播厅的局限，这也是新时代晚会策划的一个趋势。早期电视晚会节目多以单一演播厅呈现，在空间上仅限于一个维度，最终的呈现效果在很大程度上只能依赖于演播厅的灯光与舞美，而构造立体多元的多维空间可以让节目走出演播厅，多个时空的转换与交替能让受众产生强烈的穿梭感与新鲜感，由此大大增强受众"感到美"的能力。

（三）在内容上：设置交互中心课程

利用元宇宙的交互性特征，开发建设交互中心课程。大多数高校的大三课程多以实践拍摄为主。以广播电视编导文艺编导方向为例，大三阶段要求学生以班级为单位打造一台晚会。这一课程具有很强的实践性，而强实践性必须会有强体验性，因此这台晚会要求学生必须设计交互节目，并且要用体感和传感设计节目。对此，学校层面可以通过建设虚拟交互中心演播室、虚拟影棚来满足学生需求，学生在交互中心完成交互节目制作和交互体验，从而认识课堂、提高对美和艺术的追求。因为艺术作品是审美能力的具象体现，因而提高学生的艺术作品创作能力从某种程度上说就是在提高学生的审美能力和实操能力。北京师范大学"VR/AR＋教育实验室"与清华大学附属小学开展了一系列基于AR技术的语言学习活动。通过听、看、虚拟触摸等措施，给学生带来最直观的感受，从而激发了学生的学习兴趣，并有效提高学生的审美能力。他们提供的科技感教学环境，使学生在虚拟的空间中学会了机器设备的使用，做到了"足不出户，手可摘星辰"，也让学生在这个阶段提升了"感知美"的能力。

（四）在手段上：创造仿真课堂

利用元宇宙的仿真性特征，创造仿真课堂，并开展仿真教学。受到大环境的驱使，未来网络教学会随时随地展开。网络教学所带来的不适感、隔空感，使实践属性较强的课程难以充分展开教学。因此可以利用元宇宙的仿真技术建立仿真课堂，将元宇宙带入教学之中，使教师和学生在虚拟空间开展面对面的教学。仿真课堂是指利用数字化信息所虚构的另一个空间维度进行教学的课堂。其优点在于可以降低距离空间感，使师生在虚拟的世界中开展交流与沟通；它还可以降低人与人之间的隔阂感，使信息能够在师生之间顺畅地传递与处理。

除此之外，我们还可以让学生充分发挥创造力和想象力，利用现实与虚拟的时空创建自己的时空场景。上海斯玛特教育集团就曾利用元宇宙的仿真技术，创造仿真课堂。他们先让学生在纸上画出现实的物品样子，再通过技术手段投影到电脑上，从而创造出现实物品投射到虚拟世界的样子。这时，因为学生经过前面几个阶段的训练已经具备了相应的能力，因而到此阶段就可以通过创作提升他们的想象力和创造力。

"四段一中心"模式是笔者调研走访后所进行的初步思考，并尝试作为美育的一种教学方法进行应用，该模式从 2022 年 9 月已经开始进行实践尝试。希望此模式为今后美育活动提供一种新的思路。

四、结语

元宇宙时代已经悄然到来。尽管它依旧模糊与混沌，但是它描绘了互联网时代的未来，也是一种伟大的畅想，以"审美"的角度去面对虚拟的场景和形象，以"创作"的方式改变某些固有的场景和思维，以"生命"的高度去理解人类的存在、责任和意义。元宇宙理念既为美育课程提供了新工具、新机遇，值得人们积极实践，又为美育发展提出了新挑战、新使命，使人们用丰富的想象力去面对、去创造新的未来。

美育视域中的大学艺术场馆及其建设路径探索

北京航空航天大学　刘建新

摘　要　大学美育体系作为一个复杂的整体系统，涵盖大学美育理念、课程体系、美育活动、美育场馆设施等方面。本文在梳理我国大学美育及实践研究现状的基础上，认为美育视域中的大学艺术场馆具有突出的以文化人、以美育人作用。本文分析了我国大学艺术场馆研究及建设面临的主要问题，进而提出创新大学艺术场馆的美育机制、提高大学艺术场馆美育专业化水平、深化大学艺术场馆美育内涵建设、丰富大学艺术场馆美育活动形式载体、增强大学艺术场馆美育传播实效等建设举措。强调应更加关注"大学艺术场馆美育功能及其实现路径"议题，以构建完善大学美育体系为目标，促进大学文化建设与大学美育发展的深层互动，拓宽大学艺术场馆美育建设新路向，推进大学艺术场馆美育功能及其价值实现。

关键词　大学美育；大学艺术场馆；美育功能；建设路径

美育旨在提高人的审美素养，塑造健全人格，对于培养"全面发展的人"具有独特而不可替代的作用。2018年8月，习近平总书记在给中央美术学院8位老教授的回信中，提出做好美育工作，要"弘扬中华美学精神"的时代课题，将美育作为建设社会主义文化强国、实现中华民族伟大复兴的中国梦的战略选择。同年9月，习近平总书记在全国教育工作会议上再次强调，要全面加强和改进学校美育水平，坚持以美育人、以文化人，将美育作为教育工作体系中的重点，提升美育体系的涵养育人作用。2021年4月19日，习近平总书记在考察即将迎来110周年校庆日的清华大学时，首先来到清华美术学院参观展览，特别指出"美术、艺术、科学、技术相辅相成、相互促进、相得益彰"。这为大学美育及其在新时代的构建发展提供了重要准则。

大学美育体系是一个复杂的整体系统，涵盖大学美育理念、课程体系、美育活动、美育场馆设施等诸多方面。2019年，教育部印发《教育部关于切实加强新时代高等学校美育工作的意见》，提出要制定高校美育场地和器材建设

基金项目：本文系首都师范大学文化研究院委托研究课题"首都高校博物馆公共文化服务问题及对策研究"（项目编号：ICS2019B08）的阶段性成果。

的发展规划,加大对高校艺术教育场馆建设的支持力度。次年,中共中央办公厅、国务院办公厅印发《关于全面加强和改进新时代学校美育工作的意见》,强调要加强高校美育场馆建设,鼓励大学建设剧院、音乐厅、美术馆、书法馆、博物馆等艺术场馆。可见,新时代背景下的大学美育发展,越来越离不开高水平大学艺术场馆的基础性支撑。加强大学美育研究,推进大学艺术场馆等美育设施建设,充分发挥其美育功能及作用,是构建完善大学美育体系的必然要求,具有重要的现实意义。

一、文献梳理与问题分析

(一) 大学美育的本体性研究

我国学界关于大学美育的本体性研究,主要涉及大学美育的内涵、特点、地位和功能价值等方面。

其一,大学美育的内涵。我国美育思想史上,王国维首次提出了"美育"这一术语。他在《论教育之宗旨》一文中提到,真正完整的教育由两部分构成,即"体育"和"心育",体育是指外在体能素质的培养,心育则注重学生人格的养成,而"美育"与"德育""智育"并列于心育之中[①],是促进人心灵成长的教育。叶泽州、赵伶俐基于中国知网的文献分析,回顾了高校美育领域的相关研究,认为当前对于"大学美育"的界定可大致分为两类:第一类是德育教化说,将美育归属于德育;第二类是情感教育说,如顾建华认为大学美育的主要目标是陶冶情感,这种情感主要是指审美情感,此外还包括道德情感和理智情感(又称为认知情感)。也有观点认为,美育所培养的情感可以从"社会情感"和"宇宙情感"两个方面来理解,前者是人与个体、群体、社会、历史之间的关系与体验;后者则是人与万物之间的关系和感受[②]。

其二,大学美育的特点。一般来说,美育在内容上具有趣味性,在效果上具有感染性,在形式上具有多样性[③],也可以简单概括为:形象性、情感性和渗透性[④]。大学美育的实施环境不同于家庭、社会及其他环境的教育,其本身也有一些独特之处。如熊平秀认为,大学美育的独特性主要体现为:其结构上

---

① 王国维. 王国维作品精选集 [M]. 太原:山西人民出版社,2020:383-385.
② 李勇. 情感与生命:大学审美教育的重要环节 [J]. 陕西教育 (高教版),2012 (7):77-78.
③ 孙会云. 试论二十一世纪的学校美育 [J]. 科教文汇 (上半月),2006 (12):45.
④ 尹晓薇. 大学生美育研究 [D]. 长春:吉林大学,2016.

是一个整体的系统工程，具有社会性、艺术性和广泛性的特点。① 张笑梅提出，大学美育的自由度更高，个性化更强，在教育内容和形式上也更加突出时代性特征。② 当前处于互联网时代，数字技术使网络美育成为可能，大学美育的形式变得更加多样化，呈现出一些新兴特点，网络美育的主要特征包括：美育内容虚拟化、美育主体与对象活动自由化、美育方法多向交互化及美育功能个性化③。

其三，大学美育的地位。对大学美育内涵的不同界定，对大学美育的"附属"或"独立"地位产生重要影响。大学美育的发展相对缓慢，很大一部分原因在于大学美育在实施过程中遭到置换，常常出现"以艺术教育代替美育"的情况，导致美育的肤浅化和片面化，美育难以真正发挥作用。王敏、曾繁仁指出，大学美育有其独立的价值和意义，大学要加强美育意识，给美育更高的地位，不能将美育作为其他各类教育的中介，使其手段化或边缘化④。当下，还应将大学美育放到通识教育和综合素质培养的整体视域下去考察。如蔡劲松认为，美育是大学通识教育的内核之一，应当更加强调美育在人才培养中的地位和作用。⑤

其四，大学美育的功能价值。有学者指出，美育的基本功能是提高个体的审美鉴赏力，其目标在于造就一个"完整的人"⑥。也有学者认为，美育在促进个体生命的系统性与和谐性，促进个性发展等方面具有不可替代的重要意义。⑦ 此外，美育能够超脱世俗与功利，引导人们树立正确理念，从而实现道德教育的目标。⑧ 综合来看，美育在人才培养方面具有三种价值：首先，美育能够培养学生的创新性思维⑨；其次，它能够促进学生的人格养成⑩；最后，开展美育活动能够显著提升学生的综合素质⑪。

---

① 熊平秀. 新时期大学美育教育的内涵及其结构分析［J］. 江西师范大学学报（哲学社会科学版），2003（6）：69-72.
② 张笑梅. 当代高校美育的困境与出路［D］. 济南：山东师范大学，2008.
③ 罗鹏程. 网络美育及其实施路径研究［D］. 长沙：中南大学，2011.
④ 王敏，曾繁仁. 高校大美育体系的现代化建构［J］. 中国高等教育，2017（7）：7-10.
⑤ 蔡劲松. 通识教育视域中的大学美育［J］. 北京教育（高教版），2018（3）：10-12.
⑥ 潘必新. 论美育功能的多层次性［J］. 美育学刊，2011（5）：8-15.
⑦ 叶碧. 大学美育功能的独特性评析［J］. 大学（研究与评价），2008（C1）：87-91.
⑧ 段素芳. 论美育对德育的促进作用［J］. 前沿，2004（10）：135-136.
⑨ 姚军. 论大学美育与人才创新素质的培养［J］. 南京理工大学学报（社会科学版），2000（2）：71-74.
⑩ 张笑梅. 当代高校美育的困境与出路［D］. 济南：山东师范大学，2008.
⑪ 张振国. 大学美育功能研究［D］. 太原：山西大学，2011.

（二）大学美育实践及大学艺术场馆研究

关于大学美育的实践研究，主要包括美育经验介绍与美育现状研究。美育经验主要来自各类学校教学中的实践内容，如蒋婧文[①]、牛兴佑[②]等学者对美育教学实践做出的总结。目前学界对于大学美育现状的研究多是从了解或介绍现状出发，分析美育实施中的问题，并对如何构建大学美育体系提出对策建议。较具代表性的有：金昕指出当前大学美育实践中的三个误区，其一是"片面化"，将美育的范围狭隘定义为艺术教育；其二是"附属化"，将其作为德育、智育的某种类型，未能充分发挥美育自身的功能；其三是将美育等同于美学知识教育，导致整体缺乏深度。[③] 宋丹通过调查问卷的方式，发现大学美育还面临着许多实践上的困境，例如美育课程的设置比较散乱，未能形成体系；美育教学的师资力量不足；教学实践的手段和方法陈旧落后；校园文化环境建设力度不足；等等。[④]

一般来说，综合型大学有着相对坚实的美育实施基础，一是因为这类大学的发展理念较为平衡全面，二是因为综合型大学在师资、设施等方面可以为美育提供更多保障。相比之下，行业类院校，例如理工类、农业类等，在教育实施上多会出现重视专业教育、轻视美育的问题。如田丽[⑤]、高瑛[⑥]对理工科高校美育情况进行研究，发现理工科高校在美育实施中存在着美育重视程度低、美育学科设置不健全等显著问题，作者从提高美育认识、健全美育体制机制、拓展美育实施途径等多个方面提出对策和建议。谢清滢则主要从教育环境和硬件设施的角度考察农业大学美育的现状和问题，并且围绕"全人员、全过程、全方位"的美育理念，提出强化大学美育的对策。[⑦]

在大学美育越来越得到重视的过程中，学界关于大学艺术场馆的研究也逐渐兴起。大学艺术场馆相比较社会艺术场馆，有一些不同之处值得关注。首先，大学艺术场馆是大学校园内重要的硬件设施，其首要职责是为育人服务，

---

① 蒋婧文. 音乐美育提升大学生人文素质的实践路径探析 [J]. 艺术教育，2016（4）：272 - 273.
② 牛兴佑. 基于核心素养的语文美育实施路径 [J]. 教育观察，2018（20）：45 - 47.
③ 金昕. 以大学生人格养成为旨归的美育策略探析 [J]. 东北师大学报（哲学社会科学版），2009（3）：49 - 52.
④ 宋丹. 当代大学生审美教育现状及创新模式研究 [D]. 西安：西南石油大学，2014.
⑤ 田丽. 美育在理工科大学德育中的作用之研究 [D]. 西安：西安理工大学，2010.
⑥ 高瑛. 理工科大学美育现状与对策研究 [D]. 昆明：昆明理工大学，2011.
⑦ 谢清滢. 高等农业院校美育现状探讨：以 H 农业大学为例 [D]. 武汉：华中农业大学，2015.

自然需要在课程教学及文化传播等方面发挥作用。在大学艺术场馆的育人功能研究方面，蔡劲松所著的《大学意境：文化视野与公共艺术》一书，具有广泛的代表性和较高的参考价值。他在书中对大学艺术场馆的意涵、建设和实施做了详尽的论述和案例研究，提出大学艺术馆建设，是推进大学艺术教育和艺术传播普及化、全覆盖的一种有效模式。① 其次，大学艺术场馆建于高校之中，既具有一般艺术场馆的共性，又兼具大学文化设施的特性。王琳认为，大学美术馆不同于一般性质的艺术馆。一方面，大学美术馆需要做好研究工作，实现美学知识的生产；另一方面还应通过展览教育活动将知识"复制"给观众，刺激新知识的产生，形成一个从研究到教育、再从教育回归研究的闭环。② 最后，大学艺术场馆是做好大学美育工作的重要抓手。兼具学术性、高雅性、审美性和教育性的大学艺术场馆，无疑是塑造大学美育氛围的绝佳空间。对于发挥大学艺术场馆的美育功能，王曦以北京大学赛克勒考古与艺术博物馆近十年的发展实践为线索，分析了大学艺术博物馆面临的多重挑战，探索高校艺术场馆教育的"5I"创新路径，提出要以"主体间性"作为高校艺术场馆教育的哲学基础，打造新型智慧场馆。③

然而，笔者在中国知网中以"大学艺术馆""大学艺术博物馆""大学美术馆""大学音乐厅"等大学艺术场馆相关词汇，结合"美育""审美教育"等主题词进行文献搜索后，发现许多文献的研究还只是停留在场馆基本情况介绍的层面上，真正涉及大学艺术场馆美育功能及实现路径的研究文献数量还较少，缺乏对大学艺术场馆作为大学美育主要载体的目标定位、功能范畴及建设路径的研究，具体表现为与大学艺术场馆美育相关的文献数量较少，研究范围相对有限，研究内容不够深入。在研究方法上，以质性研究为主，通过文献分析、专家访谈等方式进行，缺乏理论指导和实证研究方法的参与。因此，当前国内大学美育的相关研究中，大学艺术场馆的美育功能及价值还需要更多的关注。

（三）大学艺术场馆研究及建设面临的问题

大学美育作为高等教育改革发展中的重要范畴，关涉高等教育立德树人、以美育人、促进师生精神审美追求及大学文化的建设与发展。美育视域中的大

---

① 蔡劲松. 大学艺境：文化视野与公共艺术［M］. 北京：中国青年出版社，2012.
② 王琳. 中国高校美术馆发展现状和面临问题研究［D］. 济南：山东大学，2017.
③ 王曦. 新时代高校博物馆教育的创新路径：以北京大学赛克勒考古与艺术博物馆为线索［J］. 中国国家博物馆馆刊，2019（3）：148-159.

学艺术场馆,既有作为公共艺术场馆的基本属性,也具备大学内部文化机构的普遍特征。

其一,大学艺术场馆的职能。大学艺术场馆隶属于高校,在价值定位上,应凸显研究上的学术性和教育上的开放性。中央美术学院美术馆原馆长王璜生认为,大学美术馆由两部分构成,一层是大学,另一层则是场馆。大学美术馆除了要强调其作为大学文化机构的学术性,还应体现一定的公益性,为公众提供公共文化服务。① 研究上的学术性和教育上的开放性,是大学艺术场馆的重要特性。其二,大学艺术场馆具有突出的"以文化人、以美育人"作用。这不仅体现在大学艺术场馆的运营理念及日常的美育活动中,还在于大学艺术场馆所营造的特殊艺术氛围,能够形成一种文化场景,在潜移默化中塑造师生的审美观念,达成以文化人、以美育人的目标。大学艺术场馆作为美育载体在营造大学艺境中有重要作用②,大学艺术场馆的价值在于,其举办的每一次展览以及这些展览积累而成的"文化场",共同构成了大学浓厚的艺术氛围。因此,加强大学艺术场馆建设,是推进大学美育和艺术传播普及化、全覆盖的有效模式。③

从实践的视角看,我国高等教育育人体系中,美育的地位与作用日益受到重视,在美育课程供给、校园文艺实践活动开展、艺术场馆建设等多方面都取得了显著进展。但也应当看到,在大学艺术场馆建设发展过程中,其作为美育载体的价值还未完全凸显,成效还不够突出。主要问题包括:其一,对大学艺术场馆美育理念认识不足、顶层设计不够。许多高校尚未从人才培养需求的高度,充分认识美育特别是艺术场馆美育对于创新人才基本素养的重要性,导致大学艺术场馆自身建设与"双一流"建设和人才培养目标需求不适应,与大学文化传承创新的总体要求不契合,与满足师生和社会公众对艺术审美资源的期待不适应。其二,开展审美教育活动的艺术性不足、引入社会美育资源不够。许多大学把校内艺术场馆主要作为艺术类师生开展专业实践教学或展示业余创作成果的场地,与社会高水平艺术团体机构及艺术家的合作、联动不够,美育活动形式比较单一,推进高雅艺术进校园及高品位美育传播成效不佳,这

---

① 王璜生,赵炎. 建设开放与自由的大学美术馆:王璜生谈中央美术学院美术馆的学术建设和发展方向[J]. 美术研究,2015(2):20-23.
② 蔡劲松. 大学的文化逻辑:理念·议题·实践[M]. 北京:人民日报出版社,2017:56-57.
③ 蔡劲松. 大学艺境:文化视野与公共艺术[M]. 北京:中国青年出版社,2012.

些导致"大学艺术场馆活动'小众化',吸引力明显不足"①。其三,场馆自身美育专业化水平较低、支撑艺术审美活动的设施不够。许多大学艺术场馆建成后缺乏明确的发展思路和美育功能定位,缺少专业从业人员支撑、持续的政策举措扶持和运行经费保障支持,因而"不同程度存在从业人员素质较低、场馆开放性不够、馆际交流较少等问题"②,这些都直接制约和影响了大学艺术场馆美育活动的深入开展与美育功能的有效发挥。

总体上,我国大学艺术场馆建设发展的时间相对较短,其美育成效还存在明显不足,尤其在场馆美育功能定位、职能拓展、运营机制、机构设置、人员结构、活动推广等方面,尚有较大的提升空间,在促进大学美育由理念到落地实施及提供公共美育服务的过程中,应引起上级部门、学校和场馆自身的高度重视并予以改进,共力将其建设成为引领校内师生和社会观众领略艺术经典、接受艺术熏陶、体验亲近艺术、塑造健全人格的美育载体。

二、提升大学艺术场馆美育成效的原则与路径

2020 年 12 月 14 日,教育部体育卫生与艺术教育司发布了题为《深化改革 创新引领 推进学校美育工作高质量发展》的介绍材料,提出要完善学校美育评价机制,将美育纳入《深化新时代教育评价改革总体方案》中,推动将美育工作与效果作为高校办学评价的重要指标,纳入高校本科教学工作评估和"双一流"建设评价指标体系。高校和大学艺术场馆应积极响应上述要求,采取切实举措,强化大学艺术场馆的美育功能与成效,促其在大学美育体系中发挥更大作用。

(一)坚持"统筹协调、公益导向、多方参与"原则

在大学美育发展体系中,提升大学艺术场馆美育功能及成效,应坚持以下三个原则。

一是坚持统筹协调原则。厘清大学艺术场馆与学校各部门之间的关系,充分把握自身的美育功能及其实现情况,坚持从场馆实际出发,突出大学美育特色。二是坚持公益导向原则。加强对大学文化环境和社会文化环境的认知,充分了解校内师生和校外公众的文化艺术需求,及时调整大学艺术场馆的美育活动方向及形式,着力提升公共美育的质量和效果。三是坚持多方参与原则。以

---

① 邵笔柳. 浅析大学美术馆的角色与职能定位 [J]. 新闻研究导刊,2016(16):15-16.
② 罗建光,王鹏. 大学美术馆教育现状研究 [J]. 美与时代(城市版),2015(2):71.

大学为主导，同时重视各方力量的参与，寻找政府力量的支撑、鼓励社会力量积极参与大学艺术场馆的共同建设，促进校内外美育资源的整合利用，开创互利共赢的新局面。

(二) 提升大学艺术场馆美育成效的路径与举措

其一，创新大学艺术场馆美育机制。创新大学艺术场馆美育机制的核心是在文化传承中突出美育、在学术发展中探究美育、在艺术传播中彰显美育、在教育教学中融入美育、在政策举措中倾斜美育。目的是要形成一个以美育活动为中心，涵盖美育研究、美育学习和美育实践的新型育人机制。实现这一目标，首先，需要加强大学艺术场馆的内涵建设，明确大学艺术场馆的定位、责任和目标，对自身的美育功能形成完整充分的认识。同时，要增强大学艺术场馆自身的公共服务意识，广泛参与大学文化建设和社会文化建设。其次，应着力构建大学艺术场馆美育协同机制，加强艺术场馆同大学美育课堂、社区、中小学及其他社会组织之间的信息和资源共享，合作开展各类美育活动，探索大学艺术场馆美育功能及其价值实现的新机制和新路径。

其二，提高大学艺术场馆美育专业化水平。一是要着力提升大学艺术场馆管理的美育专业化水平。这需要大学艺术场馆在上级和学校相关政策的指导下，以深入开展高水平艺术审美教育活动为主线，在内部形成一套符合自身实际的管理章程，规范场馆在美育绩效评估、人员管理、意见反馈等方面的行为。二是要注重提高大学艺术场馆相关人员的美育专业化水平。可以通过定期邀请专家莅临现场开展员工培训、组织场馆人员外出参观学习、选派骨干成员外出进修等方式，提高大学艺术场馆从业人员的美学基础及学术性、合作性、专业化水平。三是要创设优雅的美育空间环境。场馆内部的基础设施、展品陈列、活动流程都要向专业艺术场馆的标准看齐，加强馆际之间的交流与学习，为观众呈现水平一流的美育专业化场馆陈设和高质量的美育活动。

其三，深化大学艺术场馆美育内涵建设。一要不断丰富拓展美育内涵及活动内容。坚持教育性、开放性及合作性原则，通过问卷调查等方式，了解师生和公众感兴趣的领域，更多地策划与此相关的美育活动，同时注重引入新技术，增强现场互动性，提高观众的体验感和满意度。二要发挥高校学科优势、开展特色美育活动。充分利用高校艺术类学科和文化资源，注重美育知识研究和美育课程研发，加强与大学院系等学术部门的合作，策划兼具学术性、高雅性和宜人性的美育活动，打造具有自身特色的美育品牌项目。三要通过强化合作拓宽美育辐射范围。大学艺术场馆应主动加强与中小学、社区、社会机构等的联动协作，促进校内外美育资源整合利用，如开展"驻校艺术家计划""非遗进校园计划"等活动，提升大学艺术场馆的美育效果及影响。

其四，丰富大学艺术场馆美育活动形式载体。许多大学艺术场馆的美育活动以举办展览和演出为主，形式较为单一。破解这种"僵局"，必须要不断丰富和拓展美育活动的形式与载体。首先，要注重同大学其他美育教学实践活动的结合。大学艺术场馆可以为大学美育课程提供现场教学机会，或者作为学生课外实践的活动基地，也可以主动承担校园中与美育相关的比赛、论坛、座谈会、艺术工坊等。其次，大学艺术场馆举办的各类活动都需要以观众为中心，为观众提供个性化服务，满足他们的不同需求。如借鉴国内外大学艺术场馆的经验做法，根据不同类型的人群特征，制定适合不同观众的美育活动。还可以借助数字化新媒体技术，创新美育活动形式，如扫码讲解、现场直播、展品互动等，加快大学艺术场馆信息系统建设，收录艺术馆的藏品、音乐厅的活动录像、大学艺术场馆举办的美育课堂和讲座记录等多类资源，让观众通过这些场馆资源随时随地都能感受艺术之美。

其五，增强大学艺术场馆美育传播实效。一方面，切实加强自身融媒体传播建设。传统的大学艺术场馆美育信息传播主要通过报纸、小册子、活动海报等纸质媒介，扩散度较差，存在较大的传播局限性。随着信息技术和新媒体的迅速发展，大学艺术场馆可以充分融合传统媒介与新媒体的优势，把活动海报和宣传单变得更加具有吸引力。同时还可以借助新媒体的影响力，通过微博、公众号、短视频等方式，广泛发布活动信息，加大艺术场馆的宣传力度。另一方面，要加强与各类社会媒体的合作。大学艺术场馆可以同官方媒体、社会媒体及自媒体开展合作，深入报道美育活动，使更多人了解大学艺术场馆的建设情况，吸引更多观众，提高场馆的领域公信力和社会知名度，同时也可以帮助大学艺术场馆拓宽资源渠道，获得更多力量的支持。

三、小结与探讨

大学艺术场馆围绕大学文化和大学美育建设开展各类艺术活动，对大学美育具有非比寻常的重要意义。实际上，学术界对大学美育实施的必要性和重要性，已有着高度的认同感，在大学美育的本体性研究领域产出了许多成果，也有一些研究聚焦大学美育的实施现状及问题，注重结合教育学、心理学和传播学等多类不同学科的理念，就大学美育体系的构建与完善提出富有针对性的对策和建议。但不可否认的是，大学美育在现实中依旧面临着诸多困境，关于大学美育的实践研究，特别是作为美育载体的大学艺术场馆的美育功能、美育价值等的研究应该引起进一步的重视。尤其是应重点关注"大学艺术场馆美育功能及其实现路径"这一现实议题，以构建完善的大学美育体系为目标，深入探讨大学艺术场馆应具备的美育功能与价值，着力提升大学艺术场馆美育效能的实现。

一方面，要更加重视大学文化建设与大学美育发展的深层互动。大学文化是大学在历史发展过程中形成的特色鲜明的先进文化，而大学美育旨在通过一系列艺术审美活动，传递美的理念，为引导师生塑造正确的价值观提供文化涵养。从根本上讲，大学美育同大学文化建设有着一致的目标，并且大学文化能够对大学艺术场馆的美育能力产生直接影响。在这个意义上，大学艺术场馆美育功能的实现，需要进一步厘清大学文化建设与大学美育、大学艺术场馆建设之间的关系，深化大学内部对于艺术场馆美育重要性的认识。为此，高校应着力促进文化建设与大学美育发展的深层互动，在文化建设体系中为大学艺术场馆美育提供必要的物质条件（如加大艺术场馆建设的经费投入），同时鼓励师生和社会公众积极参与大学艺术场馆美育活动，以此实现大学艺术场馆在美育知识体系研究传承、开展美育教学实践活动等方面的价值。

另一方面，也要更加重视顶层设计，拓宽大学艺术场馆美育建设新路向。新时代大学美育的创新发展，必须以着力塑造美好心灵为根本目标，以提高师生和社会公众的审美与人文素养为主线，切实提高师生对美育地位、功能、价值的认识，树立大学美育发展的指导思想、核心价值及方法路径，这就要求大学必须加强美育的顶层设计，不断探索完善美育发展路径。要以体制机制创新为手段，坚持大学美育、社会美育、生活美育三者之间的"三结合"，充分发挥政府、高校、社会等各个层面对于美育资源配置的基础性作用，多途径、多载体地开展大学美育实践；要切实加强大学艺术场馆美育建设，为美学知识体系的研究与传承、艺术审美的教育与实践、艺术的展览展演与交流构建新平台，促进大学美育的跨界融合与跨越发展。

城市红色美育资源的跨媒介重构与再造
——兼论上海大学美育实践案例的路径启示

上海大学上海美术学院　张秋实　金江波

摘　要　跨媒介理论强调参与主体的诉求，以跨平台为基础、创作参与者的扩充为根本、诉求的延展为灵魂，该理论已逐步渗透至美育研究领域，并与美育践行方法论相契合。上海大学作为历史悠久的红色学府，在发挥综合性高校专业融合优势下，一直致力探索城市美育基因。本文以跨媒介相关理论为基础，以上海大学美育创新实践案例为切入点，阐述上海大学发挥艺术教育优势，系统推进区域特色高校美育的行动与举措：通过跨媒介重构的方式阐发上海红色资源的审美意蕴，借由跨媒介再造探索城市红色资源的育人价值，从而在拓展跨媒介美育研究的理路上丰富红色叙事、激活红色基因、活用红色资源。进而实现校内外美育实践，为城市赋能，深刻践行立德树人的新时代美育责任和使命，为高校美育创新实践提供建设样本。

关键词　跨媒介；城市美育；高校美育；红色美育；美育创新实践

一、引言

2020年10月中共中央办公厅、国务院办公厅联合印发的《关于全面加强和改进新时代学校美育工作的意见》（以下简称《意见》）对学校美育工作提出了一系列新要求，随后2021年推出的《新文科研究与改革实践项目指南》提出深入推进高校"四史"教育，并将中华优秀传统文化进行创造性转化的要求。这让新时代的大学美育具有不同于以往任何时候、任何阶段的时代性和使命感。而大学教育作为连通学校与社会的中间环节，其美育的实施承载着学校美育与社会美育的融通与交互。

在此背景下，艺术的跨媒介研究在经历了诸多学者的理论梳理和论证后，逐渐成为一门显学，其核心概念为艺术领域提供了跨学科研究的视角，同样也为大学美育的研究铺展开辟了新的方法与路径。上海是红色基因发源地，上海大学地处其中，正在通过跨媒介艺术的方式将上海红色文化资源统筹与整合，借由跨媒介传播完成红色教育经典的传承与再造，实现协同创新机制的跨媒介美育，从而拓展校内外美育实践为城市赋能，落实立德树人的新时代美育任务。

二、从多媒介到跨媒介的城市美学①

艺术媒介原指艺术材料，通常是指艺术家在创作过程中用以表达想法的物质材料或载体，媒介在完整的艺术过程中承担中介的作用。一段时间以来，艺术领域的多媒介往往被定义为多媒体，甚至有接近综合材料、新媒体一说，这其中的概念内涵与外延至今仍在变化更迭中，暂且不表。近些年来，多媒介的艺术创作逐步出现在艺术领域，为观者提供了一条解读艺术作品的路径，投射出一种新的存在，构建了艺术作品新的延续性、可读性和可视性。这种反思与重构的方式正如克莱门特·格林伯格（Clement Greenberg）所言，使用一门学科的独特方法来批判这门学科自身——不是为了颠覆它，而是为了更牢固地确立其专门领域②。

"跨媒介"（transmedia）最早出现在文学领域，其后至电影、电视、游戏领域。20世纪80年代，"跨媒介性"（intermediality）的提出③逐步延伸出如跨媒介叙事、跨媒介艺术、跨媒介影像等相关理论阐述，德国学者弗里德里希·基特勒（Friedrich Kittler）也在此基础上提出了艺术跨媒介的四种模态类型，成为研究艺术跨媒介的重要参照体系。根据亨利·詹金斯（Henry Jenkins）的定义④，跨媒介是指通过不同的传播途径，系统地呈现一个故事，创造一种紧密和互补的娱乐体验。⑤ 可见，跨媒介更像是一种手法，在媒介互通的过程中，不同类型的媒介进行内在互动，并发挥各自的能动性是跨媒介的理想状态。在跨媒介的逻辑中，跨媒介作品往往将不同的媒介有机连接起来，因此，跨媒介的艺术研究则更侧重于打破艺术学科间的壁垒，跨越艺术创作媒介材料的界限，融通公共空间中的艺术元素，甚至实现艺术生产者与艺术受众的互换，丰富艺术受众身份的多元性，从而使其对艺术元素进行再生和延展，

---

① "城市美学"一词多数出现在建筑领域的城市规划方向，涉及城市中建筑和景观与人、自然的和谐关系及美学规律。
② 格林伯格在《现代主义绘画》（"Modernist Painting"，1961）一文中对现代主义本质的界定。
③ 周宪. 艺术跨媒介性与艺术统一性：艺术理论学科知识建构的方法论［J］. 文艺研究，2019（12）：18-29.
④ 2003年，亨利·詹金斯在《跨媒介叙事》（"Transmedia Storytelling"）一文中正式提出这一概念。
⑤ 亨利·詹金斯在其著作《融合文化：新媒体和旧媒体的冲突地带》提到，跨媒介叙事是指随媒体融合应运而生的一种新的审美意境，强调媒介文化的融合。

最终通过媒介的补充与再造生成一个新的社会或文化现象①。

在澳大利亚墨尔本大学斯考特·麦夸尔（Scott McQuire）教授的跨媒介研究②中，他提出了"媒介如何建造城市"的议题，并认为媒介一直在参与定义城市空间的边界，不同时期的媒介构成了城市的"围墙"，从能看见的城门城墙到看不见的数字网络，它们正在不断定义着新的城市空间形式和人文关系。此外，麦夸尔教授提出了"媒介-建筑复合体"（media-architecture complex）概念，以往的城市媒介传播依靠一个主要的传播载体向受众发布信息，而数字化时代下的传播方式更像是"去中心化"，每个人都可以通过自己的手机网络和移动设备发布内容，而这些构成了新的城市样态。运用跨媒介方式在整合与统筹城市美学资源时，首要的是要挖掘城市记忆，提炼城市基因，使之为城市美育工作的进行提供准备工作。上海作为红色文化的勃兴之地，具有丰厚的城市资源与独特的城市美学基因，开放包容的特质让多种艺术媒介在此交融碰撞。因此，利用好上海的红色文化资源，让人才培养课堂走进红色资源、走进红色场馆是上海大学美育建设的重点任务③。

2018年，上海大学上海美术学院的十多名青年师生组建设计团队，经过前期调研，对位于上海淮海中路上的"渔阳里"弄堂进行了艺术改造。为原本嘈杂的商业中心注入了新的红色文化元素，使上海社会主义青年团诞生地散发出了新的青春活力，成为淮海中路这条繁华道路上第一个红色广场。艺术的创造和呈现依托媒介这一物质基础，艺术媒介的多样性在于丰富了艺术语言的同时也超越了艺术本体带来的单纯视觉感受。在此意义上，新的渔阳里广场不拘泥于简单的空间改造和整合，而是通过四种方式为公众打造重温历史经典、接受红色洗礼的重要空间载体。其一是长达58米、高3.4米的"青春赞歌"浮雕墙，这一展现中国青年志愿者历史事迹的青春画卷，造型上概括洗练，色彩上突出入口处的红金色火炬，象征着燃烧的青春岁月，令观者心潮澎湃；其二是位于巨幅浮雕墙中极具上海石库门特色的"历史之门"，这个连通历史的穿越之门通向了中国特色社会主义青年团中央机关旧址纪念馆，为新老建筑提供了时空对话的交融空间；其三是浮雕墙前地面上的"青春足迹"步道，步

---

① 2022年4月23日，南京大学艺术学院何成洲教授在"艺术的跨媒介研究"高端论坛中发表《跨媒介表演性的再思考》主旨演讲。
② 斯考特·麦夸尔，潘霁. 媒介与城市 城市作为媒介[J]. 时代建筑，2019（2）：6-9.
③ 参见上海大学上海美术学院副院长金江波采访稿《青听两会渔阳里广场的"穿越"青春，出自这位委员之手》。

道上印刻有团史大事记，行走于此还能研学共青团的历史，重温青春的辉煌时刻；其四是广场上设置了具有仪式感的升旗区域，为青少年及公众接受仪式教育、重温革命历史创设了重要的空间场域。这正如基特勒提出的"综合的跨媒介性"这一跨媒介模态理论，将多种媒介融合，使物理空间成为展示城市历史时空的载体。

因此，跨媒介视角的引入在"去中心化"的语境中，不仅可以有效调动社会各方资源，也以"润物细无声"的方式消解艺术与公众之间的边界与隔阂，让"美"的实施可以"跳出本位"[①]，超出媒介固有属性的束缚，成为城市发展、创新的动力，让城市为社会美育提供场所和载体。

三、从单一展陈到沉浸体验的经典再造

曾有学者提出，当下大学美育存在"媒介分立"的问题，即美育在通过不同的艺术路径的实施过程中，每一种艺术的呈现都只限于该艺术的特定媒介。该问题虽然涉及美育实施者专业背景局限、教学策略单一等问题，但也从侧面反映出中国大学的学科分化造成了学科内部"重专轻通"的现状。虽然自现代艺术以来，艺术的边界逐渐被打破，艺术研究也逐步关注到学科间区域，然而延展至艺术教学中，美育实施、美育接受、美育效果评价等环节都呈现出了步履维艰的样态。因此，近年来有部分学者从比较文学（comparative literature）、比较艺术（comparative arts）的范畴中探索研究各门具体艺术之间的关系，从而试图建构起一套适用于美育实施的新参照系。

这也恰如基特勒的跨媒介模态理论中的"转化的跨媒介性"理论，即一种媒介通过另一种媒介来呈现。如果说新渔阳里广场的改造呈现了具体的空间载体，那么在新渔阳里上演的大型原创实景朗诵剧《渔阳薪火》便是建构了鲜活的空间体验，二者相结合即是沉浸式红色文化的跨媒介文本互涉。2020年12月7日，在中国特色社会主义青年团中央机关旧址纪念馆上演的《渔阳薪火》采用多媒体围合的方式、现代舞美手段打造情景复原的现场感，结合情景环绕的演出方式让观者代入感十足。该剧由上海大学上海电影学院青年教师和学生担任主要演员，既是一堂生动的艺术党课，也是上海大学践行深入开展"四史"教育的跨媒介艺术呈现。从《渔阳薪火》实景朗诵剧可以看出，

---

① 东南大学艺术学院龙迪勇教授在《"出位之思"与跨媒介叙事》一文中谈到的德国美学术语"Andersstreben"，意指一种艺术媒介欲超越其自身的表现性能或局限，而追求另一种艺术媒介所具有的表达长处或美学特色。因此，本位可理解为自身的表现媒介。

"转化的跨媒介性"将目光逐步聚焦至转化方式上,这也是近年来实景演出受到观众追捧赢得赞誉的关键。传统的文本输出已经不能满足新时代观者的美育需求,将表演结合景观作为输出中介,需要通过时间和空间的互涉共同完成跨媒介演绎。

单就目前来看,红色教育经典在当下的转化率还不够①,大多数青年人对红色历史的认同感还停留在书籍、课本等印刷出版物的媒介叙事中。传统的博物馆通常采用视觉艺术主导的方式,陈列红色经典与红色史实藏品,重点在展品的序列组合乃至空间的布局上,让藏品自己讲故事,这也使得藏品大多朝着视觉艺术的方向进行叙事化呈现。然而,博物馆与美术馆的界限正在日渐模糊,博物馆重在收藏与展览历史性藏品,美术馆则侧重呈现当下发生的艺术,或对历史藏品进行当代展现。当下,博物馆或美术馆等机构正在探索运用非视觉主导的方式进行展陈设计、展览呈现,红色文化展览呈现时也已不囿于空间定位的局限,展陈中的导览文本、情景复原呈现、互动体验区域已然成为跨媒介传播的重要体现,发挥着全感官体验的功能,也促进着视觉性、文本语言性、全感官体验性(AR、VR、MR)等媒介的交互与融通。

位于上海松江云堡未来市艺术文创园区内的上海艺术百代美术馆于2021年9月12日举办了名为"奋斗——新中国岁月回响"的红色艺术主题展。该展览除了呈现一批诸如油画、国画、版画、水彩、年画、连环画等传统门类的艺术大家经典红色作品之外,还设计了"可阅读、可体验、可回味"的沉浸观展方式,力图凸显展览的主题宣教作用,结合地处松江大学城的地缘优势,打造面向广大学生的红色美育基地,办成红色艺术课堂。展览中运用多元展陈方式打造了五个"历史场景",与红色经典作品珠璧交辉。一是极具历史感的"红潮供销社",连接天花板的高展柜和陈列柜中展示着20世纪50年代后期著名的"三转一响"——自行车、缝纫机、手表、收音机,让人一秒回到那个火红年代。二是呼应展览同时期作品的"互动阅读区",观者可以在展厅内阅读相关作品集、翻阅历史资料,并书写观展感受,将文本体验和图像阅读有机融合。三是"老电影放映厅",具有时间痕迹感的老黑板上列有放映厅排片表,这些红色影视经典,采用胶片原片放映,更能激发观者的历史记忆与情感共鸣。四是展厅内的"场景体验区",为观众与年代感的老物件拍照打卡提供了互动场域。五是与展览匹配开发的红色文创衍生品,如老物件、艺术作品明

---

① 参见上海大学上海美术学院副院长金江波采访稿《青听两会渔阳里广场的"穿越"青春,出自这位委员之手》。

信片等。除此之外，主办方还策划了"奋斗"展进校园巡展活动，以装载红色经典文化的红色大巴为载体，探寻上海红色教育地标，连接上海市教育系统内的红色历史、红色文本、红色印迹。

显然，"奋斗"展为传承红色经典、激活美术馆观展体验、重温革命历史记忆提供了一份可圈可点的跨媒介范本，形成了阶梯式的传播效应。该展览也被列为上海市"永远跟党走"群众性主题宣传教育重点项目之一。该项目结合展览前期的一系列红色主题故事演讲等活动，实现了从群体到个人的红色美育覆盖，使美术馆的社会美育职能大大增强。因此，传统美术馆正努力"破圈"的同时，也在试图消融"物"与"人"的界限，通过感官的超越实现传播的跨媒介。

四、从校内到校外的大学美育延展

大学美育在学校美育中是承接学前美育、中小学美育的最后阶段，是介于家庭美育和社会美育的重要环节。大学生的身心发育状态决定了他们在接受大学美育的过程中不仅需要相应的艺术理论、艺术鉴赏及艺术技能，更需要获得社会层面的美育浸润。因此，大学美育的实施虽然是建立在理论性知识或者技能掌握的基础上，但是不能仅仅局限于简单的知识、技能的灌输，而是应在美育课程、美育实践的基础上，"培养具有崇高精神追求、高尚人格修养的高素质人才"[1]。有学者提出，美育在当前中国已然成为一个具有跨学科、跨媒介、跨门类和跨行业性质的专门行业。[2] 甚至有学者提出将美育学作为一门独立的学科展开研究与教学。所以，大学作为美育践行高地，要树立学科融合的理念，加强"五育并举"，充分挖掘和运用各学科的优势，并努力实现以人为本的全人教育。

首先，从城市历史脉络与美学基因中提炼灵感。蔡元培先生曾言，"美育的基础，立在学校；而美育的推行，归宿于都市的美化"[3]。蔡元培先生大力提倡美育，并主张学校美育与社会美育的衔接。2021 年 4 月 19 日，习近平总书记在考察清华大学时指出，"美术、艺术、科学、技术相辅相成、相互促进、相得益彰……把更多美术元素、艺术元素应用到城乡规划建设中"。乡村

---

[1] 中共中央办公厅，国务院办公厅. 关于全面加强和改进新时代学校美育工作的意见[EB/OL]. (2020-10-15)[2024-06-01]. http://www.gov.cn/zhengce/2020/10/15/content_5551609.htm.
[2] 王一川. 美育需要跨学科性质的美育学科［N］. 中国教育报，2020-09-01（8）.
[3] 蔡元培. 美育人生［M］. 北京：中国画报出版社，2022：133.

美育，其强调以美育的方式激活乡村，扩大美育的覆盖力。20世纪初我国都市基因与乡村有着密不可分的联系，直至改革开放至今，我国乡村持续承担着向都市输送物质、人力等生产资源。因而我国的城市历史基因中充斥着乡村基因的影子，如有些城市在显著位置和区域会矗立象征城市变迁的主题雕塑或公共艺术作品，这些城市公共艺术作品从印证城市发展到成为代表城市精神的物质介质，在艺术层面浓缩了城市美学。近年来，随着我国乡村振兴战略的实施，大学生下基层、乡村美育等获得了广泛的关注，乡土特色、自然资源、人文风貌都是实施自然美育的天然场所。

以上海大学"摩登田野——2022新海派乡村美育展"为例，展览旨在以乡村美育的方式回应上海市于"十四五"规划期间发起的"街区可漫步、建筑可阅读"的未来城市愿景，在高校协同下通过艺术家与高校师生的参与，让艺术浸润乡村环境，提升居民的审美需求和审美意识，赋能乡村振兴。该展览虽然身在乡野，展出的作品却跨越多种媒介，如表演、绘画、影像、建筑等。结合艺术装置、在地创作、设计案例和美育活动来紧密体现在地性，让乡村大棚变身乡村美术馆，让田野变成艺术展场，让房车变成移动画廊。展览位于上海市奉贤区南桥镇江海村，值得一提的是，江海村一名在村里服务了三年的大学生村官陆燕青毕业于上海大学上海美术学院，江海村作为她的故乡不仅承载了她儿时的记忆，也召唤着她返回故里以自身所学，学有所悟，用美育的形式回报家乡建设。

其次，从红色文化经典中获得启示。红色文化经典是历史现实的客观存在，如何重读红色经典、体悟红色内涵将是从红色经典中把握珍贵启示的关键。2020年10月26—27日，上海大学伟长楼剧场上演了一部由上大学子自编自演的原创校史话剧《红色学府》，这是为2022年老上海大学（1922—1927）成立100周年学校"校史工程"推出的剧目，该剧吸引了各院系共2 000余名学生观摩，在庆祝2021年党的百年华诞的同时将党史学习贯穿课堂，在时空中赓续学校红色基因。师生们在剧目展演过程中用最饱满的热情书写深耕红色文化传承，在舞台上与观众们一起经历思想境界的升华，是美育思政落到实处的新举措，是用跨媒介方式激励和引领当代大学生坚定理想信念，将青春梦融入中国梦的美育思政教育新模式。

再次，通过跨媒介的全人教育实现面向人人的美育理想国。全人教育

（holistic education）[①]旨在将全面发挥人的多方面潜能放在教育首位，正如《意见》中的指示，在强化中华优秀传统文化、革命文化和社会主义先进文化教育的基础上，加强美育与德育、智育、体育、劳动教育相融合。在全人教育的导向下，有机融合体现中华美育精神与民族审美特质的美育资源。因此，如果说多媒介的解构是展示各种媒介的特性与优势，融媒介是在多元性融合媒介基础上发挥优势互补，那么，跨媒介的重构将是在重组媒介的基础上，让不同的媒介形成交互对话，旨在扩充主体诉求。在此意义上，参与跨媒介重构的美育施行者和美育接受者都在不同主体间完善美育体系，深化美育精神。而媒介进入美育体系的过程是美育理念与媒介方式相辅相成的过程，也是媒介价值在美育施行中相得益彰的体现。具有社会主义核心价值观的大学美育，是面向人人的美育育人机制，是具备融合学科体现心灵美、艺术美、语言美、行为美等的跨媒介实践。上海大学的美育实践案例在挖掘校史美育资源的同时，深刻践行"一校一品""一校多品"。

五、结语

德国美学家席勒曾把人的发展状态分为：物质状态、审美状态、道德状态[②]，并认为各个阶段的顺序不能颠倒或跳跃。可见，立德树人作为教育的根本任务，其前提是具备美的环境，而美育浸润意味着创设熏陶和感化的环境。在此环境中充斥的媒介是我们得以运用塑造美育理想国的载体和发生器。

在今天，跨媒介已然成为美育无法忽视的课题，从多媒介、单一媒介叙事到跨媒介，注重媒介"间性"是美育达成自身目标的重要手段。城市的历史脉络介入思政教育是大学美育赋能社会、实施美育浸润的在地性体现，是以期实现"以美育人、以文化人、以美培元"的新时代大学美育指导思想稳步推进的机制。

原载《教育传媒研究》2024 年第 5 期

[①] 全人教育产生于 20 世纪 70 年代，以"人的完整发展"为核心概念，隆·米勒（Ron Miller）、约翰·米勒（John P. Miller）、吉春中川（Yoshiharu Nakagawa）、小原国芳（Obara Kuniyoshi）等多位学者都不断丰富和完善此理论。

[②] 席勒. 美育书简：德汉对照［M］. 许恒醇，译. 北京：社会科学文献出版社，2016：121.

新时代高校公共艺术课程的美育路径探索
——以东南大学为例

东南大学艺术学院　田　清

摘　要　新时代高校美育是培根铸魂的重要工作。自《教育部关于切实加强新时代高等学校美育工作的意见》等美育相关文件出台以来，各高校陆续构建公共艺术美育课程体系，助力青年学生提高艺术审美和人文素养。东南大学是国内较早一批开设公共艺术系统化课程的高校之一，为探索新时代高校公共艺术课程的发展现状，本文面向青年学生开展线上问卷调研。结果表明，以东南大学为例的高校公共艺术课程开设在学生认知、师资力量、课程设置和美育效果等方面都存在着具有广泛意义的局限性。面对新时代加强和改进高校美育工作的定位和要求，需进一步从优化课程体系建设、回归审美教育本位、营造高校美育场域及推动学科交叉融合四个角度探索公共艺术课程的美育实践路径，从而形成可持续发展的公共艺术课程美育体系。

关键词　新时代；高校美育；公共艺术课程；发展现状；实践路径

一、时代背景：高校公共艺术课程的实施具有紧迫性

"美育是审美教育，也是情操教育和心灵教育，不仅能提升人的审美素养，还能潜移默化地影响人的情感、趣味、气质、胸襟，激励人的精神，温润人的心灵。"[①]推进美育是国家教育战略规划的重要环节。2019年《教育部关于切实加强新时代高等学校美育工作的意见》指出："学校美育是培根铸魂的工作，提高学生的审美和人文素养，全面加强和改进美育是高等教育当前和今后一个时期的重要任务。"[②]

新时代背景下推进高校美育不仅具有必要性，更具有紧迫性。对于高校而

基金项目：本文系东南大学2021年度校级"美育"专项教学改革研究与实践项目"新时代高校公共艺术课程的实施与发展策略研究"研究成果（项目编号：2021-my-25）。

① 国务院办公厅. 关于全面加强和改进学校美育工作的意见[EB/OL]. (2015-09-28)[2024-06-01]. http://www.gov.cn/zhengce/content/2015-09/28/content_10196.htm.

② 中华人民共和国教育部. 教育部关于切实加强新时代高等学校美育工作的意见[EB/OL]. (2019-04-11)[2024-06-01]. http://www.moe.gov.cn/srcsite/A17/moe_794/moe_624/201904/t20190411_377523.html.

言,美育有助于提高青年的艺术审美能力,促使其全面发展,从而使之成为承担民族复兴大任的时代新人。对于美育而言,实现中华民族伟大复兴中国梦的历史车轮到了今天,物质生活相对充裕和精神文化生活相对匮乏的现实矛盾愈加凸显,美育不平衡不充分的发展现状与学生成长成才过程中对于美育的需求之间的矛盾也日渐显现。尤其是在"互联网+"的时代背景下,信息洪流伴随着价值观的冲击,令高校美育对于青年学生精神引领和文化培植的作用及重要性更加突出,而高校公共艺术课程建设更是推进高校美育的重中之重。

高校公共艺术课程,即在各类高校育人过程中面向全体学生开设的普及性的艺术通识教育,"是为培养社会主义现代化建设所需要的高素质人才而设立的限定性选修课程,对于提高审美素养,培养创新精神和实践能力,塑造健全人格具有不可替代的作用"[1],那么其目标首先就在于提升学生的艺术审美能力,启发学生的创新与实践能力,引导学生顺利完成"知美—爱美—创造美"的"立人"的成长历程。其次,公共艺术课程中所传达的美育精神能间接影响学生的思维方式和思想品格的形成[2],因此高校公共艺术课程的有效实施,是推进高校由美育向德育深化,从而助力实施素质教育、建设校园文化的有效途径,是培育青年学生完善"艺术审美力—道德感知力"的"立德"之重要渠道,也是促进青年学生全面发展的重要保证。作为推进高校美育的重要环节,高校公共艺术课程建设应积极发挥美育以美育人的作用,满足学生的审美需求,培养其健康的审美观念,塑造其高尚的独立人格。

二、现状分析:高校公共艺术课程在实施过程中凸显的问题

随着国家顶层设计的引导和相关政策文件的出台,公共艺术课程在各大高校开展得如火如荼。以东南大学为例,早在 1994 年,东南大学就在全国高校中率先成立艺术指导中心;2006 年又成立艺术教育指导委员会,由分管学生工作和教学工作的校领导担任委员会正、副主任,艺术学院、人文学院、建筑学院、文化素质中心、艺术指导中心为主要成员单位[3],面向全体学生构建

---

[1] 华人民共和国教育部. 教育部办公厅关于印发《全国普通高等学校公共艺术课程指导方案》的通知[EB/OL]. (2006-03-08)[2024-06-01]. http://www.moe.gov.cn/srcsite/A17/moe_794/moe_624/200603/t20060308_80347.html.

[2] 冯星莹,黄海波. 新媒体背景下高校公共艺术的教学改革探究[J]. 时代报告(奔流),2022(3):66-68.

[3] 中华人民共和国教育部. 东南大学扎实做好公共艺术教育工作[EB/OL]. (2015-05-20)[2024-06-01]. http://www.moe.gov.cn/jyb_xwfb/s6192/s133/s173/201505/t20150520_188348.html.

"以人文选修课程为主体,名家高层演讲与文化艺术展演为两翼"的高水平公共艺术课程体系。截至 2020 年,东南大学每年向学生开设 80 余门人文艺术类选修课,涵盖文学、音乐、美术、影视、戏剧、舞蹈、书法、戏曲等诸多门类①。尽管学校开设了诸多高品位艺术课程,但笔者在"东南大学高校公共艺术课程开设现状"的调查中发现,其实施过程依然存在一些问题。

本次调查通过线上问卷的形式进行,面向东南大学在校生,对公共艺术课程开设现状进行调研,共收到有效问卷 456 份,其中本科生 424 人,硕博研究生 32 人,涵盖东南大学 20 余个院系,涉及诸如"对公共艺术课程的认识与选择""对课程资源情况的了解与看法""课程实施中存在的问题""建议"等,共 16 个问题(表 1),较为全面地从学生角度审视了东南大学公共艺术课程的实施现状。

表 1　东南大学高校公共艺术课程开设现状调查

基础信息	1. 你所在年级是? 2. 你所在的学院是?
对公共艺术课程的认识与选择	3. 你在选择公共艺术课程前会考虑课程的考核标准吗? 4. 在没有学分要求的情况下,你是否愿意选修公共艺术课程? 5. 选择公共艺术课程时,以下哪些是你会考虑的因素?请按照排序进行选择。 6. 在你看来,学校的公共艺术课程是否可以提升你的审美修养? 7. 你认为公共艺术课程是否会对大学生的健康成长和理想信念的坚定与树立有积极作用? 8. 你是否赞同将丰富的美育类文化活动纳入公共艺术课程的范畴?
对课程资源情况的了解与看法	9. 你上过的公共艺术课程是否有统一教材? 10. 你所了解的东南大学公共艺术课程开设的种类有哪些? 11. 上一题中的课程种类,你最希望增加哪一类课程? 12. 在你看来,东南大学公共艺术课程的师资队伍配备情况是否专业? 13. 你所了解的东南大学公共艺术课程的教师有哪些? 14. 对于东南大学公共艺术课程的教学资源现状,你认为属于以下哪种情况?
课程实施中存在的问题	15. 你认为东南大学目前的公共艺术课程存在哪些问题?
建议	16. 对东南大学的艺术公共课程的开设,你还有哪些具体建议?

---

① 中华人民共和国教育部. 东南大学打造"三个平台"加强美育工作[EB/OL]. (2020 – 01 – 15)[2024 – 06 – 01]. http://www.moe.gov.cn/jyb_xwfb/s6192/s133/s173/202001/t20200115_415577.html.

(一) 学生层面: 学生认知度不够, 缺乏主动性

目前大部分学生对公共艺术课程的认识存在模糊不清的情况, 不能充分认识公共艺术课程在其综合能力全面提升中的积极作用。尽管问卷显示近94%的学生认为学校公共艺术课程可以提升审美修养, 但其中78.51%的学生认为并没有很大提升, 还有5.92%的学生认为没有提升。(表2) 当问到 "公共艺术课程对大学生健康成长和理想信念的坚定与树立是否有积极作用" 时, 44.3%的学生认为作用不明显, 3.29%的学生认为毫无作用。(表3) 这一方面表明学生对公共艺术课程的积极作用缺乏认识, 另一方面也在一定程度上揭示出当下公共艺术课程在实施过程中并没有达到令人满意的育人效果。

表2 公共艺术课程是否可以提升大学生审美修养调查结果

选项	频率	百分比/%	有效百分比/%
是, 有很大提升	98	21.49	21.49
是, 有一定的提升	331	72.59	72.59
否, 没有提升	27	5.92	5.92

表3 公共艺术课程对大学生健康成长和理想信念的坚定与树立是否有积极作用调查结果

选项	频率	百分比/%	有效百分比/%
有明显作用	239	52.41	52.41
有作用但不明显	202	44.30	44.30
没有作用	15	3.29	3.29

此外, 笔者在对学生选择公共艺术课程时的考虑因素进行调查后发现, 个人兴趣爱好、课程考核标准、课程内容设置、课程课业负担等成为学生考虑的主要因素, 同时还有19.11%的群体在没有学分要求的情况下, 不愿意选修公共艺术课程。这也意味着还有相当一部分学生受高考应试思维影响, 学习观念功利化, 在选择课程时, 更多地将课程考核和课业负担及毕业学分要求等作为主要考虑因素, 倾向于将精力放在专业必修课上, 缺乏对非专业课的学习主动性。这也导致学生在公共艺术课程的学习动力上大打折扣, 部分学生选择公共艺术课程的态度相对敷衍, 缺乏对艺术领域的积极探索, 公共艺术课程美育育人效果不佳。

值得注意的是, 当问及 "对于东南大学公共艺术课程的教学资源现状, 你认为属于以下哪种情况" 时, 近五分之一的人表示不太了解; 在问及 "在你看来, 东南大学公共艺术课程的师资队伍配备情况是否专业" "你所了解的

东南大学公共艺术课程的教师有哪些"等问题时，更有近30%的学生表示不太清楚。这也表明，高校的公共艺术课程在学生中并未做到全面普及，部分学生完全不了解学校公共艺术课程开设情况，更遑论主动参与相关课程的实践与学习了。

（二）教师层面：师资力量较薄弱，缺乏激励性

高校公共艺术课程在师资队伍建设方面亦存在师资短缺问题。部分高校艺术类专业教师比例低，没有达到《全国普通高等学校公共艺术课程指导方案》要求的"各校担任公共艺术课程教学的教师人数，应占在校学生总数的0.15%—0.2%，其中专职教师人数应占艺术教师总数的50%"[①]。尽管部分学校采用了专兼职教师相结合的方法，但专职教师的比例要求亦无法达标，还有一些高校因缺乏线下师资资源，主要依托线上资源开设课程。这无疑不利于公共艺术课程教学的稳定实施及良好教学质量的保持。

与此同时，高校艺术类专业教师兼负教学与科研双重压力，其科研情况又与其在高校的生存情况直接相关，高校的职称评定较注重教师的科研成果及教师在专业课程上的教学成果，具有普及性意义的公共艺术通识课程在教师主观认识上不免被边缘化。因此，部分教师在以教学与科研为衡定标准的职称评定压力下选择向科研和专业课程倾斜，对公共艺术课程教学实践的重视度相对较低，开设课程也较少。此外，部分高校因缺乏对公共艺术课程成果的激励政策，使得教师降低了开设公共艺术课程的积极性，这些都不利于催生课程成果、激活人才动力。

（三）高校层面：课程设置不完善，缺乏丰富性

高校在公共艺术课程设置方面，也存在诸多问题。从在东南大学进行的调查来看，当问及"你认为东南大学目前的公共艺术课程存在哪些问题"时，56.58%的学生认为学校理论课程偏多、艺术实践课程太少；41.45%的学生认为现有课程缺乏学科交叉与融合；40.57%的学生认为学校课程开展形式单一化；36.84%的学生认为课程开展缺乏连续性。（表4）

---

① 中华人民共和国教育部. 教育部办公厅关于印发《全国普通高等学校公共艺术课程指导方案》的通知[EB/OL]. (2006-03-08)[2024-06-01]. http://www.moe.gov.cn/srcsite/A17/moe_794/moe_624/200603/t20060308_80347.html.

表 4　东南大学目前公共艺术课程存在的问题调查结果

选项	频率	百分比/%	有效百分比/%
理论课偏多、艺术实践课程太少	258	56.58	56.58
课程开展缺乏连续性	168	36.84	36.84
课程开展形式单一化	185	40.57	40.57
课程缺乏学科交叉与融合	189	41.45	41.45
其他	20	4.39	4.39

从课程结构来看，理论课程偏多、艺术实践课程太少是高校公共艺术课程设置中普遍存在的问题。在东南大学2022年上半年由艺术学院主导开设的12门公共艺术课程中，绝大多数课程都是理论课程（表5），笔者在对"你最希望增加学校哪一类课程"这一问题进行调查时发现，66.43%的东南大学学子希望学校增设艺术实践类课程，由此可见学生对实践类艺术课程的呼声和诉求之高。理论类和实践类公共艺术课程设置比例悬殊的主要原因在于，大多数高校的公共艺术课程集中在艺术理论层面的宣讲和普及，实践课因对师资、场地和设备的要求较高，开设得相对较少，有些学校甚至没有专门的艺术实践类公共艺术课程，这无疑不利于培养学生审美和创造美的能力。

表 5　东南大学2022年上半年由艺术学院主导开设的公共艺术课程

序号	课程名称	课程类型	课程时间
1	中华优秀传统文化	理论类	1—11周，星期一，11—13节
2	自然环境艺术	理论类	1—11周，星期四，11—13节
3	经典艺术作品史话	理论类	1—11周，星期四，11—13节
4	西方当代艺术鉴赏	理论类	1—11周，星期二，11—13节
5	近现代中国艺术鉴赏	理论类	1—11周，星期二，11—13节
6	西方现代艺术鉴赏	理论类	1—11周，星期一，11—13节
7	影视艺术鉴赏与批评	理论类	1—11周，星期二，11—13节
8	艺术导论	理论类	1—11周，星期一，11—13节
9	审美情感与创新设计	理论类	1—11周，星期四，11—13节
10	中国佛教艺术赏析	理论类	1—11周，星期四，11—13节
11	时装艺术鉴赏	理论类	1—11周，星期一，11—13节
12	色彩绘画技巧	实践类	1—11周，星期二，11—13节

从课程内容来看，高校的公共艺术课程普遍缺少学科交叉与融合。随着科

技水平的飞速发展和信息化程度的逐渐加深，学生的视野更加开阔，选择更加丰富，他们对艺术课程的需求也更加多元，学科交叉融合成为公共艺术课程建设的发展方向。然而，大多数高校的公共艺术课程普遍停留在基础艺术普及课程层面，其他诸如艺术人类学、艺术经济学、艺术教育学等具有新意识、新思维乃至体现新精神的学科方向或艺术课程只少量地出现在艺术专业学生的培养计划中。全校型的公共艺术课程在艺术与其他相关学科的交叉融合方面严重欠缺。传统的公共艺术课程在深度和广度上已经难以满足学生多元、深层的求知和审美需求，也不利于拓宽学生的知识面和艺术视角。

从课程形式来看，高校公共艺术课程形式单一，缺乏吸引力。新时代背景下，高校学生需要更富创新性、趣味性、参与感、体验感的公共艺术课程。然而，目前高校公共艺术课程建设还处在初期阶段，教师授课方式相对传统，大部分公共艺术课程还停留在教师理论讲解、学生端坐听讲的层面，缺乏互动体验与实践，固定的课时和有限的教学场地也一定程度上制约了课程的生动化开展。此外，艺术作为一种形象化的精神文化遗产，需要学生去听、去感受、去创造，去沉浸于艺术实践和体验中。而艺术实践类课程的短缺无疑减少了学生们进行沉浸式体验的机会，即使有些高校开设了实践类公共艺术课程，但频次少、体量小、影响力弱等问题普遍存在，难以达到全面覆盖的良好育人效果。

从课程开展情况看，高校公共艺术课程普遍缺乏连续性。作为限定性选修课，几乎所有的公共艺术课程都需要在一个学期内完成，东南大学的公共艺术课程便集中在一个学期的1—11周开展，每门课程每周也只安排一次课，有些课程才刚刚引导学生进入艺术之门便面临结课。这也导致教师在开展公共艺术课程教学时，只开设相对短线、基础的艺术课程，学期结束后课程也就结束了，下次再开课也不会对之前的课程作进一步的拓展延伸。然而，艺术教育是潜移默化的，学生需要长久、持续的培养，才能获得源源不断的艺术滋养，当前的公共艺术课程显然不具备这样的连续性。

此外，各个高校在"将公共艺术课程的学分制度落实到学生的人才培养计划中"的过程中也存在参差不齐的现象。有些高校开设了公共艺术课程，但未达到学生修满2个艺术类课程学分方能毕业的要求；① 有些高校针对本科生的教学可以较好地将公共艺术课程纳入人才培养方案，但是针对研究生的培

---

① 中华人民共和国教育部. 教育部办公厅关于印发《全国普通高等学校公共艺术课程指导方案》的通知[EB/OL]. (2006-03-08)[2024-06-01]. http://www.moe.gov.cn/srcsite/A17/moe_794/moe_624/200603/t20060308_80347.html.

养要求涉及较少。这些问题在现阶段高校公共艺术课程建设中都不容忽略，需要引起重视。

三、路径探索：高校公共艺术课程的开设需要"内外并进"

新时代教育背景下，高校美育承载着培养时代新人、助力经济转型、丰富精神生活等多重使命和功能①，公共艺术课程作为高校美育的重要组成部分，也在提高学生审美能力、调节学生心理健康、培养学生创新思维等方面起着举足轻重的作用。然而，就当前高校公共艺术课程开设现状来看，其在学生认知、师资力量、课程设置等方面还有许多不足，高校公共艺术课程急需"内外并进"，进一步完善资源配置和课程体系，从课程的内容与形式、宣传的水准与环境的营造上探索新路径以促成更好的美育育人效果。

（一）优化课程设置，突破宣传"壁垒"

新时代是信息化的时代，微信、微博等新媒体平台已经成为新时代青年学子学习生活中不可或缺的信息获取与沟通交流渠道。然而，目前公共艺术课程的宣传力度较弱，课程设置与培养方案与当前新媒体技术结合度低，因此，加大公共艺术课程与新媒体宣传的融合力度，提升宣传水平，应当成为提高学生公共艺术课程认知度和课程参与主动性的重要途径。加大公共艺术课程与新媒体宣传的融合力度，不仅要通过新媒体平台对公共艺术课程开课情况、开课内容等基本信息进行宣传，更要加强对课程预期成果、往期课程实效的宣传，真正从源头上提升学生参与公共艺术课程的积极性和主动性，从"要我学"到"我想学"，再到"我爱学"。

首先，注重公共艺术课程内容设置趣味化、轻松化等特点的宣传，为课程贴上"轻松愉悦类"标签，让公共艺术课程被视为一种繁重学业压力中的"必备调味剂"，进而让学生主动将公共艺术课程作为既真心感兴趣又可以调节学业压力的首选课程。其次，强化对公共艺术课程结课成果的宣传，强化已参与学生的课程收获感与成就感，让公共艺术课程的积极参与者作为宣传推文中的"舆论领袖"，讲述亲身感受，以真实示范吸引"观望者"和"旁观者"的加入。最后，推进公共艺术课程云端化普及，发挥互联网对学生的吸引力作用，将公共艺术课程与新媒体手段相结合，同时建立课程群，注重线上的实时答疑和线下的手把手指导及成果验收，强化线上与线下的有机结合，在确保课

---

① 陈若旭. 新发展阶段高校美育教育优化路径［J］. 中国高等教育，2021（23）：56-58.

程高普及度的同时,强化课程实施的便捷性,推进课程沟通的高效性。

(二)回归审美教育本位,强化课程"仪式感"

自古以来,人皆爱美,在生活中营造美的氛围是中国人的传统浪漫,也是人们对生活"仪式感"的不懈追求,这种生活"仪式感"与古人生活中的氛围感在本质上都是美的一部分。① 然而,在"智媒时代"背景下,线上学习成为高校学生的主要学习模式,这无疑极大程度地减少了传统课堂讲授赋予教育活动的"仪式感"。因此,强化公共艺术课程的"仪式感"愈加必要,不仅能助力学生审美能力的提升,更能从心理层面提升学生参与的主动性,更好地实现公共艺术课程提高学生综合审美能力的初衷。

在课程实施中有意识地融入"仪式感",对课程设置进行艺术化处理,可以使学生们抽离"你讲我听""我讲你听""大家讨论"等常规授课模式,让学生在课程中获得新鲜感、惊喜感,进而产生期待感。比如绘画类课程的第一次课堂上,给出5分钟的静思时间,请所有同学郑重写下自己的期待,并装入信封;课程结课时,回忆期待,撰写收获,同时将收获与首次课上的期待进行对比;最后,留出足够的时间进行讨论分享,评选出"获得感"最大的同学。这种强化课程"仪式感"的方式不仅能使学生产生强烈的审美情感,形成美育效果的"高光点",还能营造出隆重的氛围,激发出学生神圣、高尚的情感,从而涵养精神、丰富情感、激活动力,更有效地培育青年学生的审美力。

此外,还可以从"仪式感"出发,建立高校美育课程成果展示平台,打造课程成果展示的专门展厅,通过富含"仪式感"的课程成果展示,回归审美教育本位,强化课程育人效果。同时拓展新媒体展示平台,推动美育课程成果的云端展示常态化、系列化、精品化,充分发挥新媒体时代云展示的影响力,让参与美育课程的学生在展示中提升文化自信,让观看云端成果展的人群在观赏中提升艺术审美力,让学生的艺术审美力从理论与实践中进一步拓展,做到真正内化于心。

(三)整合课程资源,营造浓厚美育"场域"

法国社会学家布迪厄指出,场域是抽象的社会空间,是位置关系网络的构型,人进入其间,会努力将之建构成一个充满意义的世界,一个被赋予了感觉和价值,值得你去投入、去尽力的世界。② 同样,美育场域则是美育相关资

---

① 昝莹莹. 表达与对抗:当代青年视觉审美透视[J]. 美育,2021(3):42-47.
② 皮埃尔·布迪厄,华康德. 实践与反思:反思社会学导引[M]. 李猛,李康,译. 北京:中央编译出版社,1998:172.

源、环境与社会关系的集合。[①] 而场域所赋予人的这种能动性则不失为推进美育普及的一大助力。就公共艺术课程建设而言，整合课程资源，形成丰富多元的审美场域空间，营造浓厚美育"场域"氛围，是解决当前资源使用不充分、课程设置不完善等问题的重要手段。

整合课程资源，需要深化"三个课堂"资源体系构建，在以第一课堂的基础课程教育为主要阵地的前提下，对第二课堂的拓展类课程、第三课堂的实践性课程进行隐性资源挖掘与课程拓展，并融入新时代学校教育之外的教育形态，进行一"保"、二"拓"、三"显"，践行"去身份化"和"终身学习"理念。

一"保"，即从授课教师和课程资源出发，保证第一课堂的授课质量，同时融入新媒体技术，筛选高质量网络教育资源，让作为高校育人主渠道的第一课堂资源多元化、丰富化。二"拓"，指充分利用和发挥第二课堂、第三课堂中学生活动资源和社会实践资源的优势，形成"课内+课外、线上+线下、校内+校外"的美育资源体系联动，打造美育活动品牌，让学生在体验参与中有所收获，将校园美育活动打造成"人人向往之"的品牌类活动，提升学生对公共艺术课程的认可度，扩大学生的参与度。三"显"，即重视校园环境资源、家庭环境资源和社会环境资源的融合，促进全方位审美育人环境的形成，让潜在课堂由隐性教育变得显性化，并贯穿于学生学习成长的全过程，成为公共艺术课程教育的一部分。

就当前课程资源配置现状来看，整合课堂资源的重点在于保证校内资源的基础上开拓校外公共资源，比如将"剪纸""扎染"等民间艺术与高校公共艺术课程相融合，拓展高校公共艺术课程的教学资源；设立美育理论宣讲师资平台，将擅长理论讲述的教师集合在一起，成立工作组，进行理论模块化教学，提升教学效果；结合高校教师科研与教学实践的共生事实，加强科研与教学实践的融合度，有效整合师资力量；充分发挥美育类讲座的作用等。此外，还可以建立美育教授特聘制度，鼓励聘用社会文化艺术团体专业人士担任学校兼职美育教师，汇聚国内外艺术文化理论与实践的优势资源，建立文化育人专家库，扩大社会影响力，提升育人质量。

（四）推动学科交叉融合，推进学科"破界"与"跨界"

指导性、综合性、学生主体性、思辨性、科技性、创新性、持续性是高校

[①] 徐望. 博物馆美育场域的审美情境［J］. 文艺争鸣，2022（1）：176-181.

公共艺术课程设计中需着重考虑的七个性质。① 将学科交叉融入公共艺术课程，推进学科"破界"与"跨界"，不仅可以使选课指导更具针对性，还可以突出高校美育育人以学生为主体的特点，提升公共艺术课程育人的综合性，增强学生在学习过程中的思辨性，提升公共艺术课程的科技含量与创新性，推进公共艺术课程的可持续性建设。

推动学科交叉融合，应坚持继承与创新、交叉与融合、协同与共享等原则，将艺术专业的感性与理工专业的理性相结合，发挥学生的主观能动性和艺术想象力，让理论课教学有效地融入实践学习中，以艺术视角认知科技，以科技手段助力艺术创新发展，培养学生探索未知世界的创造力。比如利用计算机、信息技术等科技手段进行艺术创作，通过写代码、编程的形式创作艺术作品；利用显微镜等科学设备观察不同材料的图案组成，探索微观世界的美妙多姿等。

艺术来源于生活，具有社会性与时代性特征，高校应调整优化公共艺术课程设置，围绕时代特征与国家战略，加强艺术与新兴媒体、人工智能技术、虚拟现实、生命工程、生态保护等领域的交叉融合，打破学科专业壁垒，让公共艺术课程随着学科的"破界"与"跨界"，成为连接学生自身专业知识与艺术素养的桥梁，提高学生的艺术思维、形象思维、科学思维、逻辑思维，培养全面发展的新时代青年。

四、结语

美育的力量在于通过直接参与审美活动、艺术活动，实现人性的完善，帮助人们走向精神境界的升华与审美的人生。② 高校公共艺术课程建设作为美育体系建设的重要一环，其核心目标在于，培育学生的审美能力，丰富其审美情感和审美体验，践行审美活动和审美行为，使之成为一个全面发展的、高素质的审美的人。对于高校而言，艺术类公共课程建设是一项基础而关键的教育工程，需要不断完善课程资源配置，提高课程育人成效，形成可持续发展的公共艺术课程育人体系。就当前高校公共艺术课程开设现状来看，这项工程仍然任重道远。

原载《时代报告（奔流）》2023 年第 12 期（原标题为《美育视域下高校公共艺术课程的实践路径探索》），略有改动

---

① 蒋晓东. 从教育评价看高校艺术教育的改革［J］. 上海教育评估研究，2021（6）：42-46.
② 叶朗. 美学原理［M］. 北京：北京大学出版社，2009：411.

"五维五化"高校美育体系建设策略研究

西安航空职业技术学院　李　冰

摘　要　美育，作为我国教育方针的重要内容，在"五育并举"中肩负着培养学生审美和人文素养这一目标任务。近些年来，国家相关政策的出台，为学校美育建设提出了新的时代要求，各高校也广泛探索实践路径，文章从总体建设目标出发，分析我国高校美育的现状与困境，提出"五维五化"美育体系的构建策略，并结合具体工作，针对保障与未来趋势提出学校美育工作的"三行"。

关键词　美育；五维五化；建设策略

2019 年，中共中央办公厅、国务院办公厅印发了《中国教育现代化 2035》，这是对我国未来十五年教育现代化建设进程做出的宏观的、系统的规划。文中明确提出下一阶段人才培养的目标即"培养德智体美劳全面发展的社会主义建设者和接班人，加快推进教育现代化、建设教育强国、办好人民满意的教育"。为了更好实现"德智体美劳"五育并举，分项工作指导意见相继出台，2020 年 10 月，中共中央办公厅、国务院办公厅印发了《关于全面加强和改进新时代学校美育工作的意见》（以下简称《意见》），对下一阶段美育工作全面部署，各高校依照文件要求积极探索构建符合新时代人才培养目标的美育体系。基于此，本文以建设目标为起点，针对现阶段问题展开分析讨论，提出"五维五化"高质量美育体系的构建策略。

一、总体建设目标

"五育"中的美育承担着提高学生审美能力和人文素养这一目标任务，属于贯穿人才培养全过程的素养教育，这绝不是通过开设一两门艺术课程就能实现的，其中必然存在多种教学形态、对象、环境及载体。例如，从教学形态来看，包括理论教学、实践教学、观摩教学等；从教学对象来看，包括艺术专业学生和非艺术专业学生；从教学环境来看，包括传统课堂、实践工坊及各类展

基金项目：陕西省教育科学"十四五"规划 2021 年度课题"陕西高职院校高质量美育体系建设研究"阶段性研究成果（项目编号：SGH21Y0553）。

馆、剧院；从教学载体来看，包括美术、音乐、戏剧、戏曲、舞蹈、影视、书法等各类艺术形式及中华优秀传统文化等。因此，高校美育体系建设即是通过构建一个宏观的、多维度的美育生态系统，进而实现全员、全过程、全方位育人，形成充满活力、多方协作、开放高效的学校美育新格局。

二、现状与困境

"美育"这一概念，源自 18 世纪德国哲学家席勒的著作《美育书简》，蔡元培等人将其引入中国后与我国先贤哲学观结合，并提出"纯粹之美育，所以陶养吾人之感情，使有高尚纯洁之习惯，而使人之我见，利已损人之私念，以渐消沮者也"这一理念，由此可见，蔡元培先生从一开始就打破了只从学科的角度对美育展开研究的局限，而是更多着眼于将美育与文化建设和道德谱系的建立相结合，这也与习近平总书记对文化、艺术和学校美育工作的高度重视完全吻合，没有文化的繁荣兴盛，就没有中华民族伟大复兴。

随着经济的发展和时代的进步，人类社会不断发展，教育的形式、类型和目标在发生着巨大的变化，人们对文化与艺术的需求也变得更加普遍与强烈，相比之下，美育建设则显得有些滞后。在 2021 年全国第六届大学生艺术展演活动中，教育部体育卫生与艺术教育司原副司长万丽君对我国现阶段学校美育工作概括为四个"跟不上"：一是形势变了，对学校美育的价值、功能、作用的认识跟不上；二是事业要发展，学校美育硬件、软件资源跟不上；三是学生的需求变了，我们的教育教学方法、目标跟不上；四是面对教育的高速改革、发展，美育的评价方式跟不上。这四个"跟不上"，既是推进美育教学改革、最终实现立德树人根本目标的瓶颈，也是下一阶段美育建设中需要攻克的四个难题。

三、"五维五化"（5D5T）美育体系

在这样的背景下，"五维五化"（5D5T：5 Dimensions 5 Trends & Targets）高校美育体系逐步构建而成。"五维"（5 Dimensions）指的是学校美育体系建设中的五个维度，重点突出美育工作广度，从内涵融通、育人主体、美育生态、课程载体、文化铸魂等五个方面着手，较大程度地涵盖了《意见》对新时代人才培养目标中有关美育建设的内容及要求，结合实际，梳理出高校美育工作中存在的"提升审美和人文素养目标与立德树人根本任务、专业师资队伍与非专业学生群体、有限校内教学资源与丰富多样校外资源、艺术基础理论

教学与实践教学、体验教学以及中华优秀传统文化的继承与发扬"五种对应关系，在此基础上积聚形成"美育与五育、专业与大众、学校与社会、理论与实践、守正与创新"等学校美育建设的五个维度。

"五维"体系中这五种对应关系将校内外美育建设的方方面面相互关联、整合，由此构建出一个宏观的、抽象的、多样化的学校美育生态系统。以此为框架，通过"五化"来充实内部，使学校美育工作更加饱满，更加具体。

"五化"（5 Trends & Targets）主要包括多学融通——实现五育并举化、创新体验——实现美育大众化、校地合力——实现美育无界化、完善"四阶"教学——实现美育高质化、助力文化传承——实现美育品牌化等。这五个方面是学校美育工作的实施路径，重点突出其深度，同时也是"五维"美育生态的建构方向与最终目标。

1. 多学融通——实现五育并举化

这其中包含两层意思。一是打造学科融合下的高校美育课程体系，关注和大力开展以美育为主题的跨学科教育教学，借助信息化手段，深入研究美育课程体系与专业课程体系的互补策略，针对不同专业进行美育课程的开发与设定，形成具有产业推动力的"专业＋美育"课程体系。二是要美育和德育、智育、体育、劳育相辅相成、相融合。在完成提高学生审美和人文素养这一目标任务的同时，引导学生在其他"四育"中感受品德美、智慧美、运动美与劳动美，最终实现五育并举，共同完成立德树人的根本任务。

2. 创新体验——实现美育大众化

艺术体验是提升审美素养的重要手段之一，就学生群体而言，大规模、长期地走进音乐厅、美术馆，无论是费用支出还是人员管理，都存在不小的难度。同时，由于这些演出、展览对观众的艺术理论基础及鉴赏力都提出了一定的要求，这对于绝大多数非艺术专业院校的学生来说，很大程度上都是雾里看花，因此，此类审美体验的美育效果大打折扣。与之相比，无论是高雅艺术进校园、传统文化进校园还是学校自主引进或编排的演出、剧目，抑或是美育名家讲座、艺术沙龙，这些"走进来""低门槛""零门票"的活动，都更适合学校长期开展，让全校师生都能足不出户地欣赏艺术、感知艺术、享受艺术。

除了各类观展、观演活动外，结合课程开展多样化的实践项目，针对不同类型的艺术，可从创作主题、材质原料、表现手法、创作环境等多个方面进行突破，创新学生的体验方式。也可制订工作坊体验日计划，为学生提供接触更多艺术类型的机会，提升他们的审美认知与感受，同时也可借助此类实践活动丰富校园文化生活,帮助学生在紧张的学习生活中舒缓情绪、释放压力,体现出高校应有的人文关怀。

3. 校地合力——实现美育无界化

一方面,美育作为素养教育,所包含的内容十分宽广,学校教学资源相对有限,而社会资源则更加丰富;另一方面,学校配备有艺术专业能力与教育教学能力兼备的师资队伍,相较于社会大众群体或是艺术爱好者组织,更具专业性和指导性。由此可见,学校和地方,是一个相互依存、相互扶持的整体,无论是学生还是社会大众,审美素养的提升都应在一个和谐的、无界的美育环境中共同完成。

4. 完善"四阶"教学——实现美育高质化

课程,是学校美育工作的主阵地。《意见》中已明确提出逐步完善"艺术基础知识基本技能+艺术审美体验+艺术专项特长"的教学模式,强调在学生具有一定的基础知识和基本技能的基础上,进而提升他们的文化理解、审美感知、艺术表现、创意实践等核心素养,同时帮助一部分学生将自己的爱好特长发展为艺术专长。从课程体系的建设过程来看,大体分为以下四个阶段。

第一阶段,有得学。初步实现美育课程面向全体学生开放,无论是统一课程集体授课,还是分学科、分专业教学,面向全体学生是这一阶段的主要目标。第二阶段,有得选。通过拓展资源、丰富内容等方式,增加开课门次,为学生提供更多选择,努力保证学生根据兴趣能找到学习的着力点。第三阶段,学得好。在继续加强美育线上资源建设和供给的同时,通过建强师资队伍、改善场地条件、开发校外实践基地、建立评价体系等途径完善软硬件设施和激励机制,有效提升线下美育实践教学质量,让学生接受更加优质的审美教育。第四阶段,育金课。这一阶段,通过培育金课、特色课,编写配套教材,以点带面,更合理、更高效地提高整体美育教学水平,提升学生审美和人文素养,进而助力完成立德树人的根本任务。

5. 助力文化传承——实现美育品牌化

中华优秀传统文化是伟大的中华民族在漫漫历史长河中汇聚出的智慧结晶。2014年10月15日,习近平总书记《在文艺工作座谈会上的讲话》中指出,中华优秀传统文化是中华民族的精神命脉,是涵养社会主义核心价值观的重要源泉,也是我们在世界文化激荡中站稳脚跟的坚实根基。文化在继承和创新中不断发展,既要坚守本根又要不断与时俱进,学校美育必须肩负起培养青年不断增进文化认同、坚定文化自信的重任。以中华各族儿女共有的理想信念为指引，结合区域优秀传统文化，创新开展以课程、讲座、工作坊、文化活动等诸多形式为载体的体验与实践，让学生多角度、多层次地感受中华文明独有的理念与智慧，逐步形成融合优秀传统文化的学校美育特色品牌，努力构筑当代中华儿女的文化自信。

四、学校美育工作"三行"

美育是实现新时代人才培养目标的重要组成部分，涉及学校、社会多个部门的方方面面工作，是一个复杂的系统工程，"五维五化"高校美育体系的建设也需要强大的支撑，这里总结为"三行"。

1. 美育建设，机制先行

任何工作的推进，都依赖于一套完备的运行机制，美育也不例外。机制先进与否，决定了高校美育工作中育人主体和各方参与者的地位和职能，对统筹协调各项工作具有重要意义。总的来说，应建立起党委领导、部门主导、政策支持、学生主体、社会参与的学校美育专项工作机制。如何建立健全此项机制，进而为美育工作带来更强的指导性和行动力，这需要仔细研究并为之实践。每个学校经历的发展过程各不一样，在机构设置、职能划分上也有所区别，具体如何完善，需要结合各校实际情况及发展目标而定。

2. 美育建设，保障并行

美育作为素养教育，生态系统的构建同样也少不了对各方保障的依赖。"三全育人"综合改革工作已进入实质化阶段，《意见》的出台更是对美育建设在全员、全过程、全方位上提出了具体要求，目标构建覆盖全校师生、校地统筹、形式多样、可持续的多层次美育体系。想要实现这一目标，除了建立健全机制外，还应强化问题导向，从学校美育建设中遇到的实际困难、问题入手，发现短板，对症下药，一点一点补足补强。配套专项经费、强化师资队伍、改善办学条件、拓展教学资源等，这些保障都需要有，也都需要逐步完善。只有在学校领导大力支持及全校师生的共同努力下，保障才能到位，才能建成良好的大美育生态，才能更高效地提升学生审美能力和人文素养。

3. 美育建设，融合必行

美育的融合是多方面的，既包括形式上的融合，也包括内涵上的融合。形式上的融合主要指课程载体、育人环境等，内涵上的融合则是指与其他"四育"的融合。目前，五育建设进度各不相同，分处不同阶段，总体上也呈现出"单打独斗""各自为战"的情况，而其中学校美育建设仍处在发展初期，仍有较大空间等待大家探索、发现，各院校间、各专业之间需要更广泛地进行交流研讨，相互借鉴，寻找美育与其他教育的融合之道。

  任何时期、任何教育都不是孤立存在的，未来的美育，也必定是多角度、多层次融合的美育，"五育并举"从表面上来看是培养人具备更全面的素养，但从更深层次来看，是对育人思维的一次整体贯穿，是对新时代青年价值观、人生观与世界观的一次重构，是党的教育事业的又一个里程碑。学校美育必须与其他"四育"及专业教育进行融合，才能更快更好地实现立德树人根本任务，真正培养出德智体美劳全面发展的社会主义建设者和接班人。

第二篇

新时代中小学美育工作实践探索

基于潮汕童谣的地方文化美育价值与运用

韩山师范学院 陆宝君

摘 要 潮汕童谣是以潮汕方言为载体的地方民间口头文学，既是地方文化不可或缺的组成部分，也是地方文化的载体，具有语言美，培植身份认同；形象美，感受榜样力量；心灵美，浸润审美人格；意境美，培养审美直觉的美育价值。地方高校积极探索"依托项目的潮汕童谣+"美育价值运用路径，在已取得成效的基础上，从人才选拔与培养机制、师资培训机制、"U-G-S（K）-T-S"协同推进机制、美育评估体系四个方面建立管理机制，进一步提升地方文化美育价值运用实效。

关键词 高校美育服务；潮汕童谣；美育价值；管理机制

美育又称审美教育、情操教育、心灵教育[①]，是培养个体的感性和精神力量的整体达到尽可能和谐的教育[②]，党的十八大以来，以习近平同志为核心的党中央对学校美育工作做出了系列重大决策和部署，推进机制在不断完善，学校美育取得了突破性成果，主要表现为学校美育工作育人导向更加凸显，课程建设稳步推进，实践活动丰富多彩，资源保障持续向好[③]。但学校美育工作仍存在把美育直接等同于艺术教育、美育教师队伍严重短缺[④]等问题，乡村学校美育更是短板，"专职美育教师下不来、下来了留不住、留住了也是教他科"[⑤]

项目基金："岭东人文创新应用研究中心"2021年科研项目"基于大学生志愿者服务视角的潮汕童谣传承的探索与实践"（项目编号：PSA190209）、韩山师范学院2022年度教育教学改革项目"地方本科院校'五维一体'美育教育体系的构建与实践——以韩山师范学院为例"、2022年粤东基础教育研究课题"乡土文化视角下幼儿园生命教育资源开发实践研究"（项目编号：yjy2022075）的研究成果。

① 中共中央办公厅，国务院办公厅. 关于全面加强和改进新时代学校美育工作的意见[EB/OL]. (2020-10-15). http:www.gov.cn/xinwen/2020-10/15/content_5551609.htm.
② 席勒. 美育书简[M]. 徐恒醇，译. 北京：中国文联出版社，1984：108.
③ 郭声健. 全面推进新时代学校美育改革发展[N]. 中国教育报，2020-11-6 (2).
④ 孙勇，范国睿. 我国学校美育工作的现状、问题与对策[J]. 教育科学研究，2018 (10)：70-75.
⑤ 郭声健. 美育浸润路上那一串小小的音符[J]. 中国研究生，2020 (12)：18-25.

"应付、挤占、停上美育课"①的现象一直存在，甚至还存在着美育空白现象②，补齐乡村学校美育短板问题，探讨高校如何支持乡村学校美育工作乃当务之急。

一、潮汕童谣的美育价值

"潮汕童谣"，又称潮州童谣、潮语童谣、潮汕方言童谣，是粤东潮汕四市及海内外潮人同胞共同创造的民间口头文学，是潮汕先民以潮汕方言为载体、以短小儿歌形式记录事物和生活的认知体验，用以娱乐身心、表达内心情感，适宜儿童教育的说诵文学作品，反映了潮汕民众的思想、文化、情感与道德内容，展示了潮汕地区的人文特色，具有明显的民系族群地域特征，是潮汕文化的载体和表现形式，是具有较高文学价值、历史价值和民俗价值的地方民间文学体裁，是广东省省级非遗项目——潮州歌谣的重要组成部分。潮汕童谣语言简短精炼、朗朗上口，作品结构简单，描绘的形象具体生动、富有童趣，内容贴近生活，具有语言美、形象美、心灵美和意境美等审美特征，具有通过对人格美的歌颂，引导儿童形成正确的价值观；贴近儿童生活，启迪儿童领会生活之美；开启儿童智慧，有助于儿童感悟语言之美③的美育价值，同时还具备培植儿童身份认同等美育价值。

（一）语言美，培植身份认同

潮汕童谣具有内容的随意多样性、语言的音韵和谐性等文学性特征④，从词汇的角度，潮汕童谣多为五言、七言句式，整齐对仗、用词讲究，如童谣《东方出个弥勒佛》"东方出个弥勒佛，南方出个观音佛；错错碎碎木团核，圆滑圆滑龙眼核……核啊核，滚来滚去全是核"。前九句以七言句式铺陈，形成结构严密、整齐匀称、语言均衡的美感；后两句为散句，形成灵活、趣味、点睛的变化美感，特别是各种水果核的外形特征以简洁的四字词汇直观形象地呈现，如错落无序的"错错碎碎"、圆而滑溜的"圆滑圆滑"，进一步展现了童谣语言的均衡美。从语音修辞的角度，潮汕童谣具有押韵自由，方言韵入

---

① 中华人民共和国教育部. 教育部关于举办全国第六届大学生艺术展演活动的通知[EB/OL]. (2019-08-28). http://www.moe.gov.cn/srcsite/A17/moe_794/moe_628/201909/t20190917_399482.html.
② 沈家华. 基于真实教学情境的乡村教师培训模式探析：以福建省"十四五"乡村美育师资培训为例[J]. 福建教育学院学报，2021（11）：24-26.
③ 刘莉，刘震强. 论古代童谣的美育价值[J]. 文教资料，2022（11）：104-107.
④ 冯丽军. 略论潮汕方言童谣的文学特征[J]. 韩山师范学院学报，2015（5）：106-109.

歌，用韵独特，节奏明快，叠音巧用的声律美①，如童谣《东方出个弥勒佛》全文11句押［ug］（熨）韵，排韵的运用令童谣一韵到底的顺畅感、一致的和谐感呼之欲出；独立意义的词组为一拍，如"XX XX XX X（东方 出个 弥勒 佛），语义明确，节奏鲜明且有起伏感，仿如不同形状特征的水果核在"聚会"，读来让人感觉犹如京戏、鼓书的鼓板在固定的时间段落中敲打，神清气爽且趣味十足。从辞格的角度，起兴、比喻和比拟使歌谣平添语音上的声律美、情感上的内敛美和形象上的表现力；对比、铺排、顶真使歌谣语势连贯、语气连绵、结构严密、整齐匀称，达到语言均衡的美感；重叠使歌谣凸显了强化语意和主题、增强音律和乐感；夸张则增强了歌谣表现生活的张力和感染力。②

一个群体区别于另一个群体的特征大多是在历史中形成的，这些特征通过诸多符号保留在人们的记忆中，这些特征构成一个群体集体认同的基础。③ 语言是一个人从属于某一地域或某个社会群体的重要标志④，语言认同具有促进身份认同的功能，是个体身份认同建构的核心内容⑤，是保持民族一体感和认同感的标志⑥。潮汕童谣以潮汕方言为载体，植根于潮汕地域文化场域，集中体现了潮汕地域文化表征，儿童通过深具语言美感的潮汕童谣的学习，感受潮汕方言的亲切感、趣味性和独特性，能自觉对潮汕方言产生积极的态度，能自觉使用潮汕方言进行交际活动，产生身份认同和表明语言态度或行为等的语言认同。因此，潮汕童谣的学习过程就是儿童以带有潮汕文化标记的语言实践过程，是对其潮汕地域身份认同的呼应，亦是其潮汕文化认同、乡土文化认同和民族认同的过程。

（二）形象美，感受榜样力量

英国语言学家帕默尔说，语言忠实地反映了一个民族的全部历史和文化，忠实地反映了它的各种游戏和娱乐、各种信仰和偏见⑦，潮汕童谣以一个个生动具体的形象，描绘了潮汕悠久的历史文化传统、潮汕人的精神品格、众多的

---

① 林朝虹. 论潮汕歌谣的声律美［J］. 韩山师范学院学报，2010（1）：21-26.
② 林朝虹. 潮汕方言歌谣辞格研究［J］. 韩山师范学院学报，2013（2）：1-11.
③ 李达梁. 符号、集体记忆与民族认同［J］. 读书，2001（5）：104-107.
④ 孙艳. 从地域方言角度谈方言的价值［J］. 安徽文学（下半月），2012（7）：151-152.
⑤ 李香莲. 语言生态视域下民族地区语言生活调查研究：以西林县甘村为例［D］. 广西民族大学，2022.
⑥ 李艳红. 波兰的语言国情和语言政策研究［M］. 2018：22.
⑦ 杨元刚. 英汉词语文化语义对比研究［M］. 武汉：武汉大学出版社，2008：227.

人文景观、乡土气息浓厚的民俗民风、多姿多彩的民间工艺、璀璨夺目的工艺制品等,如刻画潮汕人刻苦耐劳、拼搏进取的《小小生意好好安家》,吟咏"世界上最早的启闭式桥梁"湘子桥的《潮州八景好风流》,崇尚礼仪的《潮汕工夫茶》,盛赞造型精致、巧夺天工的《枫溪出名通花瓶》等,其中,塑造潮人儒雅、重人伦亲情、精益求精、开拓创新、知恩图报、勤劳敬业、友善和谐等潮汕人精神品格和文化心态的童谣尤为突出。童谣中鲜活的形象可以为儿童树立接地气的、正面的、易于模仿的榜样,榜样[①]是一种任何教科书、道德箴言和奖惩制度都无法替代的教育力量,童谣中的榜样力量能激励和引领儿童的精神追求、教化和约束儿童的行为规范,如最为脍炙人口的《畲歌畲嘻嘻》展现了一个满腹是歌、充满信心的民间歌手形象,能有效激起儿童树立以歌者为榜样,认真努力学习的斗志和信心。

(三) 心灵美,浸润审美人格

心灵美是人的精神世界的美,是人性美的核心,包括思想意识的美、道德情操的美、精神意志的美、智慧才能的美[②],是真善美的统一,也是审美的精髓所在。

"文以载道"主张文学作品必须蕴含符合时代规范的思想意识,潮汕童谣汇聚了各个朝代潮汕先民的立场、观点等思想意识,并通过作品中的人物形象对儿童的思想意识形成影响,如潮汕童谣《门脚一丛梨》表面上是戏谑地表达了一个男子由于过于挑剔、苛求而娶到有外在缺陷的妻子,实则是在颂扬潮汕"阿兄"娶妻娶贤、不看重外表的品德。童谣的学习可以帮助儿童体会潮汕童谣借景(人)寓意的表达方式,懂得不能以貌取人的道理,感知潮汕人民在人际交往中更重视心灵美的价值导向和情感判断,从而形成对追求物质享受或外表虚荣等思想的批判,对吃苦耐劳、勤劳务实等美德的颂扬。当然,潮汕童谣亦存在封建糟粕思想,如《一螺坐缀缀》隐含"指纹决定命运"的迷信思想、《挨啊挨》隐含封建父权社会落后的重男轻女思想。在童谣教学中,既可选择将其摒弃,也可选择创造性地解读,帮助潮汕儿童客观公正地看待与当代价值理念相悖的现象。

马克思和恩格斯称赞优秀的民间文学作品都具有诗一般的丰富内容、健康正直的民族精神和纯洁美好的道德情操[③],潮汕童谣中震撼人心的道德力量和

---

① 檀传宝. 德育美学观 [M]. 北京:教育科学出版社,2006:156.
② 王晓萍,刘诗. 审美对象:自然美社会美艺术美(上)[J]. 师范教育,1987 (10):42-43.
③ 何平,刘倩. "非遗"保护视野中的马克思主义论析 [J]. 文化遗产,2018 (2):50-56.

道德情操是培育儿童道德美的良好素材，使儿童在童谣营造的情景和人物精神中，获得高尚道德情操和人文精神的熏陶，让其心灵受到道德精神的浸润和净化，从而达到升华儿童道德认知的目的，如《天地补忠厚》《鸭仔会撑船》《有父有母有脚兜》《门脚一丛桃》等童谣，告诫世人要行善积德、忠厚诚实，要感恩父母、关爱兄弟姐妹、团结邻里，要笃信好人总比坏人多等道理，令孝道、睦邻、敬畏大自然等道德标准，随着理解的加深而升华为爱乡爱国的情怀。

文学是对情感的过滤，文学作品是作家主体精神意志的直接载体[①]，潮汕童谣中吃苦耐劳、拼搏进取、自强不息、感恩奉献等品质是潮人精神意志的反映，如《蜘蛛食饱坫瓦楣》使用借物喻人的表现手法，描写了一只不惧风雨破坏仍坚持织网的蜘蛛，颂扬了如蜘蛛一般具有坚毅精神品质的潮汕人民，生活虽苦却依然具有刻苦耐劳、勤奋拼搏、百折不挠等精神品质。潮汕童谣以优秀的民族精神品质熏陶儿童，使儿童通过对"蜘蛛"等童谣角色产生共情，汲取童谣中的进取精神、顽强意志、创造精神等营养成分，成长为具有民族气节的新生代儿童。

童谣《枫溪出名通花瓶》中"瓶高四尺壁三层"的"友谊通花瓶"是1978年我国送给朝鲜金日成主席的国礼瓷，它代表着当时中国陶瓷工艺的领先水平，也凝聚了众多潮州陶瓷艺人的智慧。[②] 潮州菜、潮绣、潮州木雕等皆以制作精巧、技法细腻闻名于世；潮州建筑具有宫殿式特点，有"潮州厝皇宫起"之俗语广为流传；潮州音乐、潮剧以其抒情婉转、细腻洗练、生活气息浓郁的艺术特色蜚声海内外；潮汕英歌舞以气势雄浑奔放、粗犷刚健而著称……潮汕童谣作为潮汕文化的载体，丰富而多样的潮汕民间艺术、礼俗信仰、建筑与饮食等文化内容均有体现，而这些童谣无不彰显潮汕人高度的文化素养、知识才能、聪明睿智等智慧才能之美。

（四）意境美，培养审美直觉

意境是指在文学作品中呈现出来的一种诗意空间，这个诗意空间情景交融、虚实相生，充盈着生命里韵味无穷的旋律，是主观与客观的统一，是客观景物经过作家思想感情的熔铸[③]，作为民间文学形式的潮汕童谣以生动形象的语言创造出"情景交融、虚实结合、韵味无穷"的意境特征，能迅速调动儿

---

① 黄新春. 精神的潜沉：阎真小说中的时间意识 [D]. 长沙：中南大学，2011.
② 詹妙蓉. 窑火不息 瓷都这 70 年 [N]. 潮州日报，2019 - 12 - 11（8）.
③ 高凤妹. 试论文学作品的意境 [J]. 文学教育（上半月），2007（11）：45 - 47.

童的感觉器官,直接唤醒儿童声、色、形、味等审美直觉,培养儿童丰富的想象力,令儿童融入作品之中,身临其境般地沉浸在童谣的意境之中,达到忘我的境界,从而形成对童谣意境美直接的、瞬间的、笼统的感知。如喝工夫茶是潮汕百姓日常生活中最为平常之事,童谣《潮汕工夫茶》以简练而生动的语言营造了潮汕人以茶待客的场景,迎客、泡茶、敬茶的场景描写,蕴含着潮汕人热情好客、谦和相敬的性格特征,景中藏情、情景并茂;童谣《工夫茶》"山绞炭,薄锅仔;正苏罐,溪水氅;危冲下酾,刮沫淋盖;关公巡城,韩信点兵"很形象地展现了潮汕工夫茶的器具、冲泡技巧程式,令学者赞叹。"高冲低洒、盖沫重眉、关公巡城、韩信点兵"等口诀,遂使工夫茶的冲饮程序更具有社会知觉中的"最初效应",先声夺人,殊令闻风者于未亲口品尝之前,已自倾倒!这实在是程式美派生出来的感染力,它能使闻风者内心深处洋溢着一种无限向往的情思。这大概可称之为"意境美"吧![1]

二、地方文化美育价值运用实践与成效

推动地方文化、乡土文化、民族文化传承与创新,要求学校美育应立足本省实际,突出岭南文化特点,将潮汕文化等融入地方美育课程,充分挖掘地方民间优质美育资源进校园、进课堂[2]是广东省美育的任务之一,将潮汕童谣纳入美育教育范畴,探索"依托项目的潮汕童谣+"的地方文化美育价值运用实践,既可有效改变基础教育美育教学内容单一的现象,也是当前学校美育的教育任务,可有效探索地方文化美育资源进校园、进课堂的美育路径。

(一)实践探索

1. 依托广东省美育浸润行动计划项目开展培美行动

美育浸润行动计划是教育部于2019年启动的项目,旨在贯彻落实习近平总书记关于教育的重要论述和全国教育大会精神,推进新时代学校美育改革发展,促进教育公平,统筹整合资源,探索建立高校支持中小学美育协同发展机制[3],广东省教育厅也分别颁布了一系列政策,如《广东省加强学校体育美育

---

[1] 陈香白. 潮州工夫茶与儒家思想[J]. 孔子研究,1990(3):125-128.
[2] 广东省教育厅. 广东省教育厅关于印发《广东省加强学校体育美育劳动教育行动计划》的通知[EB/OL].(2019-09-30)[2024-06-01]. http://edu.gd.gov.cn/zwgknew/gsgg/content/post_3429033.html.
[3] 教育部办公厅. 教育部办公厅关于开展体育美育浸润行动计划的通知[EB/OL].(2019-06-25)[2024-06-01]. http://www.moe.gov.cn/srcsite/A17/moe_794/moe_624/201906/t20190625_387586.html.

劳动教育行动计划》（2019年）、《广东省美育浸润行动计划实施细则（试行）》（2020年）、《广东省全面加强和改进新时代学校美育工作行动方案》（2022年），并于2020年启动广东省美育浸润行动计划，H校①作为广东省首批承担美育浸润任务的14所高校之一，依托自身和对口帮扶学校的资源，与对口帮扶学校组建美育合作共同体，为对口学校美育课程教学、社团活动、校园文化建设和教师队伍建设等四个向度提供支持和服务。以潮汕童谣为地方文化美育切入点，挖掘潮汕地方文化美育价值和优秀传统文化元素，设计、开发和实施"潮汕童谣+音乐、舞蹈、书法、朗诵、传统体育"等美育专项课程、美育社团活动，以潮汕文化培植、浸润、熏陶小学生的思想和心灵，帮助小学生基本掌握1—2项艺术特长；充分利用走廊、楼梯等空间，打造以潮汕童谣为载体的"潮州精粹、创意童坊"校园环境，以社会主义核心价值观为引领，弘扬地方优秀传统文化，充分发挥地方文化美育在校园文化建设中的独特作用；开展地方文化美育主题沙龙、专题讲座、"名师工作坊"等师资培训活动，提升高校和小学美育教师对大学生地方文化美育的价值剖析能力、资源开发能力、美育教学和教研能力。

2. 依托大学生创新创业项目开展美育活动

(1) C市潮汕童谣开展现状与教学资源调查

基于对地方文化承担启蒙教育使命的幼儿园在潮汕童谣的保护与传承中的功能思考，且为确保研究的严谨性和数据的可靠性，笔者组建大学生调研小组分别于2016年、2018年、2019年暑假深入广东省C市三区一县进行调研。调研发现，承担学前教育重任的幼儿园管理者和教师开展潮汕童谣的意愿比较强烈，但开展情况却不容乐观，大部分幼儿园尚没有开展与潮汕童谣有关的教育活动；在已开展的幼儿园中，存在以渗透为主、忽略空间环境的潜在价值、师资力量薄弱且有认知偏差、家长的主动性不足且对潮汕童谣的开展持消极态度等问题②；潮汕童谣教学的线下开展存在资源有限、分布不均、品种单一的问题，线上资源虽较多样化，但分布零散且质量参差不齐，已存在的潮汕童谣教学资源对于幼儿园教师来说，较为陌生。

(2) 开展幼儿园潮汕童谣教研实践活动

基于全语言教育观、多元智能理论及学前儿童的学习特点，组建优秀的大

---

① 此文对所调研的学校和城市等以字母代替。
② 张绵莎，郑珠，徐敏钰，等. 基于C市幼儿园的潮州童谣开展现状调查研究 [J]. 教育现代化，2019（100）：246-248.

学生志愿者团队,采用行动研究法,在精选潮汕童谣、提炼美育主题的基础上,进行"潮汕童谣+五大领域"的幼儿园活动设计,并到幼儿园开展教学实践活动,与幼儿园优秀教师组建"课前磨课—教学实践—课后研课"的教研活动,不断优化潮汕童谣教学活动方案,助力幼儿园构建特色园本课程,同时亦提高幼儿园教师的教研能力和大学生的设计与组织能力,促进幼儿园教师和大学生的专业成长。

(3) 开展潮汕童谣教学资源开发活动

据调查,有63%的幼儿园管理者和教师认为潮汕童谣教学资源的欠缺是制约童谣活动开展的关键因素,在潮汕童谣教学活动开展过程中,笔者发现口耳相传的潮汕童谣所描述的物品、事件、情景,或已过时,或因强烈的地域特色和无厘头的口语特点,较难找到合适的教学资源,但低龄儿童的思维特征决定了单纯的说教和讲解、重复的诵读是无效的教学,且当前小学、幼儿园教师由于工作繁忙、开发利用相关教学资源的能力有限,因此,急需围绕潮汕童谣教学资源,组建高校、小学、幼儿园经验丰富的教师为指导团队,邀请小学、幼儿园教师和大学生组建资源开发团队,进行潮汕童谣教材及微课等配套教学资源开发。

(二) 实践成效

1. 构建相对稳定的高校师生志愿者团队

充分发挥高校人才智库资源,根据"潮汕童谣+"的学科特点,选拔学前教育、小学教育、教育技术、音乐教育等专业的高校师生,组建学科交叉融合、理论素养与实践能力兼具、相对稳定的高校美育指导团队和大学生志愿者团队,根据乡村小学、幼儿园的需求,开展地方文化美育课程教学和实践活动,以解决乡村学校地方文化美育师资欠缺的实际问题,拓展传统美育课程内容和形式,提升乡村美育教学水平和教育质量。

2. 扶持美育浸润对口学校打造地方文化课程体系

设计潮汕童谣+音乐、舞蹈、美术等课程、社团,依托美育浸润行动计划项目、大学生创新创业项目,打造潮汕童谣+课程体系。例如,Y园作为潮汕童谣教研实践园,已从领域教学、一日生活环节、家园共育等维度初步构建潮汕童谣课程体系;高校对口帮扶的X校美育浸润童谣项目实现了"六结合",即童谣与"一班一品"建设相结合、童谣与雅行养成教育相结合、童谣与雅美艺术教育相结合、童谣与和雅团队活动相结合、童谣与师资团队建设相结合、童谣与智慧教育课题相结合,这有力推动了该校美育教学日常化、多样化、特色化发展，切实促进了该校教师以潮汕童谣为切入点在地方文化美育资源开发、教科研等能力上的提升，进一步提高了地方文化美育教学水平和教育质量，实现了学校每一个学生都能享有公平而有质量的美育机会的目标，为 X 校获批广东省中小学第五批艺术教育特色学校、创建地方文化美育办学特色奠定了基础。

3. 完成潮汕童谣（部分）教学资源的开发

优秀童谣经典教育资源的发掘、开发，教材、教参、教案的编写，成为童谣审美教育活动的基础和关键[①]，项目组高度重视潮汕童谣教学资源的开发，已完成幼儿园潮汕童谣课程设计的编写与出版；同时，坚持"传承不守旧，创新不忘本"的原则，开发《四角天井好铺枋》等潮汕童谣微课作品 30 余个，并通过公众号、视频号进行推广，让更多的儿童得到美的熏陶，也为其他教师的地方文化教学提供启发，带动和引领以潮汕童谣为载体的地方文化教育传承实践。

4. 铸牢师生（幼）的中华民族共同体意识

潮汕童谣是潮汕四市及海内外潮汕人同胞共同创造和形成的民间口头文学，承载独具地方特色的潮汕族群文化，反映了潮汕地区民众的思想、文化、情感与道德内容，展示了潮汕地区的人文特色，具有明显的民系族群地域特征，潮汕童谣＋美育项目潜移默化地让参与的教师、大学生、小学生、幼儿理解潮汕文化蕴含的思想精华和道德精髓，体悟中华优秀传统文化的博大与精深，进一步培植、巩固、提升他们的身份认同、文化认同和民族认同感。

5. 助力大学生创新教育能力的提升

"潮汕童谣＋"美育项目面向全校大学生进行筛选、培训，以参与大学生创新创业训练计划项目的方式，分别承担调研、教学实践、资源开发等任务，自 2017 年以来，参与"潮汕童谣＋"实践活动的大学生分别获得校级立项 14 个、省级立项 4 个、国家级立项 1 个。笔者对参与"潮汕童谣＋"实践活动的大学生进行研究发现，项目的参与有效地提升了大学生的团队协作能力、反思能力、研究能力和地方文化学习能力、课堂教学设计与组织能力及资源整合能力等。

三、地方文化美育价值运用成效提升策略

"潮汕童谣＋"的实践探索为学校美育工作提供了落脚点，将立德树人真

[①] 李长风. 以《赶集》为例谈童谣的审美教育［J］. 语文新读写，2021（2）：81-84，87.

正落到实处，为使地方文化美育价值得到更好的发挥，需要以建立地方文化美育实践管理机制为抓手，注重"潮汕童谣+"的教学、研究、资源开发等人才培养培训管理机制，落实地方文化教育人才的专业成长，以形成相对稳定又持续更新、专业且有乡村教育情怀的美育团队；加强"潮汕童谣+"的美育多主体协同推进机制建设，探索协同模式构建，以推进美育项目完美落地；加强"潮汕童谣+"的美育评估体系构建，及时反馈和分析地方文化美育价值运用的实效性，以更好地实现地方文化美育价值。

1. 构建"潮汕童谣+"项目人才选拔与培养机制

H校高度重视高校美育服务社会的功能，成立由副校长担任主要负责人的高校美育服务领导小组，凝练以潮汕童谣为切入点的地方文化美育特色，整合学校资源，组建由教育科学学院、文学与新闻传播学院、团委会等多部门协作的核心教师指导团队，面向全校学生选拔具有潮汕童谣教学技能+音乐、舞蹈、美术、体育等技能的学生志愿者团队，为项目的实施奠定人力资源基础。学生志愿者进入项目后，按专长在团队负责人的分配下，分别承担调研、教学实践、教学资源开发等工作，并由指导教师进行培训、指导，使其具备承担相关任务的能力。

2. 开展地方文化美育师资的多元培训机制

专业化的地方文化美育师资是实施"潮汕童谣+"美育教学的关键，教师的专业化需要经历一个由不成熟到相对成熟的发展过程，培训则是"催化成熟"的必需环节。为提升地方文化美育师资队伍水平，以"浸入式"的方式邀请中小学、幼儿园和高校教师，以及大学生围绕主题进行同课异构等教研活动，以"请进来"的方式开展专题讲座、主题沙龙、"潮汕童谣+"音乐的教研活动，以"走出去"的方式选派优秀的美育教师参加"名师工作坊"等美育培训活动，开拓地方文化美育教师的视野，增长地方文化美育的知识和技能，促进地方文化美育教师的专业成长。

3. 探索地方文化美育的"U-G-S（K）-T-S"协同推进机制

协同是不同主体在完成同一目标的过程中，通过相互间合作、协调，实现突破各自能力限制的总体能力提升和绩效增长的现象。① H校在实践中逐步探索地方文化美育特色，并构建"U-G-S（K）-T-S"协同推进模式，其中，U为高校，G为地方政府，S（K）为中小学校及幼儿园，T为高校、中小学、

---

① 赫尔曼·哈肯. 大自然成功的奥秘：协同学［M］. 凌复华，译. 上海：上海译文出版社，2018：20-37.

幼儿园教师，S 为大学生，"U-G-S（K）-T-S"协同推进模式是促进地方政府、高校、中小学校及教师、大学生等各方主体为实现学校地方文化美育目标，通过建立沟通联系机制等有效协调手段，相互协同、资源共享、优势互补、互为支撑，建立合作共赢的协作推进机制，以实现地方文化美育师资、地方文化美育资源等要素的最优化配置，逐步提高乡村学校地方文化美育工作质量，渐次激发乡村学校美育改革发展的内生动力，形成多主体协同的乡村学校美育新格局。

4. 探索地方文化美育评估体系

中共中央办公厅、国务院办公厅要求"到 2022 年，学校美育取得突破性进展……评价体系逐步健全，管理机制更加完善，育人成效显著增强……到 2035 年，基本形成全覆盖、多样化、高质量的具有中国特色的现代化学校美育体系"[①]，可见评估体系的建立健全是学校美育工作的重要环节。地方文化美育评估体系是对"潮汕童谣+"实践进行反馈和分析、实践质量监督和考核、实践效果进行追踪和检验的重要手段，其需要在实践中不断思考、完善。地方文化美育评估体系可从评价对象、评价时间和评价内容三个维度进行构建，评价对象不仅包括小学和幼儿园教师、小学生和幼儿，还应包括高校教师、大学生，特别是小学生和幼儿家长，他们既是小学生和幼儿反馈主体的代言人，也是评价学校美育成效的主体；评价时间以实践活动开展前、中、后作为时间节点进行设计，如能做到较长时间的跟踪评价则最佳；评价内容包括地方文化美育素养，美育活动设计能力，组织与评价能力，儿童专注性、主动性、兴趣性、自我感觉等方面。

四、结语

说到底，文学是一种审美性文艺样式，它既离不开社会生活的"恩赐"，又不能仅为生活而创作。文艺民俗的文本结构层次及其文化意蕴的切换与建构极富启示，准确认知表层符码编写，在接受中建构出深层的审美文化意蕴，是文学创造和审美接受的基本原则。[②] 作为民间文学的潮汕童谣承载着丰富多彩的地方文化，蕴含着丰富的思想情感和美学元素，是乡村学校美育工作的重要素材。儿童学习潮汕童谣的过程，实则是儿童与童谣进行深度对话的过程，不

---

① 中共中央办公厅，国务院办公厅. 关于全面加强和改进新时代学校美育工作的意见［EB/OL］.（2020－10－15）［2024－06－01］. http：www. gov. cn/xinwen/2020－10/15/content_5551609. htm.
② 赵德利. 民间文化批评的理论与方法［M］. 北京：商务印书馆，2016：96.

仅是感受童谣语言美、形象美、心灵美和意境美，获得舒畅愉悦的审美体验的过程，更是对童谣作品进行价值建构的过程，真善美的人性不断被唤醒，儿童在不断的自我对照、自我教育、自我建构中，精神世界得到不断发展并趋向完美，潮汕童谣的学习亦步入美育的至高境界。潮汕童谣巨大的、深邃的美育价值亦得以实现。

学校美育工作是立德树人、培根铸魂的事业，高校在推进新时代学校美育改革发展过程中，具有不可推卸的责任，特别是对师资力量薄弱的乡村学校。因此，地方高校应注重地方文化美育人才培养，探索"U-G-S（K）-T-S"协同推进模式，逐步建立健全的美育活动评估体系，积极探索以潮汕童谣为切入点的地方文化美育特色，以提升地方文化美育价值的运用实效，纾解乡村学校美育师资欠缺的现状。

原载《肇庆学院学报》2023年第4期（原标题为《地方文化的美育实践及其价值提升策略——以潮汕童谣为例》），略有改动

以石育美：探索"生活·实践"教育下的小学美育
——以南京晓庄学院附属小学为例

南京师范大学　王振强　　南京晓庄学院　谢馥璟
江宁区谷里中心小学　贾明娜

摘　要　南京晓庄学院附属小学是伟大人民教育家陶行知先生于1927年创办的学校，以传承生活教育理念，探索"生活·实践"教育为办学理念。他强调美育在生活教育中的地位，美育与生活有着更为天然的、自然的、密切的联系。本文基于"石头创意坊"进行小学美育的实践和探究，开发石头系列美育课程，推动美育的具体实施。探索生活·实践教育下小学美育实施路径：打造"石头画工学团"，拓展美育实践场域，构建"石头画"课程，推动美育课程落实，搭建"作品展示"平台，展示美育创意成果。以石育人拓展了小学美育的项目学习方式，丰富了小学美育的实践样态。

关键词　以石育人；"生活·实践"；小学美育

美育滋养人性，丰富人生。席勒在"第一部美育的宣言书"《美育书简》中说，"因为正是通过美，人们才可以达到自由"[①]。陶行知是享誉世界的中国教育家，生活教育思想是陶行知教育思想的核心。他指出："生活教育是生活所原有，生活所自营，生活所必需的教育"[②]。他认为人过什么生活就受什么教育，主张要以审美的心态过"艺术的生活"，这就直接明确了美育在生活教育中的地位，从而使生活教育"这一思想与美育有着更为天然的、自然的、密切的联系"[③]。

基金项目：江苏省教育科学"十三五"规划2020年度重点资助课题"儿童数字社区：陶行知'真人'教育思想的创新实践研究"（项目编号：TY-b/2020/03）；中国陶行知研究会"生活·实践"教育专业委员会2022年度重点课题"晓小工学团：培养儿童自主力的实践研究"（项目编号：SHSJ2022011）。

① 席勒. 美育书简［M］. 徐恒醇，译. 北京：中国文联出版社，1984：11.
② 陶行知. 陶行知自述［M］. 济南：泰山出版社，2022：186.
③ 曾繁仁，刘彦顺. 中国美育思想通史：现代卷［M］. 济南：山东人民出版社，2017：225.

2020年10月13日，中共中央、国务院印发的《深化新时代教育评价改革总体方案》指出："改进美育评价。把中小学生学习音乐、美术、书法等艺术类课程以及参与学校组织的艺术实践活动情况纳入学业要求，促进学生形成艺术爱好、增强艺术素养，全面提升学生感受美、表现美、鉴赏美、创造美的能力。"[①]《义务教育艺术课程标准（2022年版）》课程理念指出，坚持以美育人，引导学生积极参与各类艺术活动，感受美、欣赏美、表现美、创造美，丰富审美体验；重视艺术体验，重视学生在学习过程中的艺术感知及情感体验，激发学生参与艺术活动的兴趣和热情；突出课程整合，以艺术学科为主线，加强与其他艺术的融合，注重艺术与自然、生活、社会、科技的关联，提高学生的艺术素养和创造能力。[②] 使美育在中小学落地生根是值得思考的问题。本研究借助"石头"为载体进行课例设计、课程开发，基于石头创意对学校的美育课程进行阐述探索。

一、内涵、价值

南京乃六朝古都，古称"石头城"。赏石文化源远流长。一部奇书《红楼梦》，古称《石头记》，其作者曹雪芹就是在石头城中长大的。在南京的赏石文化史上，王维、苏轼、孔尚任、曹寅等文人墨客都与石结缘，留下了千古佳话。以石育美通过"欣赏、探究、体验、创作"进行石头作画。石上作画和纸上作画是有区别的。它要求石画作者面观石，三维思考，立体地表现石头。石画的创作需要结合石头颜色、形状、纹路、大小等进行，需要创作者具备赏石、绘画、书法、雕塑，以及文、史、哲等方面的基础知识。以石作画，不仅能培养学生的美育素养，同时也可提升他们的人文与科技素养。

伟大的人民教育家陶行知先生于1927年创办晓庄小学与吉祥庵小学（现更名为南京晓庄学院附属小学），开始生活教育的实践探索，培养学生的艺术兴趣是其目标之一。多年来，该小学深入学习与实践陶行知教育思想，承继与发展陶行知生活教育学说，倡导探索"生活·实践"教育理念，主张"做"中的"自学、互学、同学"，搭建"石头画工学团"平台，以"欣赏之美、探究之美、体验之美、创作之美"的美育实施路径，培育具有发现美、创意美、

---

① 新华社. 中共中央 国务院印发《深化新时代教育评价改革总体方案》[J]. 中华人民共和国国务院公报，2020（30）：11–15.

② 中华人民共和国教育部. 义务教育艺术课程标准（2022年版）[S]. 北京：北京师范大学出版社，2022：2.

自信美、生活美的"好陶娃",提升学生的美育素养。

二、具体过程及案例设计

(一) 具体过程

(1) 八面观石

此时要"远观近察",重在远观。注重的是整体造型效果,以石之神韵为上。例如,作品《曹雪芹》前倾倒头颈,雕塑般的块面感。

(2) 面观石,重在"近察"

近察要注重局部、细节的观察。例如,学生选好石头后,教师引导学生从颜色、形状、纹理等进行观察。

(3) 整体勾勒,留意细节

整体勾勒时,不管你取动势还是静势,有势就好。势是一种精神面貌,是你要表达的意境。例如,黄颜色的石头、有点像梯形,这时可结合石头特点与生活物象联系起来,可进行站立大象的绘制并结合石头的整体框架进行勾勒。

(4) 细节处理,不丢整体

细节要处理得精当,但不能抢整体的风头。例如,在进行绘制大象的时候,整块石头不可画满,学会留白,并处理大象的脚趾、鼻子等一些细节。

(5) 回归整体,调整大效果

要把与主题无关的部分或干扰到整体的部分进行淡化、虚化,甚至不画。例如,大象的绘制,不是简单的绘制,要体现"活"的大象,有"生命"的大象,和它进行"对话",这就要考虑大象的背景和整体的修整。

(6) 故事创作,美育呈现

每一块石头都是大自然的精灵。它向我们传递很多信息:在地质学家眼中,它可以用来研究地球的形成、地质的演变;在建筑师眼中,它可以成为建筑材料;在美术家的眼中,它可以成为艺术品。教师要引导学生发挥想象,同一块石头,可绘制大象、蛇、老虎等,要组织学生开展故事创作,进行石头创意作品的展览会。

(二) 案例设计——我的石头会说话

1. 教学目标

认知目标:欣赏观察石头,了解石头的特征及艺术美感。

技能目标:能够利用绘画材料对石头进行创作活动。

情感、态度与价值观目标:发展学生的想象力和创造力,培养学生创造美的实践能力。

2. 教学重难点

教学重点：能根据石头的形状、纹理和固有色进行想象，并且尝试创作。

教学难点：针对石头不同的特点，构想自己的作品。

3. 教学准备

教师准备：范作、课件，石头、颜料等绘画工具。

学生准备：颜料等绘画工具。

4. 教学过程设计

（1）导入新课

教师先用课件展示大小、形状不同的6块石头。引导学生进行观察，这些石头有什么特点，和生活中的哪些物品有相似之处。

（2）欣赏之美

观察是所有活动的基本方法，不是让学生简单地进行"看"。首先，应让学生欣赏大小不同、形状各异、颜色和纹路不同的各种石头，使学生在大脑中产生石头的类型。其次，提示学生从整体上观察这些石头外形上有什么特点。从形状、颜色、纹路等方面，逐步与生活中的动物，如老虎、狮子、大象、蛇等联系起来，也可和生活中的植物相联系，如松树、番茄、草莓等。通过对石头的外形和生活中的物象之间建立联系，加深学生对石头和生活的联系。例如，图1作品《房子》，这块石头从外形上看就像一座乡间的小屋，石头原来的颜色就特别像我们所需要的墙壁的颜色，所以我们可以尽可能地保留和利用石头的固有色。（石头说话：我是一座房子，请不要打扰我。）图2作品《望月》，这块石头下半部分有一条一条的纹理，特别像人的衣服，再根据石头的形状，我们可以画一个仰头的人，顶端可以画一轮月亮，一幅望月图就创作出来了。（石头说话：我在看月亮，请不要打扰我。）

图1 《房子》

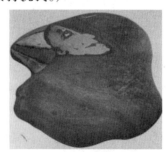
图2 《望月》

(3) 探究之美

探究从发现开始，然后综合分析、判断，再通过观察、比较，结合石头的形状、颜色、纹路特点，运用线条、色彩、肌理等造型元素，对石头进行创意的设计与绘制。

例如，引导学生自己挑选石头，根据石头的形状进行了解，尝试和石头进行对话交流。它说什么话了吗？它只向了解它的人说话，你了解它吗？

(4) 体验之美

探索"生活·实践"教育强调在生活中实践，在"做"中体验学习。体验石头画的绘制，在石头上画画和在纸上画画是不一样的。石头上画画主要是体现作品的立体感，要结合所选材料的颜色、形状、大小等特点进行整体构思、细节描画。（图3-5）例如，在绘制图4《南瓜》作品时，要对石头的特点有清晰的认识，能把石头和生活中的南瓜之间建立起联系。这不仅要求学生具有敏锐的观察能力，还需要具有丰富的生活经验。

图3　《大肚佛》　　　　图4　《南瓜》　　　　图5　《海军》

(5) 创作之美

把自己的想法转化成作品并进行展示是对学生最大的鼓励。学生在进行绘制的时候就是在创作自己独一无二的作品。每一块石头都具有自己的特点，没有两块一模一样的石头，学生在绘制过程中，是没有办法进行简单"模仿"的，只能通过彼此之间的交流、学习，把学到的内容和生活结合，进行石头创意绘画。

(6) 展示之美

石头创意教学是以石头为载体进行美育的教学形式。学生在创作石头画的过程中，已经把对作品的构思融入石头，石头和画成为一体。学生创意实践的过程就是艺术美育的过程，教师引导学生进行作品的展示和讲解，同时欣赏其他学生的作品，这是美育熏陶的一种重要途径。

三、以石育美：实施路径

（一）打造"石头画工学团"，拓展美育实践场域

我们在学校美育实践中借用"工学团"的概念，打破地域时空的限制，强调学生"做"中"学"，突出美育场所对于学生心灵放松、激发创意的独特价值。第一，美化校园：构建"石头画工学团"的生态基础。将学校整体环境建设作为打造"石头画工学团"的生态基础，把美贯穿校园各处，校园内的每一处景观、每一面墙、每间教室、校外的墙壁等都能发挥美育的作用。第二，探索"石头画工学团"多维空间。以美术熏陶与创作为主的"石头画工学团"为基础，拓展以科学调查探究和 AI 数字化智能的"科技工学团"、以劳动美食创作为主的"美食工学团"等。例如，依托校园里的假山（龙马精神）进行绘画，依托"美食工学团"进行美术雕刻，依托"科技工学团"探究石头的形成奥秘等。

（二）构建"石头画"课程，推动美育课程落实

美育课程是落实以美育人的重要途径和抓手。学校在探索"生活·实践"教育的引领下，以"自学、互学、同学"方式构建"石头画"课程。第一，基础课程：探索"生活育美"。寻找生活中不同的石头，发现石头的美。学校依托"石头画"课程引导学生进行石头画的欣赏、探索矿物岩石的形成，以欣赏、探究、体验、创作等不同的方式，让学生感受石头的美，通过石头与人文结合，激发学生的创意，培养学生的审美情感。第二，活动课程：推动"实践育美"。活动课程作为基础课程的补充，可让学生在生活、实践中体验石头之美，让学生通过石头展演、石头搭建、石头桥、石头画等各种实践活动播下"育美"的种子，提升"创美"的能力。第三，社团课程：呈现"创作之美"。"石头画创意工作坊"是对基础性课程和活动课程的个性化补充，是基础性课程和活动课程的孵化基地。社团课程不仅重视石头的欣赏、探究、体验、创作，更强调"以石育人"，结合石头的特点，进行画的绘制、诗歌的撰写、石头故事的创作等。目前，南京多校在充分挖掘石头的美育内涵及价值上，陆续形成和开发近 30 种不同类型的社团系列课程。

（三）搭建"作品展示"平台，展示美育创意成果

美育课程不仅重视欣赏·评述、造型·表现、设计·应用、综合·探索，更应该给这些成果作品一个展示平台。一块块栩栩如生的石头创意作品，犹如一个个学生的"宝贝",他们精心选石、观石、体验、创作,通过将石头之美,与生活相结合,进行综合探索,提升个人美育素养。例如,校内层面,学校通过举行石头创意展览、学校墙面上张贴石头创意画、学校《陶娃报》展示学生石头创意作品等方式,让这些创意作品通过校园的文化环境熏陶学生。还可以通过学校官网、微信公众号的方式展示学生作品,例如,把学生对作品的介绍录制成视频,通过学校的微信公众号进行推广宣传。家校共育层面上开展家长进校园活动,学生给家长进行石头创意的介绍展示、作品汇报等。校际层面可通过区域学校间的交流活动进行展示,同时可以利用学校交流活动,进行全国部分区域的作品展示交流。

四、建议

《义务教育艺术课程标准(2022年版)》指出,通过"设计·应用",可使学生结合生活和社会情景,运用设计与工艺的知识、技能和思维方式,开展基于问题的学习,基于项目的学习,进行传承和创造。[1] 本文结合课标和具体的项目对石头创意画的教学梳理出几点教学建议:第一,依据石头大小进行设计。对于有大小限制的石头画来说,抽象的、寥寥几笔的、大写意的表现方式不适合。山水、花卉类的,也不易表现。因为这类题材要求画得具体、细致些。石头画内容应当以人物、动物为主。玩石人有句口头禅:一看观音,二看佛,三看动物,四看船。尤其是南京卵石,形状像人物、动物的非常多。第二,依据石头的形状进行设计。任何石头,要想画成人物或动物,它的成画条件不可能面面俱到,常常只有一个主要"特点"。要利用好石头上的"形、色、凹凸、孔洞、裂纹、残破"这些特点,缺点也能变成亮点。第三,边画边思考,边画边观察。画前的总体观察不可少,画画过程中的变化也不可少,画后的修整也很重要。画石头常常有意在笔先、笔在意先的辩证关系。

---

[1] 中华人民共和国教育部. 义务教育艺术课程标准(2022年版)[S]. 北京:北京师范大学出版社,2022:2.

小学美术单元整体教学的"整分合"模式架构与教学实践

盐城市新河实验小学 费 建

摘 要 开展单元整体教学实践,不仅是对新版小学美术教材的积极回应,更是对美术教学设计的进一步完善,也更加符合新课改背景下小学美术教学转型的需求。基于此,文章在全面剖析小学美术教学现存问题的基础上,对小学美术单元整体教学展开积极探索,以期不断提升美术教学质量,促进学生美术素养发展。

关键词 小学美术;单元整体教学;问题;实践

回望小学美术教改课程,作为美术教改的探索者、实践者的小学美术教师,在过去很长一段时间内,都是将美术教材作为规定的教学内容,按部就班地按照美术大纲的要求一节一节地、一个课时一个课时地展开教学,不敢也不想越"雷池"半步。但是必须承认,这种忽视单元知识之间内在联系的单篇式教学设计,不仅会让教学过程显得突兀且零乱,还不利于学生核心素养的发展。2017 年,华东师范大学课程与教学研究所所长郭允滔在第 15 届上海国际课程论坛上指出,只有站在单元设计的视角,才能真正看清这门课程的育人价值。作为美术教育工作者,我们应积极转变以往单篇式的教学模式,探索单元整体教学路径,引导学生深度学习,促进学生核心素养发展。

一、小学美术单元整体教学价值

《义务教育艺术课程标准(2022 年版)》强调,指向核心素养的教学,超越零散的知识、技能,要求教师整体把握教学内容,将教学内容有机整合起来,促进学生对知识进行整体联系和建构,并形成深层次联结,实现从知识、技能的掌握到意义建构的发展,提升综合解决问题的能力。而小学单元美术整体教学,则更加契合新课标要求,有助于美术教育观念的转变,能够更好地促进学生核心素养的发展。

(一)更能体现核心素养培养要求

小学美术整体教学根据特定专题设计,引导学生围绕同一专题展开多个课时的学习，这样能够有效汇聚分散的教学时间，对学生某项技能、专业素养进行集中培养。在单元整体教学中，从时间来看，每个课时看似独立，但是教学内容之间却相互联系、集中统一。单元整体教学使学生有了更多的时间与空间进行思考、探索，从而获得更加丰富、完整的艺术体验，这也更能够体现新课标中对核心素养的培养要求。

（二）注重教育观念的转变

在以往的单课时教学中，教师通常都是提前做好教学设计，按部就班地进行授课，学生的思路、思维往往固囿于教师预设的教学程序中。这种教学模式，只是践行了"育人"，却并未做到"育人"。陶行知先生曾说过："新教员不重在教，重在引导学生怎么样去学。"[①] 在单元整体教学中，教师的关注点逐渐从"教"转移到"学"上，这是新课标背景下，义务教育阶段艺术教育理念的重大变化。这一变化能够让学生在集中学习基础知识、锻炼基本技能的同时，掌握正确的学习方法、懂得如何思考，形成正确的艺术观、价值观。

（三）促进美术大概念教学的开展

受新课标大概念教学理念的影响，在美术单元教学中，师生的关注点不再聚焦于琐碎的知识点与能力点上，而是集中于如何更好地发挥美术课程价值上，放在学生核心素养的发展上。在大概念教学框架中，教师既是课堂教学的组织者，也是教学内容的架构者、学生行为的引导者。角色的转化对教师能力也提出了更高要求，特别是单元整体设计能力、单元活动指导能力等，教师在逐步发展、完善自身能力的同时，也在不断推动美术大概念教学的逐步深入。

二、小学美术教学现存问题梳理

随着新课程标准的颁布，核心素养导向的教学改革应时而生。如何将核心素养落实于日常教育教学中，已成为广大一线教师研究的重点课题。以单元为单位，串联起美术课程与课时，对单元教学进行整体设计，能够有效将核心素养落实到课时计划中。笔者从事小学美术教学多年，始终关注如何实施核心素养导向的美术课堂。但是在教学实践中，笔者发现当前的小学美术课堂教学普遍存在以下问题，这些问题的存在并不利于学生核心素养的发展。

（一）课时教学思维限制

以往的美术教学中，教师往往以单篇式教学设计为主导，根据教材内容的

---

① 陶行知. 陶行知自述 [M]. 济南：泰山出版社，2022：74.

编排，每个课时完成一个课题的教学，然后在单个课题教学结束后，为学生布置与该课题相关的练习内容。在教师进行评价或各类教学评比时，也更加注重教师在某一节课上的教学情况，这也在一定程度上使得一些教师更加注重单课时的教学效果。但是在这种单课题的教学模式下，学生所学到的仅是一些比较浅显的理论知识与美术技能，对学生美术素养的培养则相对不足，也难以实现新课标所倡导的三维目标。

（二）目标脉络系统化不足

单课题教学模式下，学生往往会感觉美术教学内容系统性不足，比较散乱，有时候明明上一节课还在讨论绘画技巧，下一课就要和泥塑"打交道"，也可能再下一次上课就要与同学进行手工制作的"切磋"，总之，学生有可能在短时间内接触多项内容，但整体学习效率并不高。之所以存在这一问题，一是因为教材内容的编排较为分散；二是由于教师本身单元教学意识不足，缺乏对教学目标的系统化梳理。在小学美术教学中，很多教师并不注重对整体教学方向的把握及教材内容的统整，课程安排也仅仅是根据教材设置的课题按部就班地进行，导致美术教学缺乏清晰的整体性知识结构，从而影响美术教学整体质量。

（三）课时目标定位偏差

整体性教学目标的缺失，直接导致部分教师对单课时教学目标定位缺乏合理性。一些教师在制定单课时教学目标时，仅将教学内容作为唯一依据，导致美术课逐渐成为绘画实践课、手工实践课，而在培养学生审美意识、创新能力等方面的成效并不明显。例如，在教学苏少版四年级下册"水墨改画"一课时，有的教师将教学目标直接定位为"用水墨画的表现形式改画油画作品"，如果教师能够站在学生美术核心素养发展的角度，将课程目标定位为"感受水墨画工具材料表现的丰富性，表达自己的创作意图""感受水墨改画的乐趣，体验这种新的水墨创作方式"，则能够让学生通过学习本课内容，获得艺术感知能力、表现能力、创作能力、审美意识等多方面能力的提升，从而有效改善学习效果。

（四）活动安排缺乏针对性

单元整体教学强调以单元整体教学的形式有针对性地培养学生某一方面的能力。但是在以往的美术教学中，由于课程安排较为分散，教师在课时目标定位上存在不同程度的偏差，忽视了对学生美术素养的综合培养，导致教学活动的设计、编排缺乏针对性，进而在一定程度上局限了学生综合能力的发展。新时代的美术教育，不仅要加强对学生发现美、感知美的能力的培养，让学生能够通过发现、感知生活中的美好而逐渐养成积极、向上、乐观的生活态度，还要更加注重培养学生创造美的能力，使得学生能够通过自己的双手，利用一切可以利用的资源与素材，创造出具有艺术美感的作品。而这一教学目标的达成，还需要美术教师紧随教育发展形势，转变教学理念，优化教学方法，致力于学生综合能力的培养，结合实际学情，遵循单元化教学理念，科学、灵活地安排、组织美术活动，引导学生在学习美术理论知识、提升美术技能技巧的同时，获得美术核心素养的全面发展。

三、小学美术单元整体教学实践探索

单元整体教学是在整体思维的指导下，将基于某一主题或项目构建出的单元内容作为教学内容，通过编制单元目标及课时教学目标、设计连续的课时教学方案、实施单元评价的环节来完成的更具系统性、整体性的教学模式。在把握单元整体教学内涵的基础上，笔者立足美国课程专家林恩·埃里克森的"概念为本的教学设计"、威金斯的逆向教学设计理论，以大概念统领单元教学目标，对小学美术单元整体教学做出如下探索。

（一）系统分析课程，统整单元内容

在进行单元整体教学设计之前，教师首先需要对教材内容进行分析、整合，了解单元课题设置的目的、特征，以及每个单元所涵盖的具体内容，并进一步调查学生对单元课题的感兴趣程度，立足实际学情及实际教学条件，站在单元整体教学的视角，设计教学组织形式，如任务驱动、项目探究、小组合作等。与此同时，教师还要在全面了解实际学情的基础上，了解学生的学习难点，并找出适合学生、能够帮助学生突破学习难点的教学方法。

通过分析苏少版小学美术教材，我们不难发现，从一年级上册到四年级下册的教材都涉及色彩的教学内容。我们在进行单元整体教学设计时，可将教材内容整合成"造型表现要素中的色彩"单元。如在教学一年级上册中的"七彩生活"这一课时时，可重点引导学生认识各种各样的色彩，激发学生对色彩的探究兴趣；在一年级下册、二年级上册的"春天的色彩""难忘夏天"这两课的教学中，可引导学生感受春天、夏天的色彩美，并启发学生用语言、绘画、剪贴的方式，表现春天和夏天的色彩美；而到了二年级下册"三原色三间色"的教学时，教师便可基于学生对色彩的已有认知，引导学生认识最基

本的原色，并启发学生用三原色创造间色，然后举一反三，引导学生利用间色创造复色；在三年级上下册及四年级上下册中，可重点引导学生感受色彩的明度渐变、纯度渐变，了解色彩的对比与冷暖关系，使得学生能够利用不同的工具，画出明度不同、纯度不同的色彩，并能够灵活运用冷色和暖色，创造出对比强烈的画面效果。在这一主题的教学中，教师可将每一个子主题分成2—3个课时，让学生有充足的时间进行思考、实践，从而让学生更加全面、系统地认识色彩，了解色彩特征，掌握色彩的运用方法，并最终达到灵活运用色彩的目的，完成主题所有相关内容的学习，实现横向与纵向相结合的单元整体教学。

（二）突破思维局限，明确单元目标

新课程标准要求教师在教学过程中建立包括知识与技能、过程与方法、情感态度与价值观在内的三维教学目标，而这也正是小学美术单元整体教学的核心所在。在过去很长一段时间的美术教学中，教师们的教学思维已经被固定在单课时教学模式内，力求通过单课时的教学，达成美术教学的三维目标。但事实是，除知识与技能外，在一节课的时间内难以完全达成其他两项目标。而单元整体教学的开展及相关主题活动的设置，能够以单元的形式对学生各方面的能力进行培养，从而更好地达成三维目标。

因此，在小学美术单元整体教学中，教师应突破单课时教学思维的局限，树立单元整体教学理念，以明确的单元主题将课堂教学与实践活动串联起来，以学生美术核心素养的培养作为单元目标设定的重点，结合新课标提出三维目标的具体要求，制定全覆盖、多维度、可操作的单元整体教学目标，充分彰显美术课程的育人价值。例如，在制定知识与技能目标时，教师首先应该明确学生通过学习本单元的相关知识，具体需要了解、掌握、应用哪些内容与知识，并据此做好教学素材的准备，并设计好相应的教学任务；在制定过程、方法与目标时，教师可将单元课题划分成若干个子课题，然后根据不同的子课题，选择相应的教学方法，达成教学目标；在制定情感态度与价值观目标时，教师可通过开展相应的美术活动，引导学生感受体会事物的美感，增强人文素养，并促使学生运用所学美术知识，表达内心情感，形成积极、向上、客观的人生态度。

（三）设置单元问题，拓展学生思维

单元整体教学模式下，教师在明确单元整体教学目标的基础上，还要为学生精心设计相应的单元探究问题，如了解对称图形在日常生活中的运用、尝试画一张地图等，促使学生在相关问题的驱动下，全身心投入学习活动，从而在积累美术知识、提高美术技能的同时，得到思维的拓展。在具体的单元教学过程中，学生在教师的引导下，以独立思考或合作探究的方式，分析、探索教师提出的问题，最终解决问题，并在此过程中获得创造性思维的发展。

以苏少版小学美术三年级上册第九课到第十三课的教学为例，这几课的内容都与动物相关。在教学中，教师可将这几课整合为一个单元，并将单元主题确定为"动物天地"，引导学生探究动物、表现动物，培养学生具有热爱大自然、保护动物的良好意识。在明确单元主题后，教师可先利用多媒体设备展示各种动物的图片，并向学生提问："你能找出这些动物的显著特征吗？""这些动物的身体部位都是由哪些形状组成的？"然后引导学生以小组合作的方式对上述问题展开探究，并要求学生通过剪贴的方式，制作动物装饰画，促使学生在合作探究、动手实践及思维碰撞中，把握单元学习内容，提高思维品质，形成保护自然、保护动物的积极情感。

（四）安排单元任务，发展美术素养

新课程标准中指出，学生应该通过美术学习，掌握科学的学习方法，形成良好的美术素养。美国著名心理学家、教育学家杰罗姆·布鲁纳提出，学生要在学习知识的同时，逐步形成科学的学习方法，与知识相比，正确的方法、探究的态度更加重要。因此，在小学美术单元整体教学中，教师应基于单元主题与单元目标，合理安排单元任务，引导学生自主探究，发现单元知识之间的联系，获取更深层次的认知。

以苏少版小学美术四年级上册第六课到第九课鸟系列的这一单元的教学为例，单元教学目标要求学生了解鸟和家禽的外形特点，掌握画鸟和家禽的基本方法，形成关注自然、关注生活、保护动物的意识。在教学过程中，教师可基于单元主题，结合具体课型，为学生布置相应的单元学习任务。如"水墨画鸟"这一课，属于"造型·表现"领域，要求学生在学习"鸟和家禽""鸟的纹样"，掌握用点线面装饰、表现鸟的外形和纹样的基础上，用水墨工具画出自己喜欢的鸟，从而了解浓破淡、淡破浓的"破墨"技法，感受水墨画中笔墨的丰富表现力，体验水墨画的美感。根据这一目标，教师可为学生布置"运用破墨技法，表现不同鸟的羽毛特点"的任务，让学生在任务实践中，逐步掌握破墨技法。

（五）注重课时设计，实现连续教学

在小学美术单元整体教学中，教师还要更加注重单课时的教学设计。因为即便是在单元整体教学中，每节课也都是相对独立、自成体系的。单元整体教学主要针对的是多课时的整体、系统规划，每个课时都是其中的重要组成部分，教师应根据每个单课时教学的不同侧重，对基于单元整体教学的单课时教学进行精心设计，注重各个课时教学之间的衔接，以确保单元整体教学的连续性。

四、结语

单元整体教学主要强调学生的三维目标培养，注重学生综合素质的全面发展，因而受到了各学科教学的青睐。在过去很长一段时间里，受传统教学模式的影响，小学美术教学普遍存在教师教学目标脉络不清、课时目标定位不合理、单课时教学意识较强、美术活动缺乏针对性等问题。而单元整体教学能够有效改善这一情况，小学美术教师应遵循"整体—局部—整体"的教学原则，合理设计、运用单元化教学，实现理论与实践的有效结合，合理策划教学活动，从而实现对学生创造能力、审美能力、思维能力等的充分培养，促进学生美术核心素养的全面发展。

义务教育艺术"新三科"师资队伍建设的价值、困境与因应策略

东北师范大学教育学部　曲　锐

摘　要　艺术教育是美育的重要组成部分，而中小学美育以艺术课程为核心。《义务教育艺术课程标准（2022年版）》中三个新学科的加入丰富了学校美育的内涵，完善了美育课程的架构。美育教师是美育课程实施的主体，在"新三科"教师缺位的"过渡期"，应通过学科的相关性、"跨学科兼容"等措施来完成艺术"新三科"的课程教学活动。从长远看，要聚焦美育教师素养，建设高质量美育师资队伍：培养复合型艺术人才，逐步建立艺术学科专业知识技能外的教师职前培训考核机制，提升教学素质，更好地发挥学科的美育功能；整合美育资源，构建教学共同体，统筹发展高校专业教师团队的课程与教学优质资源"扶持计划"，保障学校美育质量；挖掘区域资源和社会美育力量，向教师提供美育教学服务，有效指导美育课程实践等策略，让新时代美育师资队伍建设为艺术教育课标更好落地提供有力保障。

关键词　义务教育；艺术课程标准；师资队伍

美育是通过以审美和艺术为中心的知识传授和技能训练为手段，以人生态度的改善和人生境界的提升为目的的综合教育形式。① 艺术教育旨在提高学生的艺术素养、审美能力及审美意识。《教育大辞典》对"美育"的定义为，美育指使学生掌握审美基础知识、形成一定的审美能力，培养正确的审美观点，美化其心灵、行为、语言、体态，提高道德与智慧水平的教育。

从学科意义上讲，艺术教育与美育是互通的，艺术教育与美育的基本目标和任务一致，美育的范畴要大于艺术教育。从美育的审美教育意涵看来，艺术教育是美育实施的主要途径。美育决定了艺术教育性质、功能、规律和方法，成为艺术教育的基本导向。② 由此可见，艺术教育以美育为前提。

艺术教育是美育的一种重要的形态，更具有课程意义。③ 学校美育要建立

---

① 彭锋. 美学的意蕴 [M]. 北京：中国人民大学出版社，2000：248.
② 杜卫. 美育论 [M]. 北京：教育科学出版社，2000：155.
③ 杜卫. 美育论 [M]. 北京：教育科学出版社，2000：155.

面向人人、全面渗透的大美育观。学校要把美育贯穿于教育的全方位、全过程，贯穿于学生的一切活动。习近平总书记在给中央美术学院老教授的回信中说道：做好美育工作，要坚持立德树人，扎根时代生活，遵循美育特点，弘扬中华美育精神，让祖国青年一代身心都健康成长。

《义务教育艺术课程标准（2022年版）》聚焦于艺术核心素养，而不是聚焦学科对象的分离性的课程标准。呼应着以美育人这样的一个中心来看待核心素养，突出了艺术体验和课程的艺术综合。[①] 新课标体现的育人价值是专业素养到核心素养的跨越升华，不仅限于艺术学科知识，还包括学生的情感、态度、价值观。课程方案的主要变化是优化了课程设置，一至七年级以音乐、美术为主线，融入舞蹈、戏剧、影视等内容，八至九年级分项选择开设，新版的艺术课程标准关注学生的美感体验，注重课程的综合性。

一、新时代美育师资队伍建设的价值审视

（一）以"艺术核心素养"为导向的美育师资观念重塑

教育观念的沿革对美育的界定有很大的启发。美育本身具有多学科属性，美育的突出特性在于感性，蔡元培先生提出，美育者，应用美学之理论于教育，以陶养感情为目的者也。在学校美育实施的过程中，教师要根据美育规律实施美育，以美育人、以美化人，发挥美育对立德树人不可替代的重要作用。艺术新课标的修订，打破了固有认知，即以往对美育甚至艺术教育的认知窄化为音乐、美术教育。艺术教育的目的是技艺特长的训练，美育更体现了艺术的多样性。

因此，以"艺术核心素养"为导向的美育师资观念要重塑美育价值，秉承人本主义的教育观，通过美育实现学生精神气质的塑造。

艺术新课标中，将"审美感知、艺术表现、创意实践、文化理解"作为核心素养。艺术课程核心素养是党的教育方针在艺术课程中的具体体现，集中凝练了学生通过课程学习所应形成的正确价值观、必备品格和关键能力，具有独特的育人价值。[②] 要求教师树立正确的美育观念，不要把艺术课程看作是艺术技能的培养，重点落实在学生的审美体验和对艺术内涵的理解，以提升学生的审美能力和人文素养为宗旨。依据艺术新课标中课程目标的学段划分，在每

---

① 周星，任晟姝，王杰.《义务教育艺术课程标准（2022年版）》与基础艺术教育观念嬗变[J]. 课程·教材·教法，2022（6）：52-56.

② 彭吉象. 新的义务教育艺术课程标准的理念与目标[J]. 艺术教育，2022（7）：7-9.

一学段都有所侧重。

美育要超越艺术教育对知识与技能的传授，以欣赏美、感受美和培养人文素养为核心；美育要重视学生的艺术表现力，更加关注学生的情感体验和艺术思维能力，探索以发展人的审美能力和审美境界为目的的课程内容与教学方法；美育要改变艺术教育与其他学科彼此割裂的状况，将审美教育融入文学、史学、科学、技术教育之中，同时要以审美的态度、审美的情怀进行文学、史学、科学、技术等的教育，互相渗透，相得益彰；要导入新兴的前沿学科和跨学科课程，提高学生的综合素养；美育要改变教师对学生单向传授的教学方式，提供多元学习选择，形成师生互动、教学相长的生动活泼局面。

（二）构建高质量美育教师体系的时代诉求

中共中央办公厅、国务院办公厅印发的《关于全面加强和改进新时代学校美育工作的意见》指出，将学校美育作为立德树人的重要载体，健全面向人人的学校美育育人机制，构建高质量的美育师资队伍是新时代学校美育发展价值追求的有力保障。美育知识的系统性，美育活动的规范性，美育功能的养成性，美育途径的高效性，都是学校美育的显著特点。在教育观念转变的大背景下，态度教育的核心是美育。现代教育观念由知识、技能向态度的转变，反映了现代教育开始自觉地突破"学"和"用"的限制。态度教育并不是教给人追求未来美好生活的知识技能，而是教人改变人生态度。

加强美育理论建设的重要举措之一是强化美育专业教师队伍建设，为学校美育工作提供支撑，培养美育理论研究中坚力量。① 艺术课程天然的"育美"性质，能使学生获得审美能力，提升学生艺术素养。新版艺术课程标准打破对学科知识和技能的传授，加深对艺术教育本质的理解，建立以艺术核心素养为导向的"大美育观"。新的课程标准，进一步明确了美育的核心，由美育之"形"过渡到美育之"实"，培养学生的审美能力和人文精神。

二、义务教育艺术"新三科"师资建设的实践困境

美育师资匮乏一直是学校美育发展的现实瓶颈。教育部要求新版的艺术课程标准在2022年秋季学期开始执行。虽然2020年发布的《关于全面加强和改进新时代学校美育工作的意见》中对完善美育课程做出要求，在丰富义务教育阶段的艺术课程内容中提及"新三科"即"逐步开设舞蹈、戏剧、影视等

---

① 孟园园. 加强理论建设夯实学校美育发展根基［N］. 中国社会科学报，2022-1-6（A10）.

艺术课程",但很多学校仍然存在以开设"音乐、美术"课程为主、"新三科"专业艺术师资匮乏的情况。当前学校美育教师队伍能力素养的提升、师资结构的优化也是制约"新三科"实施开展的重要因素。此外,学校要完善美育保障机制,对标新版艺术课程内容、学段目标、学时要求等,有效落实相关艺术课程的设置。

(一)"新三科"师资力量的缺位

在"新三科"未进入艺术新课标前,学校美育教师队伍中的"新三科"艺术专业教师匮乏,编制内教师缺位。有效落实美育课程实践主要依靠已有艺术学科教师或非艺术学科教师兼职,或以"跨学科兼容"的教学模式开展教学活动。跨学科兼职的情况如舞蹈课程由音乐教师兼职,戏剧课程由语文或英语教师兼职,影视课程由美术教师兼职。有的学校在课程计划中没有对"新三科"课程单独划分学时,只能以"跨学科兼容"的教学模式,在其他学科课程中体现"新三科"课程内容,或是将"新三科"课程内容以实践活动内容的形式呈现在本学科的教学活动中。

(二)现有美育教师能力素养的局限

在学校美育课程实施及美育实践活动中,美育教师的素养至关重要。当下教师职前培养体系中没有设置"美育"教师培养分支,教师的职后培训多聚焦在教师职业理想、师德师风及学科教学等教师专业发展方面,忽略了指向教师"美育素养"的培训机制和落实方案。教师美育素养的提升主要体现为强化教师"以美育人"意识、丰富教师"以美育人"知识、提升教师"以美育人"能力。[①]

坚持"以美育人"是艺术课程的重要理念。对于艺术教师来说,要兼备审美素质和美育素养,"新三科"艺术教师在教学实践中也应有更高的要求。美育教学方法应该围绕育人目标,始终把对优秀艺术的体验作为教学过程的重点。[②] 根据义务教育学段学生的身心发展特点和教育教学规律,学习任务具有进阶性。现有的美育师资及过渡期的跨学科兼职教师在专业教学能力和美育素养方面都有待提升。

---

① 顾霁昀."以美育人"的时代价值与实践路径:基于教师美育素养的视角[J].教师教育研究,2021(2):72-75,123.
② 杜卫.谈谈学校美育教师的基本能力和素养:兼及加强和改进师范艺术教育[J].美育学刊,2022(2):1-7.

(三) 完善美育保障机制，亟待落实"新三科"课程设置

新版的课程标准，将艺术课程提升到国家课程的重要地位，并且贯穿整个义务教育阶段。国家课程由国务院教育行政部门统一组织开发、设置。所有学生必须按规定修习。另外，从各科目教学时间可以看出艺术课程占九年总课时的9%~11%，课时比例仅次于语文、数学，居第三位。由此看来，无论是作为学校美育课程开发还是有效落实新课标的课程设置，开设"新三科"课程都具有必要性和时效性。

此外，艺术课程教材是美育实施的重要依据，当前的一些教师的教学既没有教学经验也没有参考依据。在目前的过渡期，学校应完善美育保障机制，参照国家课程用书目录提供的义务教育艺术教科书引进相应教材和教师配套用书。

三、义务教育艺术"新三科"教师队伍建设的因应策略

目前，面对"新三科"课程教学师资匮乏、教学设施待完善等过渡期的困境，首先，相关学科教师应展开"跨学科兼容"的方法。真正的美育是将美学原则渗透于各科教学后形成的教育，是一种兼顾知识和发展，旨在提高学生整体素质的融合式教育。① 根据新版艺术课程标准对不同学段艺术课程目标的要求、学习任务及教学策略的建议，探索切实可行的路径，如在八至九年级开设的选修"新三科"课程中，教师要掌握的美育实施能力包括：舞蹈中的动作、身体语言，戏剧中的台词、表演，影视中的影像语言、故事结构等。

其次，掌握艺术课程与其他学科的联系，应发挥跨学科协同育人功能，突出个性化的教学手段。以音乐、美术为主的艺术学科教师及非艺术学科教师要有"以美育人"的意识引领，结合自己本学科的专业素养，挖掘学科知识的美育内容。培养课程实施和教学中的美学素养，投身以学科知识为基础、以美学素养为导向的美育实践。如语文、英语教学中的"课本剧"，可以语文、英文教学内容为蓝本，通过与编剧、舞台表演、造型设计等艺术学科内容的融合完成跨学科教学；语文教师可将"舞蹈"引入古典诗词，以舞蹈风格、造型等的鉴赏体验扩展到古典诗词的相应情境创设中；等等。

从长远看，"新三科"教师队伍建设发展路径可对高质量美育教师队伍建

---

① 滕守尧. 美育：教育现代化的关键 [J]. 北京大学学报（哲学社会科学版），1995（2）：63 - 69.

设提供有力支撑。

(一)"大中小美育教师一体化"协同模式助力"新三科"师资创新发展

2019 年教育部发布的《教育部关于切实加强新时代高等学校美育工作的意见》中指出,加快构建高校与中小学协同培养的育人机制,加强艺术师范专业教师队伍建设,鼓励高校建立与中小学艺术教师互聘和双向交流等长效机制。[1] 其中还提到了支持设立并办好舞蹈教育、戏剧教育、戏曲教育、影视教育相关专业,体现了高等学校美育工作的前瞻性,为艺术课标中的"新三科"师资队伍建设夯实了人才培养基础。

对于"新三科"师资的补充和创新发展,首先,要确立高校相关艺术专业的人才培养模式。在艺术师范专业培养方案中增加美育理论课程,培养具有面向人人的美育教学素质结构的美育教师,其途径和举措是推进高等艺术师范教育改革发展,加强高校乡村教师公费定向培养项目。[2]

其次,开展"高校扶持计划",支援一线义务教育实践,高校教师、专家加入学校美育的师资力量,提升美育相关艺术学科的专业性和科学性,形成典型示范课,并在一线教学中学习和推广,使一线美育教师从经验交流中总结进步,得以长足发展。此外还可以开展博士和硕士的合作与交流及艺术教育专业大学生支教计划。[3]

最后,以高校资源为依托,完善优质美育教师的培养。建设跨地域、跨学科的教师教育队伍。教师教育者,可以指为职前与职后教师提供教育指导的教师。教师教育队伍的服务对象涵盖了职前、入职和职后几个阶段的师范生和在职教师。[4] 以期达到完备美育师资、强化育人力量的作用。组织培训研修,促进美育教师的专业发展。在"国培计划"和各省地市的教师培育计划中,设置美育专项,有计划地组织美育专业教师、教育行政部门管理干部和各级各类学校校长定期参加美育专业培训。[5]

---

[1] 中华人民共和国教育部. 教育部关于切实加强新时代高等学校美育工作的意见[EB/OL]. (2019-04-11)[2024-06-01]. http://www.moe.gov.cn/srcsite/A17/moe_794/moe_624/201904/t20190411_377523.html.

[2] 郭声健,聂文婧. 美育实现面向人人,关键在于师资培养[J]. 教育家,2022(23):8-9.

[3] 中共中央办公厅,国务院办公厅. 关于全面加强和改进新时代学校美育工作的意见[EB/OL]. (2020-10-15)[2024-06-01]. http:www.gov.cn/xinwen/2020-10/15/content_5551609.htm.

[4] 刘义兵,常宝宁. 教师教育一体化师资队伍建设及其创新实践[J]. 教育研究,2015(8):121-124.

[5] 孙勇,范国睿. 我国学校美育工作的现状、问题与对策[J]. 教育科学研究,2018(10):70-75.

（二）搭建"数字化美育平台"，落实"双师型"教师队伍建设

"新三科"的课程实施尚未在学科教学实践中取得先前经验，可通过引入相关艺术学科的名师名家进行线上教学互动或线下教学指导。"新三科"艺术教师可以通过开发数字化教学资源支持课堂教学及艺术实践活动。例如，中教华影电影院线打造的中小学服务资源平台"影趣多"，以兼具科学性、系统性、趣味性的影视教育内容为特色，涵盖影视美育学堂、版权电影资源等内容板块。影视美育学堂依托生动活泼的影视资源，依据美育理论和素质教育理念研发设计。课程根据基础教育阶段学生心理成长的不同特点，通过中外优秀影视作品鉴赏，以影视专家讲授为主，配以生动的游戏互动环节和专业训练环节，讲解影视艺术知识、影视技术知识和其他美学知识，提升学生的美育素养。再如，慕课资源"名师名家话美育"网络公共课，相关艺术课程的学科专家对本领域的基本知识和艺术经验进行分享，线上教师和线下教师共同互动打造趣味课堂教学内容。

（三）构建"学社美育共同体"，促进"新三科"教师专业成长

当前，面临"新三科"美育师资匮乏的现实困境，通过开发社会美育资源，如与"新三科"相关的社会艺术工作者合作，可实现学校美育师资与社会美育师资从知识结构、经验等方面优势互补。学校的美育教师更为熟悉课程教学的基本规律、了解学生的实际情况和学习需求；社会美育教师拥有丰富的专业知识和实践经验，二者相得益彰。以"新三科"影视学科为例，可培养一批专兼职结合的影视教育教师队伍，邀请影视教育专家，通过建立影视教育工作室、开展电影主题讲座等形式，提高美育教师开展影视教育的能力和水平。[①] 此外，可以通过开展社会美育教师职前培训，提升他们的教学能力、课程组织能力，不断强化"以美育人"的目标，加强对学生课堂学习及心理发展规律的引导。

在"学社美育共同体"建构的前提下，搭建高效的沟通交流平台。提升社会美育师资的"审美素养"和新课标要求的"艺术素养"，以及教师教学素养，制定严格的师资准入标准和管理办法，可以通过"申请—考核"制度进行选聘，在一线实践者中遴选，制定相关管理办法，不断提高美育兼职教师管

---

① 中华人民共和国教育部. 教育部 中共中央宣传部关于加强中小学影视教育的指导意见[EB/OL].（2018-12-24）[2024-06-01]. http://www.moe.gov.cn/srcsite/A06/s3325/201812/t20181224_364519.html.

理的科学化、规范化水平。

打造"学社美育共同体",促进"新三科"教师的专业化学习,展开多途径培训,如教师工作坊、名师工作室等研讨交流汇报分享等多项举措,以科学有效的方式开展育人活动。培育创新型艺术教师,开展同课异构,增进教师之间的互相交流,产生有益的互促共进,寻求有效的教学方法,促进教师的专业成长,从而优化美育师资队伍结构,完善义务教育美育实施的实践探索。

第三篇

学校美育课程与教学探索

地域性"非遗"融入新时代高校美育的路径探究
——以青神竹编工艺融入美育课程为例

西华大学　王晓琴　李育华

摘　要　地域性"非遗"既为地方高校美育工作提供了丰富的资源库，又扩展了高校美育工作多维的研究空间。本文从高校美育背景下地域性"非遗"教育传承的研究入手，以青神竹编为例，从高校美育和地域性"非遗"教育传承的视角探寻两者的结合点，对地域性"非遗"与高校美育融合的现状进行分析，从而探索地域性"非遗"在高校美育中的传承路径。通过教学模式的改革、学科融合与美育平台建设、美育课程及美育教材建设、校园文化建设、教学成果转化的实施路径，充分发挥地域性"非遗"的高校美育功能，以期造就能传承和弘扬中华民族优秀传统文化的接班人，同时增加地域性"非遗"传承方式的多样性。

关键词　非物质文化遗产；高校美育；青神竹编；地域性

2020年10月中共中央办公厅、国务院办公厅联合印发的《关于全面加强和改进新时代学校美育工作的意见》指出，学校美育要以立德树人为根本，并将其融入各级各类学校人才培养的全过程。非物质文化遗产（以下简称"非遗"）是一种以人为核心载体的活的文化形态，是我国珍贵的、有保护价值的文化资源。为贯彻落实上述意见精神，根据当代"非遗"教育传承人培养的现实需要，我们有责任把"非遗"教育的传承作为高校美育教学的中心环节，渗透在美育教育的课堂中。地域性"非遗"有着丰厚的地域文化基因与民族记忆，蕴含了丰富的社会历史文化资源，以及标志性的文化活动和文化精神。怎样充分挖掘区域美育资源、打造地方高校美育特色、构建多元一体的美育共享系统，成为满足新时代美育多元需求的重要课题。

基金项目： 2022年绵阳市社会科学研究基地四川民族手工艺研究中心项目（项目编号：22-SMS-03）；2022年四川省教育厅人文社会科学重点研究基地李白文化研究中心项目（项目编号：LB22-B03）；2022年四川省教育厅人文社会科学重点研究基地四川应用心理学研究中心项目（项目编号：CSXL-22203）；2020年四川省教育厅人文社会科学重点研究基地四川性社会学与性教育研究中心项目（项目编号：SXJYB2001）；西华大学本科生教育教学改革项目（项目编号：XHJG2019064）；教育部产学合作协同育人项目（项目编号：RC200000824）。

一、地域性"非遗"融入新时代高校美育的意义

近年来,国家相关部门先后印发了《关于实施中华优秀传统文化传承发展工程的意见》《关于进一步加强非物质文化遗产保护工作的意见》等多个文件,都强调了学校要在地区"非遗"传承保护工作中发挥作用。地域性"非遗"是地区优秀传统文化的一个重要部分,其历史悠久,能够体现日积月累的传统内涵,能够展现特定地区人民群众的认知、文化等。所以要利用本地区传统文化的优势,增强学生文化认同感和文化意识,在多元文化的潮流中坚守正确的价值取向和政治信念,加强文化鉴赏和选择辨别,树立开放包容的文化自信。

将地域性"非遗"融入高校的美育中,既是以美育教学为基础,发挥高校艺术遗产教育与传承功能的重要举措,也是在大学内通过地域性的"非遗"完善高校美育环节的有效途径。地方高校在地域性"非遗"继承与发展、创新与研究等方面,既有区域距离、乡土亲情等优势,又有着不可比拟的人才优势、平台优势和学科优势,在地域性"非遗"的保护、活态传承等方面具有不可替代的作用。地方高校既可通过课堂教育和课程体系进行"非遗"文化传承教育,又可以大力发扬地域性"非遗"丰富的内涵特征、历史底蕴和审美价值等,还可以通过艺术技能实践、校园文化氛围营造等实践活动,扩大地域性"非遗"的影响力和感召力,吸引更多的社会团体和个人加入地域性"非遗"传承和保护的活动中。高校通过地域性"非遗"与美育的融合研究,利用地域性"非遗"的美育功能可培养学生鉴赏美、发现美、追求美、创造美的能力,同时增强新时代大学生的文化自信。文化自信正是对自身文化价值的一种充分认可,是人们在熟悉、理解、认同自身文化基础上所形成的一种价值判断,这种价值判断关系到一个民族文化未来的走向,甚至关系到整个社会的发展和国家的稳定。(图1)

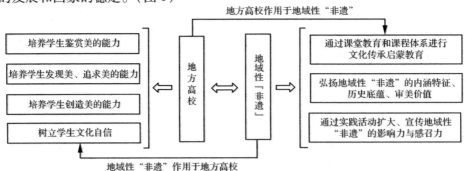

图1 地域性"非遗"融入高校美育的意义

二、高校美育传承弘扬"非遗"的现状

从古到今，艺术教育在推动人的全面发展上备受教育家关注。孔子就非常注重艺术教育促进人的和谐发展的功能，他提出"兴于诗，立于礼，成于乐"。高校美育对于弘扬优秀地域性"非遗"有着特殊的优势，身处地域文化环境下的地方高校坐拥丰富的地域性"非遗"资源，具有独特的地理优势，高校除承担相应的教育任务外，还应充分利用自身优势，继承、保护与发展地域性"非遗"，积极将地域性"非遗"纳入当代高校美育之中，自觉将优秀地域性"非遗"文化转化为地方高校教学与研究的发光点。目前地域性"非遗"与高校美育融合的现况令人担忧，其存在的问题有如下三个方面：一是高校学生对于地域性"非遗"的了解不多、学习热情不高，二是地域性"非遗"与高校美育深入融合的难度较大，三是地域性"非遗"美育的开展对于地方高校教师的水准要求较高。

1. 高校学生对于地域性"非遗"的了解不多、学习热情不高

许多高校学生都认为接受美育教育最好的方法就是通过艺术鉴赏、艺术创作等方面的通识课程，对地域性"非遗"的专门知识了解甚少，尤其是对于地域性"非遗"美育意义的认识不够，这就直接导致很多高校学生在进行地域性"非遗"学习传承时，容易忽视遗产的美育价值与功能。很多学生错误地认为地域性"非遗"美育课程是一门多余的课程，不应在美育中加入传统民间艺术，因此对其学习热情不高，这种思想显然背离了发扬与传播中华优秀传统文化美育的初衷。

2. 地域性"非遗"与高校美育深入融合的难度较大

目前，部分高校未能深入挖掘地域性"非遗"美育价值，造成地域性"非遗"传承无法在高校美育工作中得到良好的开展。部分高校虽然有意识地促进了地域性"非遗"和高校美育课程的融合，但存在过分注重形式、疏于实际传承等现象，也使得两者融合难度较大。把地域性"非遗"引入高校美育的课程中，不应仅仅是把地域性"非遗"作为一种美育教学内容呈现在学生面前，而应理论联系实际、课内课外相结合。

3. 地域性"非遗"美育的开展对于地方高校教师的水准要求较高

高校美育教师不仅是教育主体，也是地域"非遗"传承与发展的重要传播主体，所以应在美育课堂上引入地域性"非遗"资源。但是，由于地域性"非遗"具有民间性、无形性、活态性等特征，具有抽象艺术内涵。因此，对

地域性"非遗"技艺的展示与传承就成了当下高校美育教学工作的重要内容之一,演、唱等其他呈现形式的"非遗"给高校美育教师的教学增加了不少隐形的难度①。目前,许多高校开设地域性"非遗"美育课程的师资力量较弱,教师缺乏"非遗"专业知识,很难直接引导学生理解地域性"非遗"的美育价值。

三、青神竹编技艺的美育价值及传承困境

1. 青神竹编技艺的美育价值

竹编工艺产生之初用于实用工具,但是随着其不断发展及人类对于审美的需要,目前已有一部分竹编产品逐渐发展成为极具观赏性的工艺品。青神竹编(图2)作为中国民间艺术的重要载体,在中国传统手工艺的发展中有着不可替代的地位。青神竹编是我国珍贵的民族文化符号之一,它所特有的艺术文化内涵有着巨大的美育价值。

图2 青神竹编作品

(1) 历史底蕴上,青神竹编作为中国非物质文化遗产,是四川竹编中最重要的一个分支,其历史久远,编织技艺精湛。据记载,"蚕丛氏着青衣,劝民农桑,土人思而祀之,号青神",青神县名由此而来。唐宋时期就有大量竹编工具应用于生产和生活中,明代有装饰图案及几何图形的竹编工艺品问世,到清代同治年间竹编技艺便达到高峰,这些足见青神竹编深厚的历史底蕴。青神竹编作为古代劳动人民生活中的重要民间工艺,同时也蕴含着古代劳动人民的智慧和艺术审美表达。

(2) 传统技艺上,青神竹编从选材到成品有严格且复杂的步骤,但总体

---

① 杨圆. 区域非遗元素与地方高校美育价值融合的路径规划[J]. 艺术与设计(理论),2021(9):135-137.

上可分为选竹、启篾、三防、染色、分丝、编织。青神竹编技艺主要分为平面、立体及瓷胎三种类型，但以平面编织为主导。青神竹编在原料及编织工艺上都有极高的要求，"新、奇、绝、精、雅"是当代青神竹编工艺的指导原则。青神竹编基本的编织技法为十字编、六角编、人字编等，其技法简单，但青神竹编工匠们在此基础上不断创新，创造出菱形、菊花、绞纹和星点等编织技法，让平面竹编视觉感更强。① 青神竹编近年来不断融合地域文化及其他艺术，使自身得到不断的创新发展。其二维平面的编织技法多变，表现力非常强，能编织出对称、二方连续、四方连续等形式的花纹图案，具有一定的艺术美感，其风格既可以简洁朴素也可以精致细腻。

（3）文化寓意上，传统手工艺在艺术创作形式上常常蕴含着审美内涵。审美是一种以概念为基础、以想象为内在感官体验的活动，就其本身来说，它不仅关系到外部形式，而且关系到内部意味。青神竹编文化饱含着青神先民们对于竹编技艺不断实践和革新的努力和汗水，并且融入了当地人民对于美好生活的憧憬。青神竹编图案纹样中也蕴含着丰富的文化寓意，如"葫芦"由于与"福禄"谐音而被引申为多子多福的吉祥寓意。所以在青神竹编图纹的设计中，竹编艺人大多采用葫芦形纹样表达对生活美好的愿望，用桃形表达对长寿之福的夙愿，用万字纹表达对生命生生不息的愿景。

2. 青神竹编技艺的传承困境

对于"非遗"传统技艺的传承来说，人才至关重要。一方面，青神竹编由于产业化程度不高，经济效益差，致使招工工价比较低。另一方面，竹编产业是一种门槛较高的手工艺，早期培养时间较长，加上目前社会就业环境对于"匠人"认同度不高，所以几乎没有人愿意投身于这一产业。如今很多年轻人觉得传统手工技艺学起来费时费力、学习周期长、赚钱速度慢，因此更愿意出去打工，这也使得青年人才流失。现代审美倾向对传统手工艺产生了持续的影响，由于青神竹编开发过程中，产品的创新升级较少，致使市场需求量较小。当工艺品琳琅满目时，人们一般会选择与当前审美倾向相符的产品，这导致青神竹编的产业发展具有局限性。综合来看，青神竹编技艺传承困境主要源于人才紧缺和自身创新能力不足。把青神竹编技艺纳入高校艺术专业学生的美育课程中，能够为更多高校学生提供了解优秀民族文化的契机，并推动民族传统技艺的继承和发扬。这不仅能丰富高校美育的文化底蕴，而且能给青神竹编带来

---

① 殷灿新. 四川青神竹编艺术的传承与创新[J]. 中华文化论坛，2011（3）：65–67.

生机和活力。

四、地域性"非遗"融入高校美育的路径

地方高校是地域性"非遗"保护与传承的有效平台和推动者，可以在资源精选和加工过程中充分发挥其教育主体力量。探索地域性"非遗"美育传承，可通过建立校内、校外双重"非遗"教学模式，推进学科融合与美育平台建设，建设地域性"非遗"美育课程与美育教材，开展地域性"非遗"相关实践活动，以美育教学成果促进地域性"非遗"发展。（图3）

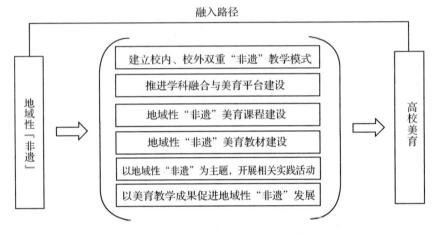

图3　地域性"非遗"融入高校美育的路径

1. 建立校内、校外双重"非遗"教学模式

青神竹编的保护与传承仅靠传承人单一的传承与教学力量是不够的，应充分整合校内外传承人之力，组织双重教学模式。当前，不少高等院校将"非遗"教育融入课程，但教学效果却不尽如人意。一方面，一些高校在利用校内艺术类教师进行青神竹编的传承过程中，往往容易忽略遗产内容的民间性，很难将校外"非遗"精准引入课堂，美育教学内容偏离地域性"非遗"的内涵本质。另一方面，由于受地域文化、教育背景等因素影响，"非遗"与审美教育之间存在着一定程度的错位甚至冲突的现象，这导致部分学生对民间艺术的理解出现偏差和审美观念的不同。为此，高校应将校内艺术教师与校外民间艺人有机结合起来开展教学，在教学模式的拓展中挖掘青神竹编的美育特色。① 以"内部培养，外部引入"的方式开展传承人教学队伍建设，充分挖掘

---

① 丁欣. 艺术类"非遗"在高校中的传承路径研究［J］. 艺术评鉴, 2022 (18)：93 – 96.

青神竹编中所蕴含的丰富美学价值，从而提升青神竹编在高校美育中的功用。

2. 推进学科融合与美育平台建设

伴随着城市化进程的加速，青神竹编所依赖的传统生存环境因受到工业化生产的影响而不断改变乃至消亡。要使青神竹编的继承和创新融入高校美育并渗透其中，需要高校美育教学确立学科融合的教学模式，实现跨专业和跨学科发展的目标，以青神竹编为核心，整合带动地方资源链，搭建美育平台，让更多高校学生了解青神竹编文化，并且在体验学习中碰撞出更多可能性。例如，可以采用构建青神竹编美育平台的方式，利用现代技术对青神竹编的编织工艺、编织题材及配色等进行集成与加工，做成数字化的图像，再利用交互技术生成青神竹编技艺体验的美育平台。在现代科技的帮助下，以数字化建设方式，使高校学生在美育平台上学习，这种教学形式的自主性和选择性更高，而且不受时间和空间的限制，既能让学生感受传统技艺之美，也能拓展美育教育途径，使学生在感知地域民族文化特色的同时，也能拓展地域性"非遗"技艺的生存空间。

3. 地域性"非遗"美育课程建设

高校应参考教育部印发的《教育部关于切实加强新时代高等学校美育工作的意见》，弘扬中华美育精神，注重地域性"非遗"的美育价值，用"非遗"启迪学生心灵。关于地域性"非遗"美育课程，可让学生自主选修并融入艺术专业学习，在课堂学习中能对地域性"非遗"有一个更全面的理解与体验，而不仅仅是浮于表面的学习。以青神竹编课程为例，其设计可以分为三个部分：① 认识青神竹编的艺术特色及其所承载的历史文化。讲述青神竹编的起源及其艺术特点、制作工具等，对工艺流程进行总体认识。在这一部分的理论教学上，要注重渗透传统审美教育，提高学生对地域性"非遗"文化的理解和认同感。② 学习青神竹编的制作工艺。结合地域文化特点和学校教育特色，以传统手工技艺为依托，进行一系列创新实践活动。着重关注青神竹编基本工艺的教学，重视实操能力锻炼，培育匠人精神。除校内教师教学和地域性"非遗"艺人校园现场教学指导之外，也可以采用外出调研、访问及其他学习方式，使学生能够亲身经历、体验青神竹编制作的完整过程。③ 与青神竹编传承人交流。采用与行业大师、传承人对话的学习方式，系统地认识"非遗"手艺传承中存在的问题、最新市场情况及今后发展方向等。采用讲座或者系列课程的方式，安排学生和教师共同参加。对校内的教师和学生来说，这不仅是对课内知识和文化的延伸，更是一种美育方式。

4. 地域性"非遗"美育教材建设

青神竹编作为一种操作性很强的艺术形式，在对教材进行建设时，应注意"活"的状态，不断地进行多媒体技术更新，与时代同步，同时还要结合高校的教学特点与学生特点，紧紧围绕专业人才培养目标进行。其中，应以青神竹编相关的发展史论、作品欣赏、传统竹编作品应用及当代设计应用等为教材建设重点，把青神竹编这一优秀地域性"非遗"文化资源纳入美育实践课程，促进青神竹编更好地发展与传承。教材呈现形式上应该更加注重图像化、数字化的结合，例如，以图例、动画和实际操作视频等作为教学内容，更直观且互动性更强；文字内容上强调精练简明，减轻学生理论学习的困难，加强锻炼学生的专业操作能力。以地域性"非遗"为基础的美育教材建设，能够让高校教师在教学时有更好的参考依据，让学生的学习更直观，也更有利于各高校间的交流互动。

5. 以地域性"非遗"为主题，开展相关实践活动

把青神竹编融入高校美育中，除依托课堂教学之外，还可以依托实践活动的开展，在实践中体验感受青神竹编的魅力。亲身体验有助于学生与青神竹编建立更为紧密的联系。实践活动的开展可以考虑以下两个方面：① 创设良好的校园传统文化氛围。大学校园文化与地域文化是相互作用、相互协调发展的关系。[1] 高校校园可通过青神竹编这一载体进行相关实践活动，例如，校园青神竹编知识推广活动，青神竹编比赛、交流会、作品展等。这些活动不仅能普及传播青神竹编，还可以打造独特的"非遗"美育校园氛围，为"非遗"校园美育打下良好的基础。② 进入青神竹编工艺坊或文化村进行艺术技能的实践体验。如进入青神竹编工艺坊进行实习等，学生学习并掌握青神竹编的技艺，使其对青神竹编感兴趣并促使更多学生把青神竹编传承作为未来职业发展方向，以此来缓解青神竹编传承人才紧缺的问题。

6. 以美育教学成果促进地域性"非遗"发展

青神竹编在继承和发展过程中，除政府的支持外，更要和市场接轨，在工艺、生产等关键点上多下功夫。在此背景下，各艺术院校和艺术中心平台都可起到桥梁作用，高校可以鼓励艺术院校的学生在青神竹编课程学习中大胆地进行创新和创造，比如把青神竹编创作成艺术品、家居品等，并针对优秀学生作品进行成果展示和宣传。并借助艺术中心的平台资源，在课程教学中植入企业

---

[1] 曹毓民. 地域文化对地方高校办学特色的影响 [J]. 江苏高教, 2010 (6): 35-37.

设计需求，推进产教深度融合，这不仅能让学生在项目设计中了解真实的市场需求，也能让地域性"非遗"与美育课程相融合，让人才培养与市场相衔接，准确对接行业需求，打造特色生产链。

五、结　语

地域性"非遗"是某一地区劳动人民经过多年沉淀下来的文化形式、符号和资源等，既是区域经济发展的精神财富，也是激发区域经济社会融合发展的动力。目前，"非遗"美育传承的理论研究与实践研究都处在初步探索、挖掘的阶段，本文以青神竹编工艺为例，通过对地域性"非遗"与高校美育的结合路径探索，以期高校学生对中华优秀传统文化能有一个深入的了解，并结合他们的体验与创作实践活动，推动高校美育学科建设。让地域性"非遗"成为高校的美育课程资源，同时也利用高校力量打开"非遗"新时代传承的新路径。当然这一任务是长期而艰巨的，它需要学校、教师、学生、非遗传承人及社会各方力量的努力与参与。

原载《天工》2023 年第 9 期，略有改动

关于学校美育的思考与实践路径的探索

浙江大学城市学院　刘立承

摘　要　党的二十大报告中明确提出:"全面贯彻党的教育方针,落实立德树人根本任务,培养德、智、体、美、劳全面发展的社会主义建设者和接班人……"美育是教育工作者不能忽视的重点,围绕我党的教育方针,抓住美育的目的是培养学生具有发现美的慧眼和创造美的能力。可以从以下方面入手:① 管理制度是美育的根本保证,尊重劳动、尊重事实、尊重规律,激发教师全身心投入教学的热情。② 在美育教学内容与教学方法上根据美育在不同阶段的目的和任务,各学校结合本校的条件与学科优势研究好教什么和怎么教,建立自己的美育课程体系,发挥教师在"美、审美与美的创造"上的经验、学识、造诣,循循善诱,关注学生的视野与审美需求因材施教。③ 熏陶化成与五育协同育人,"教"和"育"差别很大,代表两种不同的任务,学校人才培养目标是"教会"和"化成","五育"的目的不是在教育工作中各自画地为牢、各教各的,而是"五育"协同并举,培养高素质的社会主义建设者和接班人。

关键词　美育；教学；课程；熏陶；五育协同

二十大报告第五部分明确提出:"全面贯彻党的教育方针,落实立德树人根本任务,培养德、智、体、美、劳全面发展的社会主义建设者和接班人……"这再一次指明了教育的方向,点明了学校工作的核心。美育是教育工作者不能轻视的重点。然而,美育在生产生活中因为不直接产生经济效益、难有衡量标准而常常被忽视,虽然理论上其一再被标注为"重要"。古往今来美对于人和人类社会来说就像空气和水一样不可少,但它"飘忽不定"难以测定,又像水和空气一样"随器而形"。老子在《道德经》篇首即言"天下皆知美之为美斯恶也",更让人难以把握。"美"尚且如此,教育者又该如何去"育"呢?

就"育"而言,它是一个有时间意味的字,如孕育,就有在一段时间里面持续的意思,事物表面虽没有发生变化但内里在潜滋暗长；由此看来学校的美育当然不能一蹴而就,美育是一个持续的、渐渐养成的过程,是通过对美的启发、感知、体验、认识、分析、判断、训练、创新等多个环节交融的培育,而获得的一种综合的、积极向上的思想意识和动力。它往往并不直接体现,而是通过日后工作、生活中的点点滴滴间接呈现出来,它是一种素质、一种创造力。一说到美的创造,大家很容易想到艺术作品的创作,诚然艺术创作是美的创造,但美的创造不只局限于艺术领域,它充斥于我们的生活、工作之中,例如,杂乱的房间收拾整齐、摆放得好看;参加活动选衣服搭配得好看又得体;修理冰箱的师傅,维修结束后把冰箱整理好,灰尘抹净,摆放归位,家具放好,余物清离……这就是在日常生活中劳动者应有的素质,这就是在创造和谐美好的生活。美的素养在生活中不经意间就有流露,又比如工程现场怎样让施工尽少扰民而且安全又方便。学校的美育就是通过引导和体验来培养学生感性的素质,这是未来能够美好地生活、工作的基础,使学生对美认识的同时能认识客观事物的本质属性,认识世界,同时也在认识自我,增强在未来事业、生活中个体发展所需要的能力、追求美的动力和自信,以健康的身心、美的理想、美的情操、美的品格、美的素养、美的能力去应对未来的挑战。

在教育中,技能的教与学往往比较单纯,可以直接显现,因此容易获得人们的肯定和重视,而美育则不然。种子育苗需要一定的温度、水、空气,在持续的时间里孕育,最终才得以发芽,美育也是如此。通过对学生进行引导、体验、实践、熏陶后,他们获得美感,获得一种向往美、创造美的力量。人们常常把教师比作"园丁",其很重要的原因是园丁与教师的工作很相似,"润物无声"是他们的工作状态。美育不同于技术、技能的学习,所以在教学方法上也不相同。许多知识、理论可以在教室里、黑板上用语言来教与学,而"美"融于生产生活的各个方面,是讲情感与感官体验的,黑板式的教学方法未必是最好的方法,并且审美属于意识形态范畴,是有阶级立场的,所以环境、引导、熏陶化成是美育的三大环节,以下就这三点逐一简述。

一、环境

1981年,共青团中央等九个单位联合推出《关于开展文明礼貌活动的倡议》,开展"五讲四美"文明礼貌月活动,其"四美"即"心灵美、语言美、行为美、环境美",该"四美"对今天的美育来说仍然有重要意义。改革开放以来,人民生活水平有了很大提高,每个家庭的生活条件获得了很大改善,国家在教育上持续建设,校园环境、办学条件等方面与改革前相比已经是天壤之别,整个社会的文明表现也有很大的进步,凡此种种都为美育奠定了良好的社会基础。对于学校来说,营造适合美育的环境氛围不仅包括外在的硬环境,还

包括软环境，即人的因素。（图1）

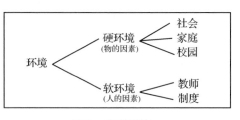

图1　美育环境

"学高为师，身正为范"，教师的言与行是学生的表率。现在各个学校对教师的考核主要是两点：第一是师风师德，第二是教学与科研业绩。在师风师德方面有一票否决的规定，师风师德的考察主要是看言与行，因为其他方面不易衡量，言与行不违规、不出格就算合格。殊不知一个合格的教师首先要看他每天有多少时间花费在学生身上、教学上，即他的心在哪里，如果心不在焉，即使他身在学校、站在黑板前例行公事，也不是真正合格的教师。现在有些教师迫于科研业绩考核的压力（特别是高校），将主要心思放在科研、项目、文章发表上，这样的教师，同他说"美育"，结果不言而喻。目前社会的普遍现象是，制度就是指挥棒，学校的管理制度是"美育"的根本保证。制度首先应激发教师全身心投入教学的热情而非相反。制度要尊重劳动、尊重事实、尊重规律。课程与课程之间差异很大、教学方式多样，制度怎能一刀切？

二、引导

引导就是教学，首先遇到的就是教什么？怎么教？即用什么"引"，怎么"导"？教学引导分析可参考图2。

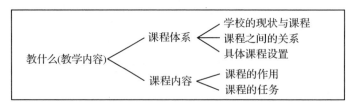

图2　教学引导

1. 教什么

美育是一个长时间持续的过程，时间跨度大，从小学到大学；美又分为自然美、社会美和艺术美，涉及的知识范围广，不是哪一门课程就能够胜任的，课程计划的安排要紧密围绕美育在不同阶段所要达到的目的和要求，构建成一个体系，包括课程的内容与学时、先后次序、相互的衔接与互补、考核的形式、成绩的评定等，甚至所在学校的教学条件、师资队伍、学校的学科特色等都应在筹划之列。美育结构关系如图3所示。

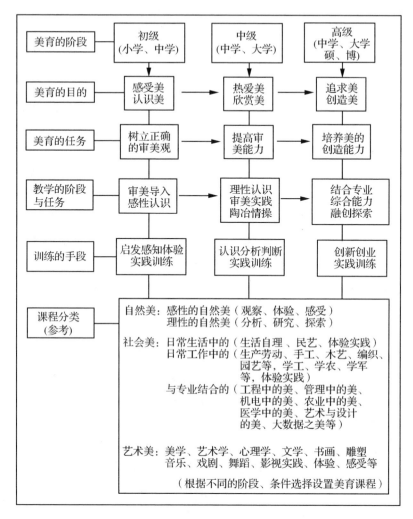

图 3　美育结构关系

各个学校要建立自己的美育课程体系，这个体系不必所有的学校都相同，可以从课程的关系中整体思考与深挖美育的实践路径和实现美育的核心要务，如开设的课程是否发挥了各校的办学优势，是否联系了地域民族文化、地方产业等，是否在实验实践基地、业界、企业、导师等资源条件方面加强建设与利用。注意美育课程与专业间的相互关系，注意研究型大学与应用型大学教学体系的不同、办学方向的不同。即便是相同名称的课程在不同阶段其教学目的和内容也有很大差别，比如，同样是手工课，在初级阶段主要是培养学生动手的兴趣，使学生在制作过程中感受愉悦，从而对手工课积累好感，制作得美与不美不是核心重点；而在中级阶段不但要强调制作得美与不美，还要理解制作工艺、体验工艺之美、感受匠心所能创造之美、提高动手能力（实现劳育的部分功能）等。在专业学习和工作中结合这种工艺之美和匠心才会有美的创造。再比如，专业的书法课和作为美育的书法课，在教学内容与要求上也有很大不同。专业的书法课要求书法练习必须专而精，作为美育的书法课则要求全而广，虽然都是毛笔蘸墨书写，专业书法课是要练出肌肉的记忆，写出可参展的作品，而美育的书法课则没有那么多练习时间来达到精准的质量要求，只能按照笔墨要求尽可能多地练习体验，它要求学生了解书法这门艺术形式的审美特点、要求、文化内涵、整体概况，平时写字即便不用毛笔，也能一笔一画认真去写，甚至忙里偷闲也能写上几笔自我娱情，虽然不是书法家，但能将这种艺术形式渗透到日常生活中。如果学生在练习中发现自己对书法有感觉、有兴趣，可以安排时间继续练习下去。一代伟人毛泽东是无产阶级革命家、战略家和理论家，同时也是一位书法家，他的书法与人生值得我们学习、借鉴和思考。

2. 怎么教

教学方法是所有课程教学成功的关键，学校营造适合美育的环境氛围是美育的基础，参与、体验、实践是美育的主要教学方法，美育不能囿于课堂上、黑板前的言语说教，实践、参与应该是美育的常用方法，让学生没有实践只通过对语言的理解去想象与在体验过程中想象，后者获得的美育将更加直接、更加生动，印象更深，理解的程度也不一样，更有利于美感的培养。前者调动的是听觉，建立在对词语意义的理解上；而后者调动的是眼、耳、触、味、嗅等身体所有的感官，无须借用词语、语言的转换直接生成。感官感受是人体审美活动的基础，青少年正处在身体发育与思想意识的转变时期，适时地导入美育可以事半功倍。不仅在美育课中，凡是让学生参与各类和审美有关的活动其实都是在美育，我们在进行这类活动时需要给予正面的积极引导，学生获得的是不同层级审美过程中的体验、经历、情感。这类活动不必给予唯一的答案，甚至也没有唯一答案。作为学校和教育者，这样的活动要经过认真、有目的的挑选、设计，并且设计者往往是课程的讲授者。他根据自己的经验、经历，从审美的视角循循善诱，同时敏锐捕捉学生在课堂中的反应，以自己的方式因材施教，所以教师自己在"美、审美与美的创造"上的经验、学识、造诣、观念显得尤为重要，教师热爱教育、关爱学生的情怀显得格外珍贵。教师（包括学校的管理者和员工）是学校的主导，是职业的教育工作者，他们的心灵、语言、行为对学生的影响直接且明显，所以师资的招聘容不得半点马虎，在教师素养、师德情怀与科研能力之间应该有明确定位，毕竟育人是教师的首要任务，教师需要有觉悟、有理想、有情怀、综合素质高、能默默奉献、吃苦耐劳的优秀人才来担任。

对于学生来说，每个个体成长的环境、经历同样不可忽视，如农村的学生与城里的学生在农田劳动实践、审美体验方面差异很大。更不用说心理、个性、爱好对审美的影响。美育也需要与时俱进。在课程内容选择、设计上既要继承中华民族传统文化审美，又要关注当下社会时代审美潮流，并适时引导；在校学生在思想意识、审美方面迫切的需求同样不容忽视，围绕他们很想知道的、困惑的、兴趣点去引导、去展开，让美育工作真正落到实处，避免不看对象、不分青红皂白就是一通固定模式的理论说教。殊不知枯燥的理论、冰冷的说教，大家都不会喜欢，甚至会反感。

对每项美育教学活动都要有明确的指向，引导学生通过对引起人们美感的客观事物的共同属性的探索去认识世界。它有别于一般知识性教学，美育不能简化成艺术教育，不能把艺术与美等同，它不是培养艺术家、美术家，因此在具体的教学与体验中对技术的掌握不是最终目的，学生在审美体验中能否真心、动情，学会从感性到理性的思考判断，这是最重要的，正如罗丹所言，这个世界并不缺少美，而是缺少发现美的眼睛。美育的实质就是在培养这双慧眼，这双创意创新的"美的发现之眼"。所以这种审美体验要认真用心，不能泛泛地走过场，学生通过体验获得真切感受和认知在心田播下一颗种子。如果学生对某项体验有更浓厚的兴趣，也可以选择踏上专业的学习征程。在体验过程中，学生也会在内心内省自己的人生和未来发展方向，积蓄未来人生的创新动力。（图4）

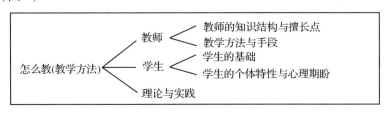

图4　美育教学方法

三、熏陶化成与五育协同

学校的职责是教育，"教"和"育"差别很大，代表两种不同的任务。"教"是教导、教会；"育"是培养、化成。学校工作任务必须以教导、培养、教会与化成为核心，且最终意义在于最后的"化成"，把知识、道理通过先教再育、边教边育，"化"为学生日常行为和工作的能力，使之成为高素质的社会主义建设者和接班人。例如，学习"精益求精"这个成语，是希望学生将来能秉承精益求精的精神投入工作，这是"育"的根本意义，如果只停留在对词义的理解和考试填空的作答上，这是教而未育、学而未习、习而未化，只完成了"教"，没有完成"育"，或者说培养了一群"有文无化"的半成品。所谓"应试教育"就是只抓住了"教"而放松了"育"，考试检查的是教和学的效果，通过分数可以直观衡量出来，对于"育"的评价则相对落后，同时关于"育"的评价也困难得多，往往到了用人单位才有所体现。所以我们常常看到大学毕业生到新工作岗位表现出手足无措的状态，这是因为他们只有书本理论，手上"没活儿"，当然不知道怎么办，眼中无美，当然没有"眼力见"，这是典型的学而未习的表现。从社会上流传的"金杯银杯不如老百姓的口碑"这句口头语可以窥见要认真做扎扎实实的工作才能获得众人的认可。那种抱着急功近利、立竿见影的思想去搞教育的行为是不可取的，当然我们的美育工作也要耐得住寂寞。因此，"时间"的持续对于教育、美育是极为重要的。揠苗助长是万万要不得的。"十年树木，百年树人"说的就是这个道理。

二十大报告中德、智、体、美、劳"五育"的提出不是为了在教育工作中"五育"各自画地为牢，各教各的、各自为政，甚至相互抢课时、抢资源，而是指明了"五育"工作的总方向："五育"并举，协同育人。美育是一个整体，在其他课程中也有引导美育的机会，如体育课中有运动之美劳育课中有劳动之美。一段时间以来在全国推行的"课程思政"工作，就是把德育工作融入智育课程中，教书的同时不忘育人。沿用这个思路，抓住人才培育的总目标，在每一门课、每一堂课上每一位教师都要发挥自己的所长，认真、严谨对待每一个45分钟。中华民族伟大复兴不是一朝一夕之事，需要数代人持续的拼搏。所以，教师应抓住教育的核心、围绕党的教育方针，培养德智体美劳全面发展的社会主义建设者和接班人，教师的工作任务艰巨而光荣。

再回到文初老子的"天下皆知美之为美斯恶也"的理念，是从静态的、美的外在形式做的哲学总结，大家都按照一个所谓"美"的模式不断重复不就"斯恶也"了吗？如果从美的内在、美的本质出发以动态的、时代的、创新的眼光不断创造新的形式、新的美，还会"斯恶也"吗？

美育课程体系：概念厘清、支撑点与构建

首都师范大学　史　红

摘　要　在概念上，"美育课程体系"与"公共艺术课程体系"有别，"美育课程体系"与"美育学科体系"也具有层级的差异。美育学是交叉学科，双重归属于美学与教育学。"美育学科体系"由"基础学科+主干学科+支撑学科"构成。"美育课程体系"是在美育学科体系指导下建构的美育课程系统。我们应逐渐完善独立的美育课程体系，而不是以公共艺术课程体系代替。

关键词　美育学科体系；课程体系

2019年《教育部关于切实加强新时代高等学校美育工作的意见》（教体艺〔2019〕2号），针对高校提出美育改革要求，规范公共艺术课程，加强公共艺术课程教材建设，修订了《全国普通高等学校公共艺术课程指导方案》，积极探索构建公共艺术课程体系。2020年中共中央办公厅、国务院办公厅印发《关于全面加强和改进新时代学校美育工作的意见》（以下简称《意见》）要求完善美育的系统设计，构建多样化、现代化、高质量的学校美育体系。虽然两个文件都是以审美素养为培养核心、创新能力为重点，都是美育改革的行动指南与纲领性文件，但是其中所指的"公共艺术课程体系"与"美育课程体系"在概念内涵、内部结构等方面都是不同的，需要进一步分析。

一、研究现状与概念厘清

在学术研究方面，笔者在"中国知网"以"公共艺术课程体系"为主题词进行搜索，2004年到2022年，共有149篇文章。主要内容有三种：一是体系建构研究，如"艺术学及其体系""艺术类院校公共艺术课程体系构建的创新探究""论普通高校公共艺术教育的课程体系构建""高校公共艺术教育深层次问题及对策研究"等；二是特色文化融合，如"将中国特色社会主义文化融入高校公共艺术课程体系"；三是体系建构方法论研究，如"运用系统论设计艺术教育课程体系"等。在关于"公共艺术课程体系"与"美育课程体系"及"美育课程体系"与"美育学科体系"关系上，没有文章论及。以

"美育学科体系"为主题词进行搜索，2000年至2021年，共有25篇文章。主要内容有两种：一是美育学科价值与建设，如"高校美育学科的价值认识及建设路径探析"；二是美育学科定位，如"美育学科学位归属与人才培养体系建设"。以"美育课程体系"为主题词进行搜索，1998年至2022年，共有130篇文章。主要内容有三种：一是高校美育课程体系构建，如"综合性高校艺术通识教育课程体系构建的思考与实践""高校美育的逻辑起点、现实困境及突破路径"；二是高校美育课程设计、操作，如"大学美育课程的设计与操作"；三是高校美育课程体系实施，如"我国高校美育实施体系的构建"。从以上研究来看，在公共艺术课程体系或美育课程体系建构上，众多学者都做出了不少的努力探索，但仍然存在一些问题，如公共艺术课程体系与美育课程体系、美育学科体系的概念辨析不够，混淆互用；研究内容边界不清。基于此，我们应该对公共艺术课程体系、美育课程体系、美育学科体系的研究进行反思，思考这些概念内涵与范围，以及研究视角的恰当性、研究过程的合理性、建构的逻辑性、指导的效率性等问题。

就概念而言，首先，艺术教育与美育概念内涵不同。艺术教育的解释是多样的。第一种是"为了艺术的教育"，其目的是艺术技巧、技能的教育，这其中蕴含了实用的、技术的观念；第二种是"通过艺术的教育"（education through art），目的是激发内在的自由，培养想象能力，提高智力，促进人与社会共频①，以艺术为工具，实现人的需求；第三种是"为了表现个性的艺术教育"，强调以"创造性自我表现"为学习艺术的主要目标；第四种是"为了完满人格的艺术教育"，激发人的想象力和扩展感知力，促进人格的完整，培养审美理想，实现审美价值，提供人本主义的理解力。② 此外，还有一些其他定义。列维、史密斯在《艺术教育：批评的必要性》一书中指出艺术教育的目的主要有，培养人的社会文明感，孕育与提升人的创造力，传授人与人之间有效的沟通交流能力，提供艺术欣赏的评估工具。③ 澳大利亚学者安妮·班福德（Anne Bamford）归纳出艺术教育的八种目的，即技术主义的目的、发展心理学的目的、作为表现形态的目的、重视认知能力的目的、审美的目的、交流的

---

① 里德. 通过艺术的教育[M]. 吕廷和，译. 长沙：湖南美术出版社，1993：271.
② 列维，史密斯. 艺术教育：批评的必要性[M]. 王柯平，译. 成都：四川人民出版社，1998：225.
③ 列维，史密斯. 艺术教育：批评的必要性[M]. 王柯平，译. 成都：四川人民出版社，1998：26.

目的、作为文化手段的目的、作为后现代的目的。① 这些多元的艺术教育目的，说明了人们对艺术观察视角之多及对艺术教育期望值之高。在艺术教育含义里，除了学习艺术技艺之外，实际上它更关注艺术对人的全面发展的促进意义。这些意义非常接近美育理念与意义，与美育方向是契合的。联合国教科文组织在2006年第一届"世界艺术教育大会：构建21世纪的创新能力"上所制定的《艺术教育路线图》，就规划出了四条艺术教育路线：第一，支持人类的教育权利及文化参与；第二，发展个人的能力；第三，提高教育质量；第四，推进文化多样性的表达。② 这其中的旨归是人的健全发展，特别是人的各方面能力的发展。如人的个体艺术能力（积极的创造力、丰富的想象力、批判的反思能力等）；人的综合能力（身体能力、智力和创造力的结合）；人的社会能力（积极参与社会生活，勇于表达自我，善于反思与评价）。③《艺术教育路线图》里的这些能力培养的指向与美育指向是并行不悖的。

美育的目的是实现人性、人格之"美"，其意义不仅是"通过艺术进行教育"，而且还是通过自然美、社会美等进行教育，它的领域、空间比艺术要更广阔。同时，这也说明，艺术是一种教育方法、教育载体、教育工具。从知识分化来看，18世纪德国哲学家鲍姆加登在逻辑学、伦理学之后确立了"感性学"，席勒通过《美育书简》使美育逐渐从美学中独立出来。席勒关于游戏冲动、现代人性的分裂、人性和谐、自由时限、审美与自由等命题范畴，提供的是从本质上探究美育的本质等问题的思想资源。他对美育核心界定是"促进鉴赏力和美的教育"，其功用为"培养我们的感性能力和精神能力的整体达到尽可能有的和谐"④。马克思、马尔库塞等对现代人的"异化"分析，提供了促进人的感性与理性协调发展的理论资源。当代西方存在主义"诗意化生存"，帮助我们从"生存与存在"的视角理解美育。在我国，1901年蔡元培在《哲学总论》中率先提出美育，"智育者教智力之应用，德育者教意志之应用，美育者教情感之应用"，把美育作为情感教育而提倡。王国维倡导"人生论美学"，朱光潜提出"人生艺术化"。无论是西方学者还是我国学者，都意识到人们需要有一种塑造人性、陶冶情感、完善人格的教育。西方哲学家也把美育

---

① 钱初熹. 面向未来：艺术课程重新设计的思辨[J]. 全球教育展望, 2022 (2): 15-24.
② United Nations Educational, Scientific and Cultural Organization. Road Map for Arts Education [R/OL]. (2006-03-09). https://unesdoc.unesco.org/ark:/48223/pf0000384200.
③ United Nations Educational, Scientific and Cultural Organization. Road Map for Arts Education [R/OL]. (2006-03-09). https://unesdoc.unesco.org/ark:/48223/pf0000384200.
④ 席勒. 审美教育书简[M]. 张玉能, 编译. 南京：译林出版社, 2012: 63.

功能提炼为，健全个体人格的发展，促进社会和谐团结，开展审美沟通的能力，培养批判反省的能力，激发想象创造的能力。美育是人的自我提升的、理性自觉的教育需求，这一知识领域的分化与独立是美学向教育的转向与实践应用，是对教育学中人性、情感教育缺失的弥补。

其次，"公共艺术课程体系"与"美育课程体系"概念内涵不同。"公共艺术课程体系"中的"公共"意味着面向全体学生，是大学生除专业课程以外必学的课程，侧重共性知识的传授，注重基本素质的培养。美国哈佛大学也有公共课程，其中的"核心课程"包括科学、历史、文学与艺术、外国文化、社会分析和道德推理六项。"文学与艺术"聚焦于文学原著及文学分析的方法，提高学生阅读与写作能力。设置课程分别是城市与小说、中世纪的文学精神、古代的绘图与绘画、从1950年起的作曲音乐、俄国先锋派的兴起与衰落、凯尔特族的英雄时代、奥古斯多时期的罗马等。① 斯坦福大学公共课占30%，它们涉及文化、理想与价值、文学与艺术、哲学等九个领域，引导学生进入人文科学、社会科学、自然科学等领域，在知识深度与广度之间获得平衡。"公共艺术课程体系"中的"艺术"意味着以鉴赏艺术作品、学习艺术理论、参加艺术活动等形式而开展的课程，与现有的高校公共课程思想政治、外语、计算机、体育等相并列。"体系"意味着是对这一课程的相关因素所建立的完整的结构。教育部《全国普通高等学校公共艺术课程指导方案》（教体艺厅〔2006〕3号）中已经设计了结构，即"限定性选修课程（导论+赏析）+任意性选修课程（赏析+批评+实践）"。由此可以看出，"公共艺术课程体系"是以艺术学的审美欣赏、理论批评、艺术实践为中心而建立的。其长处是有利于建构艺术学知识系统，实现理论与实践统一、欣赏与分析兼顾。但很明显的问题是，它仅仅包括艺术课程体系，不涉及非艺术内容，艺术领域之外的审美内容不被纳入。按照学科性质看，"公共艺术课程体系"是属于艺术学科的课程体系，是艺术学内部的子系统，与美育学科的"美育课程体系"相重合。虽然艺术是美育的载体，但"公共艺术课程体系"与"美育课程体系"有别，是否可以互相代替，值得思考与分析。

艺术与美育的区别首先是"学科体系"的上位层次的区别，其次是"课程体系"的下位层次的区别。所谓"体系"是指某一系统中的各种互相联系的要素的有序组合，同时，它还包括内部各个层次与类型形成的内在结构。

---

① 袁运开. 美国著名大学本科公共课程的设置［J］. 上海高教研究，1995（4）：65-78.

"学科体系"是学科整体内在逻辑结构和理论框架及构成元素子学科之间的有机联系。它相当于结构系统、制度系统、组织系统。"课程体系"是美育学科系统之下的内部结构系统，与美育教材体系、美育管理体系、美育评价体系并列。"美育学科体系"是从美育学科定位、归属角度出发的体系，"美育课程体系"是从美育学科本身的内部结构角度出发的体系，二者视角不同。显然，"美育学科体系"与"美育课程体系"具有层级的差异。

二、美育学科体系构成与支撑点

美育学科体系的建构是美育学发展的需要，能为美育实践提供理论基石。美育理论为实践实施提供指导，提高实践实施效果、作用。美育学科是教学、科研、师资、条件等的育人综合体，对美育学科体系的研究关系到美育研究的总体发展水平，关系到美育人才培养的规划和目标，关系到美育资源的配置和平衡。时代发展要求美育拓展现有的学科体系，增加新的学科内涵，并丰富其内在结构。完善的美育学科系统可以提升美育的科学含量与学术含量，是具体美育知识传授与审美实践的落实点。美育学科具有自身的独立品格，美育学科建设应该建构完整的美育科学理论体系。在现代知识体系中，学科与学科之间具有较大差别，具有各自的研究领域。一个学科从成立到走向成熟的过程中，需要建立独立的知识理论体系来证明其存在的合理性。这一知识理论体系，具有相对于其他学科的排他性、独立性与完整性，它既是学术发展的体制化保障，也是学术研究、学科专业活动的合理性依据。学科通过专门知识理论体系划定明确疆域。美育学科以建构其学科体系为旨趣，以拥有相对独立的学科体系为成熟标志。建立美育学科体系是美育学发展的必然。研究美育学科体系主要是通过理论的形式逻辑推理来分析、验证美育理论确立的合理性、正当性和有效性。美育知识是逐渐分化出来并在发展过程中逐步明朗的。关于学科体系概念的认识，现在学术界大体有两种观点：一种观点从宏观出发，认为科学体系是指整个学科体系的结构，包括学科划分、一级学科与二级学科的关系等。另一种观点则从微观出发，探讨某一具体学科内部的知识结构，是学科具体的内部理论体系。本文主要是以微观视角，分析美育学科的知识系统、结构。

美育学是交叉学科，归属于美学与教育学。从宏观角度说，美育具有两个学科的双重属性，其内容是美学，其手段是教育。美育学归属于哪一学科？美学下的二级学科？教育学下的二级学科？美育学，从名称上说，若是美学的教育学，则应归属于教育学；若是美学的教育，则应归属于美学。以内容为主，归于美学；以手段为主，归于教育学。美学与美育学的关系是理论指导实践的关系；教育学与美育学的关系是上下层级的关系，是一级学科与二级学科的关系。如果将美育简单地归入某个学科门类，则不能完全表现出其特点。美育学是美学与教育学互相需要而产生的一个新的知识内容的集合，它强调美学与教育学科通过学科思想交融、知识概念移植、理论渗透、思维方式综合和教育方法工具借用等，整合见解，拓展认知，从而解决美学或教育学单一学科无法解决的审美教育问题。这也是美学、教育学专业化提升后在综合层次上形成的必然结果。从交叉学科特点而言，美育是联结美学与教育学不同学科的链条，可以有效打破这两个学科间的藩篱，弥合它们的脱节现象，形成新的学科生命力，释放学科交叉能量，焕发学科新的活力。美育不仅是新的学科生长点，也是知识进步与学科创新发展的内生动力。

美育学不仅是交叉性的，也是综合性的。教育学上的课程论从现代课程发展到后现代课程，国外研究者认为现代教育课程观中"课程"不再是一个静态的名词，美育课程同样是动态的、变化的、综合的，并提出"4R"即丰富性（rich）、回归性（recursive）、关联性（relational）和严密性（rigorous），是后现代课程的特点。其中关联性的思想，是关于课程中给予课程丰富性的母体或网络，它强调在构建课程母体时要考虑一整套的关系，在课程结构上也要强调其中的关系。[①] 建立"美育学科体系"需要有诸多有关联性的学科共同组成，就结构层次而言，应由"基础学科＋主干学科＋支撑学科"构成。从微观角度说，美育学科体系是构成美育的元素之间经纬交叉所形成的完整体系，这一学科体系具有整体性、系统性、层次性、规范性、稳定性、开放性的特点。美育学本身由上位学科、同位学科、下位学科相互联系而形成一个有机系统。（图1）美育学科体系有基础学科、主干学科、支撑学科三部分，产生综合的"学科协同效应"。（图2）

```
上位学科——美学、教育学
同位学科——德育、智育、体育、劳育
下位学科——美育理论、美育史学、美育心理学、美育生理学、美育社会学
```

图1　美育学系统

---

① 管建华. 后现代教育学与音乐教育学［J］. 中国音乐，2005（1）：57.

> 基础学科——美学、教育学
> 主干学科——美育元理论
> 支撑学科——美育史学、美育心理学、美育生理学、美育社会学、艺术学
> 相关学科——哲学、心理学、伦理学
> 支撑理论点——美学原理、教育学原理
> 技术支撑点——美育教学法、美育方法论

图 2　美育学科体系

基础学科是某一学科分化的基础，是某一学科发展必须依存的有关知识与规则的学科。基础学科知识内容成熟、框架结构稳定，并且得到普遍认可。就美育而言，美学与教育学是基础学科，这两个学科发展成熟，已有大量美学、教育学理论，是美育的两块巨大基石。

主干学科是起主导作用的最为关键的学科，它即是美育理论的本体研究，涉及概念、对象、性质、任务、内容等元美育内容。美学、教育学有"元美学""元教育学"研究，"元美学"的相关研究有曹俊峰的《元美学导论》、莫其逊的《元美学引论——关于美学的反思》、王志敏的《元美学》；"元教育学"的相关研究有唐莹的《元教育学》、瞿葆奎的《元教育学研究》，但是还未有"元美育学"的相关研究。"元美育"具有超越性认知、总体性认知之意，即对美育理论的本体性研究。首先，这种研究范式可以从分析哲学角度出发，运用逻辑分析和语义分析方法，关注美育的概念、语言、命题等，来分析美育学科的思想、概念、内容语言陈述等。澄清语言问题、明晰表述思路，就是对美育学科自身理论进行逻辑的合理性、语言的恰当性等的分析，使美育学科在语言方面趋于逻辑化、科学化。其次，这种研究范式可以关注美育学科知识的逻辑结构，如美育学科理论的产生、途径和过程，美育概念的历史演变、美育学科发展的社会和心理基础，美育学科评价标准、方法，美育学科的育人功能、社会功能等。再次，这种研究范式是综合的、整体的、全面的，注重对美育历史、对象、方法论、构成要素等元理论性质基本问题的研究。这一研究范式有对美育学科本体的反思，反思其研究视角的恰当性、研究过程的合理性、研究成果的可靠性及其表述的准确性等。

支撑学科是对主干学科起到支持、托举、稳固作用的学科。美育学科所涉及的研究领域，都可以是美育学的支撑学科，如美育史学、美育心理学、美育生理学、美育社会学、艺术学等，它们如鼎之足般使美育坚实地发展。在我国美育史学方面，有一些研究，如曾繁仁主编的《中国美育思想通史》（10卷）

系统地梳理了中国美育思想的历史发展，总结了美育思想观点，成为国内第一部通史性质的美育思想史，填补了中国美育史学空白；朱立元主持的国家社会科学基金重大项目"西方美育思想史"的阶段性研究成果表明，"美育思想史"与"美学史"不同，"美育思想史"与"美育实践史"也不同，应以思想史为主线，实现美育思想史和实践史的有机结合，对西方美育思想应进行辩证的、动态的把握。在美育心理学方面，刘兆吉主持了国家教育科学"七五"规划重点课题"美育心理研究"，主编了《美育心理学》和《美育心理研究》；赵伶俐主持了国家教育科学"九五"规划重点课题"学校美育系统与美育心理发展实验研究"，形成了一些有价值的美育心理学研究成果。在美育教学方面，美育方法论、美育实践论等几乎都是空白，这样美育学就形成主干学科薄弱、支撑学科匮乏的尴尬局面。开展支撑学科的有关研究，不仅可以加强对美育学科发展的支持力度，促进学科建设水平的提高，也是美育实践指导的需要。美育与支撑学科艺术学关系密切，艺术教育是艺术学的美育实践，属于直接的本体关联，具有内在的亲缘关系，相关度、紧密度、亲缘度最大。

相关学科是与美育有着紧密关联的学科，从学理上讲，美育学科领域是具有相互联系、相互依赖的学科构成的学科体系，在这个体系中，学科之间各有侧重、互有交叉、自成特色。与美育关联的学科主要有哲学、心理学、伦理学等，这些学科都较为成熟。这些学科对美育都表现出学科之间、研究领域之间的关联，对美育研究具有重要的意义。从关联上分析，基本是这些学科知识对美育进行输入，美育进行吸收，呈现为输入—吸收状态。美育学科体系构成因素之间有主次、隶属、相容、并列、包含和平行等关系，从而形成横向上、纵向上多层次、多类型的网络型结构系统。它的发展要有整体布局与统筹规划，主干学科与支撑学科之间要有机协同，并且吸收关联学科的养分，滋养壮大自己。

作为交叉学科的美育有两个支撑点。首先，理论支撑点在于美学原理、教育学原理，这两大原理就是美育理论的两根支柱，美学原理给予美育从理论层面，如审美活动、审美经验、审美感觉、审美范畴、审美规律、审美心理、审美形态等，来思考美育之"美"的相关内容。教育学原理给予美育从教育层面，如元教育理论、教育本质、教育与社会的发展、教育目的、教育的历史演进、教育与人的发展、教师与学生、教育制度、教学等，来思考美育之"育"的相关问题。其次，技术支撑点在于教育学的教学法与方法论，如以呈现案例、导入案例、提出问题，激发思考，进而解决案例所涉及问题的"CBL教学法"（case-based learning）；以问题为基础、学生为中心、教师为导向的"PBL教学法"（problem-based learning）；以教师与学生、学生与学生的双向交流与互动为主的"交互式教学法"；以亲身体验或情景模拟，使学生从中获得真实感受的"体验式教学法"；以问题为主，引发学生积极思考、展开讨论的"讨论式教学法"；等等。美学的支撑点解决"教什么"的问题，教育学的支撑点解决"如何教"的问题，这两个支撑点对美育而言缺一不可。

三、学科视野下的美育课程体系构成

美育课程以美学学科知识为内容，同时包含审美知识、审美能力、审美情感、审美态度等要素。在美育课程类别的构建上，除教育部要求的限定性选修课、任意性选修课之外，还有核心课程、专业课程、专业必修课程、专业选修课程、共享课程、通选课程等，各校课程设置板块结构和命名方式较为多样，但在课程设置上存在着较多交叉或重叠，概念不够明晰和统一。关于美育课程设置，主要考虑因素是，其一，价值意义，即课程是否可以使人提升审美观、塑造人生观等，是否有促进人格、知情意全面发展的价值意义。其二，工具意义，即课程是否起到工具、手段作用，是否帮助知识内化。其三，了解历史与文化意义，即课程是否可以使人了解审美背后的文化内涵、历史进程。

现行"美育课程体系"实际为"公共艺术课程体系"。现在学校实施的美育课程体系，根据教育部办公厅印发的《全国普通高等学校公共艺术课程指导方案》的通知（教体艺厅〔2006〕3号），在艺术基础知识、基本技能＋艺术审美体验＋艺术专项特长原则指导下，按照必修课与选修课的类别进行设置，即限定性选修课＋任意性选修课课程结构。（图3）

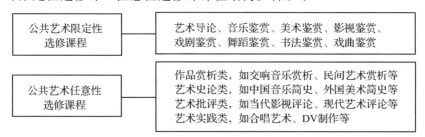

图3 现行高校公共艺术课程体系结构

在高校公共艺术课程体系里，存在的问题主要有，其一，艺术教育与美育概念混淆，把艺术教育等同于美育，用艺术课程体系代替美育课程体系。其二，以课程类型架构美育学科体系，导致同类课程分置于不同性质课程之中，

艺术赏析类课程分别出现在限定性选修课程、任意性选修课程里。其三，没有主干学科课程美育原理，以艺术导论代替。我们应该纠正美育等同于艺术美育的错误理解，不应以公共艺术课程体系代替美育课程体系，建议《全国普通高等学校公共艺术课程指导方案》应修改为《全国普通高等学校美育课程指导方案》，并对美育课程体系进行修改与完善。

关于美育课程体系，存在以不同原则与标准建立的模式。如赵伶俐的"五圈课程模式"，以跨界审美为基础的综合美育课为中心，以"艺术选修课程""专业课程审美化课程""学生社团活动课程""潜在审美化课程"协调构成。樊美筠的"美育课程群"体系贯穿于学校教育的全过程，它包括活动类课程、赏析类课程、理论类课程和渗透类课程，涉及美学、美育、艺术史、艺术批评、审美文化等基本知识。① 美育课程体系是根据国家美育方针、要求、目的、对象和培养目标，所安排的美育知识的课程体系。现代学校课程体系的安排，一是在学科领域范围内，按照学科分类设计并组织安排有关课程，这适用于单一学科。二是打破学科界限，把有关学科合并，设计综合性的课程体系，这适合于交叉学科。美育属于交叉学科，其课程体系应是跨界的、综合的。美育课程体系应考虑的原则主要有，第一，具有丰富性，美育课程有深度与意义的多层次、多重性可能，是遵循美育学科的知识、系统、逻辑建构的多种课程，应包含详尽规定的学科内容范围。第二，具有回归性，美育课程设置最终应利于育人，在学习中反思，获得自我审美素养提升。反思性的回归没有终点，应形成螺旋形的开放式系统。第三，具有关联性，主干学科、基础学科、支撑学科与相关学科的课程都具有内在关联，应相互适应美育学科的逻辑顺序。第四，具有严密性，美育课程设置应避免学科上的漏洞，课程要素之间不应产生矛盾与冲突。

课程是附着在学科内的，课程与学科之间的关系是局部与全体的关系，看待课程需要放大视野，观察学科整体，这是一种系统思维，也是本质主义思维。本质主义认识论要求对事物的认识从现象构成的"表层结构"深入到由本质构成的"深层结构"。以布鲁纳（J. S. Bruner）为代表的本质主义教育哲学流派，受结构主义哲学影响，强调对知识的掌握从基本结构、基本概念和基本原理入手，引导学生发现知识构造。艾斯纳（E. W. Eisner）等美国教育家提出"以学科为基础的美术教育"（discipline-based art rducation，简称 DBAE）。美

---

① 樊美筠，罗筠筠，王德胜. 21 世纪我国学校美育的操作设计［J］. 北方论丛，2002（4）：115 – 121.

育课程体系是在美育学科体系指导下建构的整体的美育课程系统。应根据美育学科规律与特点，以学科建设为原则进行设计，把基础学科、主干学科、支撑学科、相关学科与限定性选修课程、任意性选修课程相结合，把美育目标体系的所有方面全部纳入课程结构，进行板块式设计，形成新的课程体系。我们可以在规范美育学科体系、改革美育学科课程、丰富美育学科内容的思路下进行调整，在限定性选修课程与任意性选修课程分类的框架上，进行内容充实。具体如图4所示。

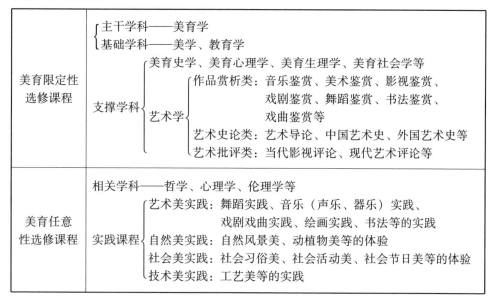

图4 学科视野下的高校美育课程体系

按照学科视野，美育体系构成需重点考虑的是整个体系结构是由哪些分支体系构成的，各分支学科之间是什么关系，它们各自在美育学科体系中的位置是怎样的等问题。从图4可以看出，美育课程体系形成的是"学科群"，意味着对课程构建思维局限的突破。它也表现为一种关系思维，我们只有把美育课程体系置于美育学与其他学科的一定结构和关系之中，才能形成一个相对完整的体系。在构成上，从主干学科看，美育应以美育元理论为核心；从基础学科上看，美育离不开美学与教育学理论；从支撑学科上看，艺术学是最主要的支柱，其他美育史学、美育心理学、美育生理学、美育社会学等学科也不能忽视。此外，哲学、心理学、伦理学等也与之相关。这些学科是相互影响、交叉、渗透的关系。学科视野下的美育课程体系是网状的，也是"一体多元"的，既要体现统一性，也要体现灵活性，不同院校可以根据自身情况，进行限定性选修课程与任意性选修课程的板块组合，如"主干学科+支撑学科"课程、"主干学科+基础学科+支撑学科"课程等。其中主干学科美育原理课程应为限定性选修课程中的核心课程，是所有学生必须了解的最基本的美育知识，包括美育发展、特点、规律、对象、方法等内容。同时，我们也应注重课程类型的合理配比，既要将素质教育目标体系的所有方面全部纳入课程结构，形成新的课程体系，又要科学设计各门课程在整个课程体系中应占有的合理比例。在这一体系下，我们再进一步考虑课程目标、课程内容、课程评价等因素。这一体系不是封闭的，而是开放的，它不限制某一领域的拓展。从美育发展趋势看，一是融合式发展，美育与不同学科融合，如美育与生态学、美育与数学等出现内外交融情况。二是延展式发展，美育不断扩展其领域、范围，出现一些边缘领域，如美育与人工智能，有可能成为美育的新生长点。三是纵深式发展，美育现有分支学科有可能继续分化，建立新的层级分支学科。社会对美育的需求，也会使得美育体系不断演化。美育体系遵循了"理论+实践"的原则，理论课程由学科群组成，实践课程由对应的审美领域的实践、体验配套组成。美育体系得以被认可，需要保证其有科学性、合理性、自洽性、完整性。具有了这些属性与特点，美育学科才有效力，实现其应有的功能、目的。

综上所述，公共艺术课程体系不等于美育课程体系，美育课程体系应是属于美育学科，而不应是属于艺术学科。厘清概念、思路，逐渐完善独立的美育课程体系，而不是以公共艺术课程体系代替，这是美育改革发展方向之一。

原载《美育学刊》2023年第3期（原标题为《公共艺术课程体系与美育课程体系的辨析与构建路径》)，略有改动

再论中医药类高校美育的内涵、现状及提升路径

——以北京中医药大学为例

北京中医药大学　王月彤　张璐小荷

摘　要　随着"五育并举"教育理念的提出，美育成为各高校教育工作中新的主阵地。2019年《教育部关于切实加强新时代高等学校美育工作的意见》要求各高校全面深化高校美育综合改革，整合美育资源，全面提高普及艺术教育教学质量。中医药院校属于专业类高校，美育资源不及综合类、文科类、师范类院校，美育改革工作存在诸多问题与困境。本文从中医药美育与大学美育的内涵出发，厘清两者的共性与个性的关系，将中医药类高校的美育内涵概括为：以培养人格健全的中医药人才为目标，以审美情感、审美能力为手段和过程，以文心涵濡为属性，以陶冶高尚医德为本质的综合教育过程。进一步从美育传授者和接受者两个角度重新审视中医药类高校美育工作的现状与问题，并以学校教师这个美育传授者为突破口，讨论提升中医药类高校美育工作的路径，最后提出中医药类高校美育在理论和现实两方面的研究意义。

关键词　中医药类高校美育；内涵；现状；提升路径

自美育理论研究兴起以来，不少学者就美育和不同类型的美育内涵进行过探讨。然而中医药类高校若要进行美育改革，首先要明确中医药类高校美育工作的内涵，厘清美育、大学美育、中医药类高校美育的内涵和关系。

一、中医药类高校美育内涵辨析

所谓美育，即审美教育，不同类型的美育有其特定内涵，欲提升中医药类高校美育工作质量，首先应该明确中医药类高校美育是什么？这个问题应该从两方面入手，一是国家教育方针确定的大学美育是什么，二是中医药类高校的人才培养目标是什么。在《教育部关于切实加强新时代高等学校美育工作的意见》（以下简称《意见》）中说明了美育指导思想："落实立德树人根本任务，引领学生树立正确的审美观念、陶冶高尚的道德情操、塑造美好心灵，切实改变高校美育的薄弱现状，遵循美育特点，弘扬中华美育精神，以美育人、以美化人、以美培元，培养德智体美劳全面发展的社会主义建设者和接班

人。"随后有学者针对大学美育提出个人见解,其中王一川的观点较为中肯,他认为大学美育是审美教育、情操教育和心灵教育相互交融的大学生完整人格的养成方式。① 王一川还对大学美育的目标、属性、功能进行了定义,认为大学美育的目标是美心,属性是人格定型时感性形象的涵濡过程,功能在于以美导真、以美润善、以美树信。② 也有其他学者提出类似见解,认为美育的本质是情感教育③,美育是德育艺术化的智行实践,以审美情感、审美能力为手段,更丰富地完成对高尚道德的追寻。④ 通过以上结论,美育的内涵可基本概括为:以培养全面人格为目标,以审美能力的培养为手段,以养成高尚道德情操为本质的综合教育过程。

中医药类高校的人才培养目标是比较明确的。以北京中医药大学为例,其培养目标是培养掌握坚实宽厚的中医学现代医学知识、丰富多元的交叉学科知识,具有以中医思维为核心的医学专业能力、综合应用能力、科研创新能力,具有深厚的人文底蕴、扎实的专业素养、广阔的国际视野、开拓的科研精神,能够从事中医临床或科学研究工作的新时代复合型中医学领军人才。这也是国内大部分中医药类高校的培养目标,即培养高素质中医药专业型人才。结合大学美育的内涵和中医药类高校的人才培养目标可知,中医类高校的美育内涵,是以培养人格健全的中医药人才为目标,以审美情感、审美能力为手段和过程,以文心涵濡为属性,以陶冶高尚医德为本质的综合教育过程。

二、中医药类高校美育现状与问题

美育工作一直是有待探索和不断提升的新领域。早在 2006 年教育部办公厅就印发了《全国普通高等学校公共艺术课程指导方案》,其中明确要求:每个学生在校学习期间,至少要在艺术限定性选修课程中选修 1 门并且通过考核,对于实行学分制的高等学校,每个学生至少要通过艺术限定性选修课程的学习取得 2 个学分,修满规定学分的学生方可毕业。⑤ 直到 2019 年教育部印发

---

① 王一川. 大学美育 [M]. 北京:北京师范大学出版社,2021:8.
② 王一川. 大学美育 [M]. 北京:北京师范大学出版社,2021:10 - 16.
③ 徐娜. 高校美育三议:本质意义、价值指向与实践路径 [J]. 江苏高教,2021 (6):113 - 116.
④ 方弘毅. 论美育是德育艺术化的智性实践:关于我国高校美育内涵的探讨 [J]. 高教探索,2017 (A1):153 - 154.
⑤ 中华人民共和国教育部. 教育部办公厅关于印发《全国普通高等学校公共艺术课程指导方案》的通知[EB/OL]. (2006 - 03 - 08)[2024 - 06 - 01]. http://www.moe.gov.cn/srcsite/A17/moe_794/moe_624/200603/t20060308_80347.html.

《教育部关于切实加强新时代高等学校美育工作的意见》，再次修订了《全国普通高等学校公共艺术课程指导方案》。要求各高校要明确普及艺术教育管理机构，把公共艺术课程与艺术实践纳入高校人才培养方案，纳入学校教学计划。随着各高校美育工作的开展，目前高校美育存在的普遍性问题：一是高校美育的大环境缺失，二是高校美育资源配置不合理，三是高校美育缺乏科学合理的评价管理机制，四是高校学生对美育功能认识不足，五是目前我国高校美育教师缺额较大，六是高校美育的课程设置需要改进。① 中医药类高校属于医科专业院校，相对于师范类、文科类、综合类院校更是缺乏美育工作资源和相关经验，在实施过程中存在诸多问题。

以往有学者就中医药类高校美育现状进行讨论，例如 2015 年安徽中医药大学的杨硕鹏、卜菲菲认为，中医药类高校大学生美育现状有三个方面的问题：一是学校开设美育课，但学生漠视美育课；二是高素质美育教师的短缺是美育实施的瓶颈；三是中医药类高校学生接受美育存在文科生反响较好，理科生对于文学艺术课程不太重视的情况。② 2018 年成都中医药大学的李游、胡媛通过问卷调查，发现中医药类高校的美育实践工作存在以下现状和问题：一是学生对美有基本认识，但深层次美育认知薄弱；二是美育在学校教学中的地位低，学校重视程度低，专业教师少，课程体系不完善，教学方法、内容及教育成效小；三是中医药类高校美育人文环境有待加强。③ 2022 年，湖南中医药大学的高式英提出，当前中医药类高校的美育课程教学改革主要存在三个问题：忽略美育课程教学，教学内容与教学期待之间存在差距，教学沿用传统老套模式。④

从过去学者的研究结论来看，中医药类高校美育工作存在相似的现状和困境。一是从学校角度，学校作为美育传授者，存在重视程度低、美育师资匮乏、课程体系不完善且缺乏特色和美育教材等问题；二是从学生角度，学生作为美育接受者也有忽略课程和认知薄弱的问题。不少学校不重视美育工作，并未将"五育并举"的教学理念贯彻到教学管理中。笔者以 2019 年教育部备案

---

① 周培倩. 新时代高校美育中存在的问题及其对策研究 [D]. 西安：西北大学，2020.
② 杨硕鹏，卜菲菲. 中医药类院校大学生美育刍议 [J]. 教书育人（高教论坛），2015（12）：20 – 21.
③ 李游，胡媛. 中医药院校美育理论与实践探索 [J]. 文化创新比较研究，2018（6）：137 – 138.
④ 高式英. 文化育人视域下高等中医药院校美育课程教学改革探索 [J]. 湖南中医药大学学报，2022（8）：1395 – 1397.

的 25 所中医药类高校作为考察范围，对各高校教学组织构成进行分析，其中设立了美育相关的教研室或公共艺术教育部门的高校有 9 所，通常下设于国学院、人文管理学院，称为美育教研室、艺术教研室、公共艺术教研室、艺术与美育教研室等。可见，真正在教学组织层面上落实美育工作的院校仅有 36%，其余院校一般是通过团委组织相关活动来实现美育工作，并没有落实到课程设置中，更遑论教学研究。而这其中最大的问题是美育师资的匮乏，地方中医药院校无力引进专业美育师资，只能退而求其次通过团委组织学生活动来达到美育目的。

以北京中医药大学为例，学校目前开设了较为全面的美育选修课程，课程体系较为完善，可以作为案例进行分析。从笔者整理的课程汇总表（表1）可见，学校目前共开设 20 门美育课程，包括视觉艺术、表演艺术、语言艺术三个门类，视觉艺术以书法、美术为主，表演艺术以舞蹈为主，语言艺术以诗歌为主。并且教务处还引入了国家精品网络课程，为同学们提供多元化的美育课程。尽管已经有较为完备的课程体系，学校依然致力于美育课程改革，要求任课教师更好地结合中医药知识，打造具有中医药特色的美育课程。如表1中的"经典医方书写""经典医论书写""中医古籍与方笺小楷摹写""国韵养生舞"几门课程是将书法、舞蹈与中医文化进行融合的特色课程，其他课程则是在教学内容上适当融入中医特色。

表 1　北京中医药大学开设美育课程汇总表

艺术门类	课程名称	学分数	总课时
视觉艺术	书法经典欣赏与中华文化	1	18
	经典医方书写（硬笔行书）	1	18
	经典医论书写（软笔楷书）	1	18
	中医古籍与方笺小楷摹写	1	18
	视觉与生活	1.5	27
	宋人花鸟	1.5	27
	艺术与审美（网络）	1	18
	中外美术作品鉴赏	1.5	27

续表

艺术门类	课程名称	学分数	总课时
表演艺术	国韵养生舞	1	18
	芭蕾形体	1.5	27
	中外舞蹈艺术鉴赏	1.5	27
	非遗之首昆曲经典艺术欣赏（网络）	1	18
	音乐鉴赏（网络）	1	18
	风雅中国舞	1.5	27
	交响音乐赏析（网络）	1	18
语言艺术	《道德经》导读	2	36
	唐宋诗歌讲读	2	36
	汉字太极与传统经典修身课	1.5	27
	表达性艺术治疗	1.5	27
	社交礼仪入门	1	18

对于学生的美育学习现状，有研究者提出了中医药类高校容易出现的问题：过度单一性的评价极易造成学生只关心自身专业知识、实验技能及论文发表数量，对广阔的社会科学、艺术领域缺乏基本的认知，审美体验的机会与频次显著减少。[①] 学生美育接受现状很大程度取决于美育课程质量的好坏和自身兴趣浓淡，所以我们可以从课程内容进行突破。就笔者教学的书法经典欣赏与中华文化课程来看，不少学生对于美育课程还是非常重视且期待的。笔者设置了"选择课程原因"的问题，有352人参与作答，85%的学生认为选择该课程的原因是对传统文化感兴趣，67%的学生选择的原因是对书法的系统知识感兴趣。可见学生对于书法和传统文化的兴趣较浓，也说明学生漠视美育课程和审美认知薄弱的现状是可以通过改善课程内容的设置和质量进行提升的。

三、对策与解决路径

以上这些中医药类高校的美育工作现状与困境，有的短期内可以做出对应的调整和改善，有的则需从长计议。例如美育师资匮乏问题，短期内大多数医学院校都无法解决，也是当前高校普遍存在的问题，任重而道远。而针对课程

---

① 李游，胡媛. 中医药院校美育理论与实践探索[J]. 文化创新比较研究，2018（6）：137－138.

体系、课程内容、教学方式等问题,则可以通过学校和教师提高重视程度,认真规划进行改进。比如杨硕鹏、卜菲菲针对这些问题提出了中医药类高校开展美育的途径与方法:一是艺术与医术、医道与艺道的融通;二是课堂引导为主,学生活动为辅;三是立足通识文化教育,依靠专业知识教育;四是从社团活动方面引导学生开展美育。① 还有高式英提出中医药类高校美育课程教学改革发展方向:一是重视美育课程教学工作,引导教学内容与院校特色结合;二是深度嵌入思政元素,强化思想价值引领;三是线上线下融合教学,改善传统教学模式。② 笔者认为,欲提升中医药类高校美育工作质量,学校和教师两个角色应各司其职,有部署、有计划地开展教学和相关教育活动。

1. 学校重视美育,系统规划美育工作

学校作为教学的管理者,可以从课程体系、精品课程、跨校选课、"四位一体"教育机制这四个方面系统规划美育工作。

(1) 完善美育课程体系

课堂是学校实施教学的首要阵地,课程也是学校的核心产品。学校教务处应该统筹规划,调配教学资源,根据自身实际推动美育课程体系化。以北京中医药大学为例,学校采用选修课模式,尽可能为学生提供丰富多样的美育课程,学生可在20门课程中选择两门课程进行学习。学校从最开始只有美术、舞蹈课程,到后来引入书法、诗词等偏向传统艺术的美育课程,不断完善美育课程体系。

(2) 培育带有中医药特色的精品美育课程

教育部《意见》中提到:"高校要根据不同专业人才培养特点和专业能力素质要求,结合自身优势和跨学科特点,针对学生美育的实际需要,积极探索构建以审美和人文素养培养为核心、以创新能力培育为重点、以中华优秀传统文化传承发展和艺术经典教育为主要内容的公共艺术课程体系。"对于中医药类高校来说,美育课程是否具有中医药特色非常重要。在选修课程时让学生找到文化认同感,打通学科隔阂,实现医学、文学、艺术的结合非常关键。以北京中医药大学为例,学校开设了"中医古籍与方笺小楷摹写""经典医论书写""经典医方书写""国韵养生舞"等课程,将书法与中医、舞蹈与中医进

---

① 杨硕鹏,卜菲菲. 中医药类院校大学生美育刍议[J]. 教书育人(高教论坛),2015(12):20-21.

② 高式英. 文化育人视域下高等中医药院校美育课程教学改革探索[J]. 湖南中医药大学学报,2022(8):1395-1397.

行跨学科融合。颇受学生喜爱，教学效果也不错。中医药类高校可以为公共艺术课教师提供相关中医知识的培训和讲座，打开教师授课思路，推动学科知识融合，打造具有中医药特色的精品美育课程。

（3）跨校选修艺术课程和学分互认

近年来互联网技术的飞速发展让网课成为当前诸多高校的授课方式，而线上课程恰巧可以解决部分中医药类高校美育师资匮乏的困境。教育部《意见》中也鼓励高校开展学生跨校选修公共艺术课程和学分互认。若美育资源相对充足的院校开放课程资源和校际互选，则可以让缺乏美育课程的院校也可以享受到优质课程资源。

（4）"四位一体"艺术普及教育机制

教育部《意见》中指出应"完善课程教学、实践活动、校园文化、艺术展演'四位一体'的普及艺术教育推进机制"。美育工作应该以课堂教学为主，辅以丰富的实践活动和校园文化活动，让"第一课堂"和"第二课堂"协同作用，共同推进以美育人。上海中医药大学就是通过团委来开展美育工作的，《修身润德，美美与共：上海中医药大学美育工作调研报告》中提到，该校的美育方式是第一课堂与第二课堂结合，第二课堂是特色亮点，学校聘请美育专家担任客座教授，定期举办专题讲座、开展个性化指导、进行及时性的互动交流，启发学生对美的理解。[①] 美育工作不同于学校的专业课程教育，需要课内和课外长期的浸润，校园环境和艺术实践活动的组织尤为关键。学生在课上学习关于审美的系统知识，课下参加社团或相关实践活动，才能有更深刻的审美体验，才能真正地入脑入心。以北京中医药大学为例，其美育教研室提出"五层同心圆"美育架构体系（图1），以美育教研室专业建设为核心，同时建设跨学科虚拟教研室、课程美育、团委第二课堂、校园文化。在提升美育第一课堂质量的基础上，协同中医专业课程组和团委相关部门，共同营造良好的美育氛围。

---

① 吴平，万婕，王卓，章维立，赵如月. 修身润德，美美与共：上海中医药大学美育工作调研报告（内部资料）//全国高等中医药院校青年发展论坛论文集，2018：50-55.

图1　北京中医药大学美育"五层同心圆"示意图

2. 教师研究美育，提升美育课程质量

教师作为美育传授者和一线教学人员，在学校美育工作的统一部署下，要从教学理念、教学内容、教学方法上不断提升美育课程质量，主要可以从以下四个方面着手。

（1）"以文化人"的教学理念

前文对中医药类高校美育内涵进行过探讨，将其概括为以培养人格健全的中医药人才为目标，以审美情感、审美能力为手段和过程，以文心涵濡为属性，以陶冶高尚医德为本质的综合教育过程。树立正确的教学理念是把握教学质量的第一步，中医药类高校美育课程应该秉持"以美育人，以文化人"，通过引导学生品味艺术经典，培养基本的审美知识，提升人文素养。美育毕竟不同于专业艺术教育，专业艺术教育培养艺术家，注重艺术中相关技巧和知识的锤炼。而艺术教育培养体系下的教师，很容易延续该教学思路，将美育课变成单纯的写字课、画画课、舞蹈课，缺乏美学和文化知识的升华。教师应该思考，如何以感受艺术美为手段，以学习优秀传统文化和道德品质为目的，树立以"艺"为径，以"德"为本，以文化人的教学理念。

（2）有机融入中医药文化元素

以往就有研究者提出，提升中医药美育课程质量要将艺术与医学进行融合：学生更愿意听到与自身专业相关的博学多识的艺术家医学家，这就要求教师不断拓宽自身的知识结构，更多地学习中医药文化知识，将美育潜移默化地融入课堂教学中。① 笔者认为还应该强调的是有机融合，如盐入水。要在不违背美学规律和艺术教育规律的前提下，巧妙融入中医文化。可以有三种方式，一是从中国传统哲学的高度将中医思维和传统艺术思想进行类比，二是从中医领域中发掘具有艺术价值的优秀作品进行赏析，三是将中医重要概念或重要思想与艺术形式进行结合。以书法美育课为例，首先，可在"书法经典欣赏与中华文化"课程中，教师引导学生理解书法与中医有着同根同源的哲学语境，两者都源于《周易》，讲求天人合一、礼乐秩序、阴阳和谐、中和为尚，其中"阴阳""自然""天地"这些关键概念不仅出现在中医理论中，也是书法中的核心命题。通过对书法和古医文相关文献的比较可知，书法与中医的诸多概念，都来源于古人确立的天人同源、天人同序、天人同构、天人合德、法于阴阳的哲学思想。最后可以归结为：书法是调和阴阳矛盾，创造形势的艺术；中医是调和阴阳矛盾，治愈身心的技术。其次，还可以选取古代具有较高美学价值的医方作品进行赏析，例如明晚清初的傅山，既是优秀的医生也是卓越的艺术家，其书写的医论医方可以让学生既提升审美品位又产生身份共鸣。最后，是将中医文化中重要的概念或思想与艺术形式进行结合，例如，"经典医方书写"和"经典医论"课程就将书法书写的内容从普通诗文置换为学生熟悉的经典医方和经典中医概念，并且在书写形式上强调书法中对立统一的书写原则和矛盾思维，与中医辨证统一的论治思维类似，让学生感受书写之美的同时，温故知新，从美的角度重新深化中医知识。通过以上这些方式，学生在树立正确审美观，感受美和创造美的同时，还能找到学科认同感、文化认同感。

（3）有机融入思政元素

高校美育的目的是培养人格健全的大学生，其本质和重点都在于德育，因此将思政元素融入美育课程是提升美育课程质量的必经之路，教师需要不断挖掘美育课程中的思政元素，巧妙融入课程内容。可以从书法艺术理念、艺术精神、艺术家、艺术品四个角度来挖掘。以书法美育课程为例，从艺术理念来看，书论中有"人品即书品"的经典命题，苏轼曾说："人貌有好丑，而君子小人之态，不可掩也；言有辩讷，而君子小人之气，不可欺也；书有工拙，而君子小人之心不可乱也。"② 黄庭坚也说："学书须要胸中有道义，又广之以圣

---

① 杨硕鹏，卜菲菲. 中医药类院校大学生美育刍议［J］. 教书育人（高教论坛），2015（12）：20-21.

② 华东师范大学古籍整理研究室. 历代书法论文选［M］. 上海：上海书画出版社，1979：314.

哲之学，书乃可贵。若其灵府无程，政使笔墨不减元常、逸少，只是俗人耳。"① 书法是人格精神的再现，书法的艺术品格与人的道德水平、学养程度紧紧联系在一起，教师在引导学生练习书法的同时，也要提醒他们正心、明义、修炼自己的人格。从艺术精神来看，书法艺术精神可鼓励学书者磨炼心性、锤炼品格。从书家典范来看，颜真卿、苏轼、傅山等众多的忠臣义士，都可以对学生品格的形成产生深远影响。从艺术品来看，《兰亭序》体现了对生命的热爱，《祭侄文稿》体现了书家的爱国主义精神，《黄州寒食诗》是书家对不得志人生的调整，这些作品都是引导学生形成良好道德品质和善良、坚强人格的最佳案例。

（4）改善传统教学模式

欲推进美育教学改革，除了从教学内容上做调整，还应该从教学方式上有所改革。改变以往教师讲、学生听的传统教学模式，更多采用情景教学法、翻转课堂、讨论式教学法、启发式教学法等互动性强的教学法。可以借鉴其他高校的教学模式，如北京联合大学的"双线三段互通"混合式教学：双线指教师主导与学生主体的两条线索；三段是指课前、课中、课后的三个阶段；互通是指教学全过程中师生、生生实时互动互通。② 这种线上线下课堂相结合的方式，非常适合美育课程，实现课上课下的浸润式教育。

四、研究中医药类高校美育工作的意义

对中医药类高校美育实施路径进行探讨，具有现实意义和理论意义。现实意义是践行国家"五育并举"的教学理念，培养德智体美劳全面发展的中医药人才。以往有学者指出中医药类高校美育教学改革具有以下几个方面的意义：优化美育课程教学、强化思想价值引领、推进校园文化建设、实现中医药特色文化育人。③ 研究中医药类高校美育的实施路径，目标不只是解决个别院校的教学改革问题，而是各大中医药院校相互帮助，协同发展。促进院校间跨校、跨学科的交流和资源调配，才能实现合作共赢，为国家培养更多的优秀中医药人才。

研究中医药类高校美育的问题还能形成自身的美育理论，并且为其他专业

---

① 华东师范大学古籍整理研究室. 历代书法论文选 [M]. 上海：上海书画出版社，1979：355.
② 刘兴云. 公共美育课程思政教学实践探析 [J]. 思想教育研究，2022（1）：121–124.
③ 高式英. 文化育人视域下高等中医药院校美育课程教学改革探索 [J]. 湖南中医药大学学报，2022（8）：1395–1397.

类院校提供参考和借鉴。中医药美育理论与大学美育理论存在共性和个性问题，共性是在教育部的统一部署下开展美育工作，个性是贴合学校自身的人才培养目标，运用自身优势，探索符合自身院校发展的美育工作路径。如对于理工科院校来说，其现状与中医药类高校类似，在开展艺术教育过程中也存在艺术类师资不足、学生审美水平参差不齐、艺术课程受重视程度低的问题。[①] 理工科院校也可以参照中医药类高校，培养具有现代工业特色的美育课程体系。中医药类高校旨在开发具有中医药特色、偏向传统文化的美育课程体系，理工科院校则可以开发具有现代科技特色的美育课程体系，如航天科技之美、机械之美、建筑设计之美、工艺之美等，寻求艺术与科学的跨学科融合，而不是传统的、狭义的艺术学科教育。如此一来才能让学生找到专业认同感、文化认同感，提高对美育课程的兴趣，也在这个过程中修炼自己的品格。

原载《医学教育研究与实践》2023 年第 4 期，略有改动

[①] 唐楚虹，张艳丽. 新时代加强理工科高校大学生艺术教育的路径探究 [J]. 文化创新比较研究，2021（1）：26－28.

"完整的人"的塑造

——新文科建设背景下文学经典改编戏剧创作教学的美育策略探赜

中央戏剧学院 陈 敏

摘 要 艺术教育与教学是高校人才培养也是美育的重要手段。充分发挥艺术的美育优势,将艺术的美学规范和人才培养的美育规律紧密结合,实现艺术类课程与美育课程的无缝对接,是新文科建设背景下学校美育课程建设的基本路径。文学经典改编戏剧的创作教学不仅是专业艺术院校,也是综合性院校艺术类专业教育与教学的重要环节,通过对文学经典改编戏剧创作教学的美育策略探赜,可以一窥新时代学校美育课程建设的基本样貌。美育的目标是"完整的人"的培育,戏剧的使命是"完整的人"的塑造,二者内在特质的契合,使戏剧成为美育最有效的手段。长期以来,由于戏剧与包括文学在内的其他学科门类之间存在边界模糊、关系不清的状态,使得文学经典改编戏剧的创作教学存在着诸多问题。在新文科建设的背景下,在戏剧创作与理论发展的新形势中,文学经典改编戏剧的创作教学该如何实现美育的根本目标、完成立德树人的根本任务?其具体的教学目标、教学重点、教学方法该如何进行与时俱进的调整?以人为本的审美创造是文学经典改编戏剧创作教学的核心思路。其具体的构想是把新的时代精神、艺术风貌和中华传统的美学特质注入教学的全过程,在引导学生创造"美"的戏剧人物的同时,铸就"美"的心灵,实现培育"完整的"时代新人的教育目标。"完整的人"的塑造既是教学的宗旨和目标,也是教学的重点和方法。

关键词 "完整的人"的塑造;文学经典改编戏剧创作教学;美育策略

艺术教育与教学是高校人才培养也是美育的重要手段。充分发挥艺术的美育优势,将艺术的美学规范和人才培养的美育规律紧密结合,实现艺术类课程与美育课程的无缝对接,是新文科建设背景下学校美育课程建设的基本路径。

基金项目:本文为研究阐释党的十九届五中全会精神的国家社科基金重大项目"当代中国戏剧影视'高峰'作品创作建设研究"(项目编号:21ZDA078)、"中央高校基本科研业务费专项资金资助"中央戏剧学院院级科研重点项目"戏剧艺术的美育教育研究"(项目编号:YNZD2005)的阶段性成果。

经典，顾名思义，乃经久不衰的典范之作，是特定时代的"高峰"[①] 作品，也是"第一流的作家或作品，不分古今中外"[②]。在中外戏剧史上，把文学经典改编成戏剧，希望借文学"高峰"的优势，助力戏剧"高峰"的产生，是很普遍的一种创作现象，也是很重要的一种创作手法。作为培养戏剧创作人才的一种有效手段，文学经典改编戏剧的创作教学不仅是专业艺术院校，也是综合性院校艺术类专业教育与教学的重要环节。对文学经典改编戏剧创作教学的美育策略探赜，可以一窥新时代学校美育课程建设的基本样貌。

美育的目标是"完整的人"[③] 的培育，戏剧的使命是"完整的人"[④] 的塑造，二者内在特质的契合，使戏剧成为美育最有效的手段。在中国，戏剧曾隶属于文学，与文学及社会、政治、历史等其他学科门类长期处于胶着的、难分彼此的状态。20 世纪 80 年代后，随着西方现代思潮的涌入，人们开始更多地从艺术、审美的视角关注戏剧，同时，跨文化、跨学科的理念也成为戏剧创作的新时尚。2011 年，艺术脱离文学成为独立的学科。重新审视和探讨文学和艺术的边界成为戏剧理论界的热点。同时，伴随着现代科技信息技术的飞速发展，跨学科、跨文化的戏剧创作渐成汹涌之势。近年来，随着西方后戏剧思潮的涌入，"去文本中心"乃至"去文学性"甚而"去戏剧性"的观念甚嚣尘上。戏剧与文学及其他学科门类的边界何在、如何跨界融合等问题成为当下戏剧界争议的焦点。长期以来，由于戏剧与包括文学在内的其他学科门类之间存在边界模糊、关系不清的状态，使得文学经典改编戏剧的创作教学存在着诸多问题。新文科建设是新时代的新要求和新使命。在厘清不同学科边界的基础上，把现代新的科技信息技术等融入人文社会学科的建设中，实现人文社会科学领域内多个学科的交叉、融合、渗透或拓展，是新文科建设的核心要义。在新文科建设的背景下，在戏剧创作和理论发展的新形势中，文学经典改编戏剧的创作教学该如何完成立德树人的根本任务？其具体的教学目标、教学重点、教学方法该如何进行与时俱进的调整？这些问题无疑都需要我们进行深入的思考和探赜。

---

① 习近平. 在文艺工作座谈会上的讲话：2014 年 10 月 15 日 [N]. 人民日报，2015 – 10 – 15 (4).
② 朱光潜. 朱光潜全集：8 [M]. 合肥：安徽教育出版社，1987：392.
③ 席勒. 席勒美学文集 [M]. 张玉能，编译. 北京：人民出版社，2011：259.
④ 罗伯特·阿·马丁. 阿瑟·米勒论剧散文 [M]. 陈瑞兰，杨淮生，选译. 北京：生活·读书·新知三联书店，1987：79.

一、教学目标：明确特质和功能，以文艺之美，育完整之人

就题旨而言，"改编"和"创作教学"是"文学经典改编戏剧创作教学"的核心词汇，它们指明了课程的性质和定位。"改编"，意味着需要借他山之玉石，琢自己之美玉。"创作教学"则要求应以学生的创作实践为主，教师主要借助戏剧的基础理论及凝结于中外经典改编中的创作经验对学生进行具体而有效的引领和指导。只有明确文学和戏剧共通的特质和功能，才能发现文学经典中最值得被"改"的"玉石"，而只有在厘清文学和戏剧的边界和疆域的基础上，博采众长，融民族的优秀传统文化基因和最新的时代精神、艺术风貌于戏剧独特的形式结构中，才能"编"出独具戏剧特质、最有价值的"美玉"。由此，这门课教学的具体目标是：以学生的创作实践为重心，教师在对学生改编创作的指导过程中，结合经典改编案例，通过对文学和戏剧的异同特质的辨析，不断提高学生对文艺经典作品的审美理解力和感受力，挖掘学生对中华民族优秀传统文化的审美知觉力和判断力，激发学生准确把握新的时代精神和艺术风貌的审美想象力和创造力，在引导学生从文学经典向戏剧经典努力迈进的过程中，提升学生全方位的审美能力，为培养当代中国戏剧"高峰"作品的创作人才和培育完整的时代"新人"打下坚实的基础。明确文学和戏剧、文学经典和戏剧经典共通的特质和功能是教学目标实现的基础。

著名文艺理论家朱光潜说，"美是文学与其他艺术所必具的特质"[①]。实现美的最高理想，"替秩序，替美再造出一个平衡来"[②] 是文学经典和戏剧经典的共同创作目标。从学生创作实践的角度看，文学经典改编戏剧的创作教学主要包含两个基本的环节：确定可改编的文学经典和进行以戏剧经典为目标的改编创作。在教学的过程中，对可改编的文学经典的确定，主要有三种方式：一是由教师指定篇目；二是学生在教师指定的若干经典篇目范围内选择；三是学生自由选择自己认为的经典。教师在指导学生进行戏剧改编时，也有三种不同的方式：一是在学生改编创作的伊始，教师结合经典改编范例，从理论上告诉学生如何改编；二是通过布置学生阅读成功的经典改编剧目，让学生模仿改编经典进行创作；三是教师先不做理论诠释，也不要求学生模仿经典改编，而是让学生凭借自己的感受进行创作，后再根据学生创作的作品，进行有的放矢的指导。无论采取哪种教学方式，单一的或者组合的，都离不开教师引导学生对

---

① 朱光潜. 朱光潜全集：4 [M]. 合肥：安徽教育出版社，1987：157.
② 朱光潜. 朱光潜全集：8 [M]. 合肥：安徽教育出版社，1987：392.

经典的文学作品的审美鉴赏和对戏剧作品的审美创造。德国著名美学家和戏剧家席勒说，美育是"培养我们的感性能力和精神能力的整体达到尽可能有的和谐"① 的一种审美教育，人们主要通过对"活的形象"② 的审美鉴赏和审美创造，进入审美的状态中，使感性和理性尽可能平衡，从而实现"完整的人"的培育目标。由于文学经典改编戏剧的创作教学过程是对美的理论和实践的互相印证，是对美的感受和体验的有机反哺，引领学生把对文艺作品的审美鉴赏潜移默化地融入戏剧作品的审美创造中，因此，教学全过程都具有强大的美育基质。教师的任务并不仅仅在于"教"学生改编创作的技术技巧，更重要的是，要始终秉执以文艺之"美""育"完整之人的信念，并不断探索最有效的践行方式。引导学生理解美，以及美与秩序的关系，厘清文艺之美与社会生活中的美的区别，把握"平衡"之秩序及美在文艺经典中的具体彰显，带领学生对文学经典作品进行审美鉴赏和对戏剧作品进行审美创造，是改编创作教学美育策略实现的基本路径。

美是人们从感受出发，以情感为核心，对客观对象做出的一种价值判断。美的核心在于"感"，包含了主客观两个层面的内容：一是客观对象能被主体有效地感知；二是主体在审视和感受客观对象的时候，会产生美感。所以席勒说，美既是我们的状态，也是我们的活动。③ 美之所以具有强大的育人功能，根植于两个基本特质。就审美对象的属性而言，美具有"绝对的实在性"，以"活的形象"④ 存在于特定的时空环境及与其他的人、事、物、境的关系中。因其能以鲜活、生动、具体的个性作用于人的感官，触动人的情感，所以能被人们有效地感知和感受。就审美主体的目标追求而言，美又具有"绝对的形式性"，要符合人们对于"真理和合理性"的追求目标⑤，是人类孜孜以求探寻的、平衡有度的良好秩序的有机彰显。所以席勒说，美可以看作是两个世界的公民，出生使它属于一个世界，收养使它属于另一个世界；美在感性自然中得到存在，而在理性世界中获得公民权。⑥ 可以说美是以追求自由为目标的感性生命的存在。由于美是从人性中两种对立的本性——感性和理性冲动的相互作用中，从两种对立原则中产生的，因此，人们可以"在实在和形式的尽可

---

① 席勒. 席勒美学文集 [M]. 张玉能，编译. 北京：人民出版社，2011：270.
② 席勒. 席勒美学文集 [M]. 张玉能，编译. 北京：人民出版社，2011：256.
③ 席勒. 席勒美学文集 [M]. 张玉能，编译. 北京：人民出版社，2011：284.
④ 席勒. 席勒美学文集 [M]. 张玉能，编译. 北京：人民出版社，2011：248-258.
⑤ 席勒. 席勒美学文集 [M]. 张玉能，编译. 北京：人民出版社，2011：250.
⑥ 席勒. 席勒美学文集 [M]. 张玉能，编译. 北京：人民出版社，2011：118.

能完善的结合和平衡中"找寻到"美的最高理想"①。感性和理性、个性和共性、内容和形式的和谐交融，最终达到与真善的统一，是美的最高理想的基本途径。在中国的传统美学中，人们用"大"来指称美的最高理想，"大"基于美，又高于"美"，也是以鲜活的形象为载体，我们可以称之为大美。孟子认为"美"依托"气"存在。"气，体之充也。"②人体内充满了气，人的思想和情感是与气交融一体的。在中国传统文化中，"气"即"象"，并非无形。"《象》曰：天行健，君子以自强不息。"③"五藏之象，可以类推。"④"象"既可借助人颜面上的气色判断，也可以具体的事物进行象征，它以充实的"气"的状态存在于审美主体心中。孟子说："充实之谓美，充实而有光辉之谓大。"⑤张载说："充内形外之谓美，塞乎天地之谓大。"⑥当人体中的气是充盈、丰富、实在的，并借由有形之物呈现时，可以判断其为美。审美主体追求崇高自由理想之"象"和谐交融于具体而感性的审美客体之"形"，凝结成鲜活的形象并散发出耀眼光芒，实现了"形"与"象"谐和统一的时候，就是大美。浩然之气是中华民族文化的精神之源，也是中国传统美学的精髓，是大美的内核。在经典的文艺作品中，大美依托鲜活的艺术形象彰显，无论文学经典还是戏剧经典都是如此。戏剧是以演员塑造的舞台人物形象为核心的综合性艺术形式，舞台人物根植于剧本人物，二者可合称为戏剧人物。在经典的戏剧作品中，大美主要依托以完整的戏剧人物的塑造为核心的艺术形象呈现。以具有美及大美特质的人物形象的鉴赏和创造为本，充分汲取文学经典人物形象的美的特质和大美的营养，为打造光彩夺目的戏剧人物提供具有丰富潜力的美的胚胎，是文学经典改编戏剧的创作教学美育策略实施的基本方法。

  康德认为，人的心灵感知世界的机能，除了包含源之于感性的"情"之外，还有根植于理性的"知"和"意"，与情对应的是文艺，产生的是美与丑的判断不同，"知"和"意"分别对应的是科学理性、伦理道德，真和假、善和恶构成了对其价值的判断。虽然美是文艺的特质，但人们判断"美"并非仅仅局限于文艺。在日常的社会生活中，人们常常会因为人的形体外貌等符合大众认知中的标准而判定其为美，人们通常用"好看"指称人的美；而当人

---

① 席勒. 席勒美学文集 [M]. 张玉能，编译. 北京：人民出版社，2011：260.
② 孟子. 孟子 [M]. 万丽华，蓝旭，译注. 北京：中华书局，2006：56.
③ 刘力. 周易大全 [M]. 汕头：汕头大学出版社，2017：2.
④ 田代华. 黄帝内经素问 [M]. 北京：人民卫生出版社，2005：21-22.
⑤ 孟子. 孟子 [M]. 万丽华，蓝旭，译注. 北京：中华书局，2006：331.
⑥ 王夫之. 船山全书：第十二册 [M]. 张子正蒙，注. 长沙：岳麓书社，1996：160.

的行为和举止,符合人们意识中的伦理道德规范,也常常被判定为美,如行为美、心灵美、道德美。前者对美的判断与从科学角度对真的判断是一致的,而后者则与从伦理道德角度对善的判断同一。概言之,在社会生活中,人们主要通过人物的状态和活动是否符合常理和常规,来判断其是否为美,此时,美和真善概念是同一的。卢梭说,文艺作品"不是对经验世界的描绘或复写,而是情感和感情的流溢"①。由于文艺作品中的人物形象是"情"的产物,所以创作者首先必须摒弃以真善的理性标准判定人物形象美的误区。我们不能因为卡西莫多的外形不好看,也不能因为包法利夫人、安娜卡列尼娜行为的不符合伦理道德规范,就判断他们不美。他们的美存在于在其勃勃的感性生命中。由文学的表现手段和形式结构而形成的人物形象不仅有具体、鲜活、生动的个性,彰显着美的感性特质又内蕴特定时代的创作者对自由和真理的追寻;同时,人物形象的感性生命合情合理地存在或活动于文学的形式和结构中,个性与共性、个别与一般、具体和抽象、观念与手段、内容和形式各担其职又有机融合,艺术形象借典型环境中的典型人物呈现艺术性、思想性及观赏性的和谐交融。真善美的和谐统一正是我们判定文学作品经典的基本标准。

较于客观世界中的美,文艺之美"更有组织性、更有集中性、更典型、更理想,因此就更带普遍性"②。经典的文艺作品,因为再造的秩序和美最接近一个时代大多数的人民对自由和理想的共同追寻目标,而成为那个时代的"高峰"作品。一个时代的"高峰"作品,是具有大美的作品,习近平总书记称之为"精品"。他说"精品之所以'精',就在于其思想精深、艺术精湛、制作精良""充实之谓美,充实而有光辉之谓大"③。通过一个时代的"高峰"作品,我们能够感受到大美,能够联结到全人类,而因为这联结,我们变得更大一点。④ 也正是因着对人类有着经久不衰的美育价值和意义,一个时代的"高峰"作品才成为经典。由此文学经典改编戏剧的创作教学美育策略实施的关键就在于不断提高学生判断美及大美的能力,即审美能力,康德又称之为鉴赏判断。康德强调"鉴赏判断并不是认识判断,因而不是逻辑上的,而是感性的(审美的)"⑤。由于在客观生活中习惯于以真善的标准来判定美,学生在

---

① 恩斯特·卡西尔. 人论[M]. 甘阳,译. 上海:上海译文出版社,2003:173.
② 毛泽东. 在延安文艺座谈会上的讲话[N]. 人民日报,1966-07-01(1).
③ 习近平. 在文艺工作座谈会上的讲话:2014年10月15日[N]. 人民日报,2015-10-15(4).
④ 赖声川. 赖声川的创意学[M]. 北京:中信出版社,2006:205.
⑤ 康德. 判断力批判:上卷[M]. 北京:人民出版社,2002:37-38.

审美中常常容易出现一个误区：忽视或不善于对美的感性基质做价值判断，往往以符合理性的、逻辑的、功利的认识判断替代了以情感为内核的非理性的、不合逻辑的、无功利的鉴赏判断。中国现代美育的奠基者王国维提出美育要"使人为完全之人物"，蔡元培强调"美育之目的，在陶冶活泼敏锐之性灵，养成高尚纯洁之人格"①。对文学经典进行审美鉴赏和对戏剧作品进行审美创造是文学经典改编戏剧创作教学的两个关键节点。无论哪一个环节，都有赖于学生对美的感性特质的把握。在教学的过程中，教师要充分调动学生的情感机能，在帮助学生厘清鉴赏判断和认识判断区别的基础上，引领学生感受、体验依托特定的文艺形式呈现出的形象的感性之美，同时，充分领略其间蕴藏的深邃的理性之真和善，在真善美的统一中培育学生"活泼敏锐"的"性灵"和"高尚纯洁"的"人格"，借此塑造"完全"的时代新人，实现艺术教育立德树人的根本目标。

二、教学重点：区分边界和疆域，以戏剧之美，塑完整人物

文学经典改编戏剧的创作教学的重点在于引导学生如何"改"和怎么"编"。习近平总书记说："文学艺术以形象取胜，经典文艺形象会成为一个时代文艺的重要标识。"② 文学和戏剧都是特定时代的创作者为了追求自由理想进行情感创造的产物，它们都依托不同文艺形式结构规约中的形象的存在和活动来彰显美，实现创作者再造秩序和美的理想。由于文艺形象最契合美的特质，因此，成为创作者创造文艺之美的基本手段。美的形象是连接文学和艺术经典的金桥。教师要充分利用"形象"这座金桥，在带领学生进行"改"和"编"的过程中汲取实现平衡之秩序及美的文学经典形象中的美的元素，依照戏剧之美的要求进行改造，再编出戏剧的经典形象。明确文艺的共同特质和功能，有利于带领学生探索从哪里"改"及"编"的目标；而区分文学和艺术形象的边界和疆域，则有助于引领学生把握"改"及"编"的重点。因为改编创作的最终目标是编创具有大美的戏剧作品，所以，把握戏剧之美就找到了改编成功的指路标。

教授学生进行戏剧创作，显见的教学效果是，学生能够创作出基本称得上是艺术的戏剧作品。当然，如果披沙拣金，发现了接近戏剧艺术的典范之作，

---

① 高平叔. 蔡元培教育论集 [M]. 长沙：湖南教育出版社，1987：434.
② 习近平. 在中国文联十一大、中国作协十大开幕式上的讲话（2021年12月14日）[N]. 人民日报，2021–12–15（2）.

则是意外之喜。作为艺术的戏剧作品，就形象的存在样态而言，是一个以演员塑造舞台人物为核心的综合体，其中融合了以导演统领的编剧、舞台造型、灯光音响设计等不同艺术创作者的创作理念和情感表达。由于戏剧人物是戏剧之美的核心，戏剧人物的审美创造，就成为"编"戏剧的核心。因此，对文学经典中的人物做符合戏剧人物之美的改造，就成为"改"文学经典的重心，而引导学生把握戏剧人物之美则是重中之重。

对于怎样的戏剧人物最独具美感，美国当代著名的戏剧理论家和剧作家阿瑟·米勒给出的答案是"完整的人"。他从戏剧的功能出发，以古希腊戏剧为典范，在综合考察了现当代戏剧的发展态势及经典作品特点的基础上，指出："完整的人"的塑造，是戏剧的初心和使命，古希腊戏剧是塑造"完整的人"的"最完整的典范"；现当代戏剧无论是易卜生还是奥尼尔的作品，都因着"完整的人"的塑造而成为经典。因此，具有强大生命力的戏剧应该是"关于完整的人的戏剧"[1]。这里"完整的人"内蕴两层含义，一是，就功能而言，"戏剧应该表达整个社会的愿望，应当对人类的生活具有崇高至上的意义"[2]，"使人类或应当使人类更加富有人性，也就是说，使人类不那么孤独"[3]，即帮助人类重建人格、培育"完整的人"；二是，就内容核心而言，戏剧应该塑造完整的戏剧人物。古希腊戏剧作品对人类命运的探讨就根植于戏剧人物人格的健全、人性的完满上。而无论是易卜生还是奥尼尔的作品，也都是通过"完整的人"表现社会意味，而成为"古希腊式"的戏剧经典。阿瑟·米勒把能为塑造完整的戏剧人物、彰显戏剧之美提供无限可能性的，唯戏剧独有的表现手段和形式结构，称为"戏剧性形式"。他说："在戏剧性形式中所存在的那最终的可能性，就是把人类关于追求真理的意识提高到一种强烈的水平，以致能够使得观看它的那些人得到改造。"[4] 在他这里，"戏剧性形式"和"完整的人"犹如一个硬币的两面，它们互相依存，有机融合，共同营造戏剧之美。"戏剧性形式"借由完整的戏剧人物的塑造实现戏剧重塑人格的使命，而正是

---

[1] 罗伯特·阿·马丁. 阿瑟·米勒论剧散文 [M]. 陈瑞兰，杨淮生，选译. 北京：生活·读书·新知三联书店，1987：79.

[2] 张永明. 阿瑟·密勒关于社会剧的理论及其多方位的探索 [M]. 北京：中国戏剧出版社，2021：217.

[3] 罗伯特·阿·马丁. 阿瑟·米勒论剧散文 [M]. 陈瑞兰，杨淮生，选译. 北京：生活·读书·新知三联书店，1987：131.

[4] 罗伯特·阿·马丁. 阿瑟·米勒论剧散文 [M]. 陈瑞兰，杨淮生，选译. 生活·读书·新知三联书店，1987：115.

因为"戏剧性形式中所存在的那最终的可能性",才能够塑造出完整的戏剧人物,"越来越多地表现完整的人"①。通过比较戏剧与包括文学在内的其他人文科学、自然科学的区别,阿瑟·米勒指出戏剧的独特优势在于:能够展现和揭示"人类的多面性"②,并能最直接、有效地被人们所"领悟"。而这,则有赖于"戏剧性形式"能为"完整的人"的塑造提供无限可能性。因此,可以说,"戏剧性形式"就是戏剧与包括文学在内的其他学科门类区分的边界,而"戏剧性形式"中"完整的人"的存在和活动则是戏剧的疆域。当然,同样都是人类探寻真理的手段,共同的目标追求,也为戏剧与其他的学科门类构建出了一个可供跨越和融合的交叉区域,不同学科门类在探寻真理中所呈现出的表现手段及形式结构的优势,使它们有条件在充分发挥自身优长的基础上,兼容并蓄、互相借鉴、相互助力,共同完成解放人类的使命。而形象金桥的存在,更是使戏剧与文学具有天然的亲缘关系,也使它们的相互借鉴和助力更为便捷。当然,借助文学经典形象的桥梁进行戏剧改编,始终要遵循的原则是,对文学经典形象进行的是以人物为核心的"跨"界的审美创造,而不是"越"界照搬文学的形象为戏剧形象。

从形象的审美创造过程看,文学和戏剧的形象都是创作者的主观情智对客观世界的人、事、物、景等的独特感受和体验,是在情感和想象催化下凝聚而成的形象胚胎,借由文学和戏剧的不同表现手段及形式结构而呈现。其基质都是由客观生活的主要特征、创作者以情感为核心的主观情智的主要特征和文艺的形式结构特征共同构成的一个复合的"三维结构"③。从形象的具体呈现而言,文学和戏剧的形象都借助并凝聚了创作者主观情智的人、事、物、景等感性要素的有机组合彰显形象美感。发掘和展示人性的广度和深度的根本创作目标,决定了塑造出"完整的人",也是文学经典彰显美感的最重要手法。文学经典中"完整的人"展现了创造者怎样的主观情智?其蕴藏的客观世界的主要特点是什么?在形象的其他构成要素包括人、事、物、景的有机作用下,文学经典形象中的"完整的人"呈现出的主要特点有哪些?文学经典中"完整的人"内蕴的精神、气质、主要特点及与其他元素的有机关联等都是改编戏

---

① 罗伯特·阿·马丁. 阿瑟·米勒论剧散文[M]. 陈瑞兰,杨淮生,选译. 北京:生活·读书·新知三联书店,1987:74.
② 罗伯特·阿·马丁. 阿瑟·米勒论剧散文[M]. 陈瑞兰,杨淮生,选译. 北京:生活·读书·新知三联书店,1987:115.
③ 孙绍振. 审美形象的创造:文学创作论[M]. 福州:海峡文艺出版社,2002:9.

剧时可汲取的营养和可"跨"的区域。二者不能越的"界"主要根植于各自独特的形式结构之中。文学和戏剧有不同的选择、组织、结构及呈现形象中各个元素的手段和技法。如果我们把为塑造完整的文学人物、彰显文学之美提供无限可能性的，唯文学独有的表现手段和形式结构，称之为"文学性形式"的话。那么，"文学性形式"与"戏剧性形式"两种不同的文艺形式结构中的"完整的人"的生命存在与活动显然有其各自独特的结构样态，它们使文学和戏剧作品的形象拥有各自的话语体系和审美范式，形成两个不同的疆域，这也是我们审视文学和戏剧之美的疆界。

与文学人物是经由创作者的文字叙述展现形象不同，在具体的戏剧作品中，戏剧人物依托演员在具体场面规约中的动作连缀而成的行动呈现其具体的生命样态。文学创作者可以凭借着自由、恣肆的描述，通过叙事、抒情、写景、状物等不同的角度描摹完整的文学人物。在具体的戏剧作品中，演员经由动作呈现出的人与人之间微妙关系的变化，则是通达戏剧人物完整的精神世界的最关键的入口。经典的戏剧改编，无不是以能承载创作者创作意图的人物及人物关系作为剧本构思的主体结构。曹禺改编自巴金同名小说的戏剧经典《家》，就着重"以觉新、瑞珏、梅小姐三个人物的关系作为剧本的主要线索"，以最能够尖锐地表现出觉新、瑞珏和梅小姐的人物关系的场面[①]结构全剧。在具体的戏剧作品中，演员的动作总是具体存在和活动于受场面时空规约的特定时空环境和时代背景中，作为不同的事件推动下的人物关系的变化和发展的具体表现，彰显戏剧人物完整丰富的情感脉动和命运轨迹。当代著名戏剧理论家谭霈生把戏剧人物赖以存在的特定时空环境、事件和人物关系等元素的有机构成合称为"情境"，认为"情境是戏剧艺术独具的结构形态"[②]。就具体的构成要素而言，文学作品中也有情境。如何在叙事、抒情、写景、状物的有机连接中，或经由对特定情境中人物行动的描绘或通过对人物心理的刻画建构文学人物的生命样貌，是"文学性形式"中"完整的人"的基本结构方式。与情境仅是探索文学人物生命奥秘的一个重要途径不同，在戏剧人物的审美结构中，情境具有"独具的"功能。戏剧以场面作为基本的结构单位，"完整的人"的生命样态借由场面的连接呈现。情境为戏剧人物的动作展现提供了绝对独立自主的空间。在具体的戏剧场面中，依托情境、借由动作彰显生命，是戏剧人物生命存在和活动的唯一方式。只有实现动作和情境的有机自洽，让人

---

① 记者. 曹禺同志漫谈"家"的改编[J]. 剧本，1956（12）：61.
② 谭霈生. 中国高等戏剧教育：2021[M]. 北京：文化艺术出版社，2022：79.

物的生命存在和活动给人合情合理的感觉，"完整的人"的生命样态才能得以完整的彰显。基于此，我们可以说，在具体的戏剧场面中，实现动作和情境的有机自洽，是戏剧形式结构的基石，也是戏剧彰显美感、展现"戏剧性"、实现"完整的人"的塑造任务的关键所在。阿瑟·米勒所说的"戏剧性形式中所存在的那种最终可能性"亦根植于此。由于具有共同内蕴和气质的"完整的人"是文学和戏剧互通有无的通道，而动作和情境的自洽是戏剧独具美感的根基，因此，引导学生汲取"文学性"形式中"完整的人"精华，在"戏剧性形式"中实现动作和情境的自洽，就成为文学作品改编戏剧教学的重点。

戏剧长期的文学隶属，使得人们习惯上常常把戏剧创作仅仅理解为文学创作。特别是在以文本样态存在的剧本创作教学中。注重剧本的文学性，教授学生应该怎样采用文学的语言、手段和技巧编出好的剧本，总是不自觉地成为编剧教学的应有之状。当然，剧本和同样以文字方式呈现的小说、诗歌、散文等文学作品，特别是小说，在形象审美结构的内涵要素上有高度的重合之处，思想意义、语言、情节、事件、时空环境、人物形象、人物关系、动作、场面、冲突、悬念、情境、行动、结构等审美术语亦都是通用的。由于经典小说总是以人物形象的独特性为最突出的特点，而这恰恰能为以人物为核心的戏剧形象的塑造提供最为有效的借鉴，因此，文学经典中的小说经典常常作为改编戏剧的首选。

文学和戏剧形象的审美结构、构成元素及审美术语的高度相像和共通为文学经典改编戏剧的创作教学提供了便捷，同时，也带来了一些困扰：常常使人忽略了二者的边界，模糊了文学和戏剧基于独特的形式结构特征而形成的界限。总是不自觉地用"文学性形式"的思维逻辑来创造本应存在和活动于"戏剧性形式"中的戏剧人物，是传统戏剧创作教学中存在的最为突出的问题。随着跨界域文艺思潮特别是后现代戏剧思潮的涌入，当下的剧本创作教学则出现了另一种极端。"去剧本中心"衍生为"去文学性"的观念，虽然能够提醒人们区分文学和戏剧，但过于泾渭分明，往往容易割裂文艺一衣带水的亲缘关系。忽略了文学和戏剧之间存在着借由"完整的人"的塑造形成的互相助力、相互成就的疆域，是当下剧本创作教学存在的最主要问题。要解决戏剧创作教学的传统及现实问题，就需要在厘清文艺边界的基础上，有效利用二者共有的疆域，辨明相同的术语在文学和戏剧的不同形式结构中的不同定位，以完整的人物为桥梁，以"戏剧性形式"为框架，汲取"文学性形式"中"完整的人"的华彩，使之充分为"戏剧性形式"中"完整的人"的审美建构服务。教授学生认知并创作出融文学及其他人文科学的精华于一体的戏剧"艺术"作品而非戏剧"文学"作品，是新文科建设背景下文学经典改编戏剧创作教学的重点，美育策略的实现重点也蕴藏于此。在《家》的改编中曹禺选择了觉新情感体验最丰富的两个时刻——新婚之夜和妻子生产作为重点戏剧场面，并作为贯穿始终的一条情节主线。通过觉新异于常理的行动及其与梅、瑞珏之间的情感关系变化，创作者在人物的行动和动机交合而生的动作中，集中展现了一个在新旧交替的时代情境中，受封建传统伦理规范长期浸润、个性敦厚的大家庭的长孙形象，这是一个想要追求婚姻自由，却无法也无力实现理想的"完整的"时代旧人的典型。借由觉新典型形象在感性和理性的拉扯中曲折煎熬的生命历程的展现，曹禺实现了戏剧经典作品在戏剧性形式中塑造"完整的人"的最高创作任务。在教学的过程中，教师可以通过引导学生从确立重点场面入手，通过对人物异于常理的行动的把握，着重彰显人物在特定人物关系的作用下的行动与动机交合的脉搏，感受人物情感和生命的悸动，在创造完整的戏剧人物的同时，也哺育学生感性的生命。

三、教学方法：把握时代民族新貌，以创新之思，促全面发展

戏剧创作的核心是戏剧人物的审美创造，而"戏剧性形式"中"完整的人"的生命活动和样态，又是戏剧人物生命赖以存在和彰显的基本方式。因此，文学经典改编戏剧的整个教学过程必须紧紧围绕戏剧人物审美塑造这个核心，从"完整的人"的再造和"戏剧性形式"建构及二者的有机契合三个方面进行。由于塑造"完整的人"是连接文学和戏剧经典最直接的通道，因此，在创作过程中，可以通过带领学生把握"文学性形式"中"完整的人"的审美结构，捕捉"文学性形式"中"完整的人"身上所承载的时代的、民族的特质，以戏剧人物形象的审美特点为导引，融最新的时代精神于其中，以创新之思，兼容并蓄各学科的优势，为完整的戏剧人物的生命存在及运动建构最适合的"戏剧性形式"，并通过二者的有机自洽，在"完整的人"的审美创造中促进学生的全面发展。

戏剧人物是一个集合的概念。就戏剧创作的过程而言，戏剧人物由剧本人物和舞台人物构成。当代著名的戏剧编剧黄维若从编剧技巧和原理的角度，把戏剧人物的形象类型分成主次要人物。他指出主要人物包括一号人物、二号人物、三号人物；次要人物则由四号人物、五号人物、大龙套及群众角色等构成。他认为"一个剧本的形成起源于它的一号人物，无论你的构思点是从什

么地方开始的,到真正实施阶段,一切着力点都要从一号人物开始。你写一出戏的主旨,你写一出戏的目的,都是通过一号人物建立起来的"① 文学人物的创作亦然。文学经典的创作者的创作意图亦是通过以一号人物为核心的人物形象整体来传达的。任何一部经典的文学作品都是由特定时代和民族的创作者创造的,因此,"文学性形式"中"完整的人",特别是一号人物形象身上必然灌注了创作者对特定时代、民族的人民生活及生命状态的智性思考和独特的情感体验,包蕴着美的感性属性和理性目标两个基本特质,既是具体鲜活的,又凝聚着特定时代、民族普遍的精神气质和审美特质,呈现出典型环境中的典型人物的特点。文章合为时而著,戏剧的创作同样。一千个读者就有一千个哈姆雷特。不同的时代、民族,有着不同个性和情智特点的创作者对"文学性形式"中"完整的人"身上的审美特质感知的着重点各不相同,希望借助"戏剧性形式"展现出的"完整的人"的精神和内涵亦各具特色,其对文学和戏剧的一号人物的感知和确立亦各有侧重。曹禺的《家》的改编就是如此。他说"'家'原著着重描写觉慧这个人物对封建家庭的反抗,写他的革命热情;而剧本'家'着重突出反抗封建婚姻这一方面,描写觉新、瑞珏和小梅这三个善良的青年在婚姻上的不幸"。他之所以没有把小说中的主角觉慧作为剧本《家》的主角,在改编中没有写觉慧和他朋友们的进步活动②,是因为,他所感知及其想要呈现的时代精神和美学特质与小说是不同的。人民是历史的创造者,每一个时代的精神和民族的美学特质总是凝聚在最广大人民最具体的生活和生命的样态中。引导学生把握特定时代和民族的人民的生活状态和生命样态的新貌,捕捉戏剧审美形式发展中与本民族人民审美需求最契合的美学因子,以对文学经典中的一号人物的理解和戏剧作品一号人物的确立为切入点,在动作和情境的自洽中,兼容并蓄,塑造完整的戏剧人物,是文学经典改编戏剧创作教学的基本教学方法,美育策略的具体实施方法也隐藏于其中。

对于完整的戏剧人物的形象审美特点,阿瑟·米勒认为其"像生活那样总是不停地前进,富有生气",以"活生生的人的活动、手势、语调以及步态和情感的细微差别"③ 具体彰显。观演存在于同一时空的特性,决定了戏剧人物应该和生活中的人一样,都是能为我们直观看到听到的"活生生"的富有

---

① 黄维若. 剧本剖析:剧作原理及技巧 [J]. 剧作家,2010 (5):121.
② 记者. 曹禺同志漫谈"家"的改编 [J]. 剧本,1956 (12):61.
③ 罗伯特·阿·马丁. 阿瑟·米勒论剧散文 [M]. 陈瑞兰,杨淮生,选译. 北京:生活·读书·新知三联书店,1987:115.

个性的人。不同的是，戏剧主要依托对人的情感"最强烈瞬间"① 的定型，"从一种新的广度和深度上揭示了生活"②。戏剧探寻"美"，揭示"人类的多面性"的目标，要求戏剧作品中展现的"并不是哪种单纯的或单一的情感性质，而是生命本身的动态过程，是在相反的两极——欢乐与悲伤、希望与恐惧、狂喜与绝望——之间持续的摆动过程"。基于此，卡西尔说"艺术使我们看到的是人的灵魂最深层和最多样化的运动"。这样的运动无论就"形式、韵律、节奏"等，都不能与生活中"任何单一情感状态同日而语的"③。完整的戏剧人物需要满足以情感为核心的"美"的基本属性，因此，戏剧人物借由动作、依托情境展现的"生命本身的动态过程"揭示的始终应该是人物情感"最强烈瞬间"。文学经典也总是借由经典的"文学人物"情感"最强烈瞬间"彰显美。囿于舞台演剧时空写实的、高度浓缩的特点，戏剧人物在舞台上的情感活动过程，较之文学人物而言，则更为集中和凝练、紧凑和精致。教师引导学生在戏剧严格的形式规范中，戴着镣铐跳舞，尽可能拓展"戏剧性形式"的可能性，以满足完整的人的审美塑造的需求的过程，正是引导学生沉浸于高浓缩的感性体验状态的美育过程。

马丁·艾思林说，"在艺术领域里，正象（像）在哲学里一样，'奥卡姆的剃刀'原则是永远有效的；就是说，最经济地、最节约时间地、最细致地表达思想，才最接近真理"④，一叶知秋。尽量选择"最经济""最节约时间""最细致"的一"叶"来揭示人类宏阔的历史之"秋"，表达创作者的思想，达到尽可能"接近真理"的目的，是文艺创作共同遵循的基本原则。戏剧尤甚。"对于表现那种难以捉摸的情绪，内心的紧张和同情，人与人之间微妙的关系和相互影响等等来说，戏剧是最最经济的表现手段"⑤，通过"人与人之间微妙的关系和相互的影响"，来表现人与人之间"情感的细微差别"，揭示人物情感的"最强烈瞬间"，是戏剧人物审美创造的核心。谭霈生认为，戏剧作品的内容和对象，是"人的内心与行动的交合"，以人物在特定时空环境中，特定事件触发下的动作背后的动机作为交合点，情境是其"具体的实现形式"⑥。充分发挥戏剧的优势，聚焦一号人物生命的"最强烈瞬间"，凸显包

---

① 恩斯特·卡西尔. 人论 [M]. 甘阳, 译. 上海：上海译文出版社, 2003：177.
② 恩斯特·卡西尔. 人论 [M]. 甘阳, 译. 上海：上海译文出版社, 2003：179.
③ 恩斯特·卡西尔. 人论 [M]. 甘阳, 译. 上海：上海译文出版社, 2003：180.
④ 马丁·艾思林. 戏剧剖析 [M]. 罗婉华, 译. 北京：中国戏剧出版社, 1981：8—9.
⑤ 马丁·艾思林. 戏剧剖析 [M]. 罗婉华, 译. 北京：中国戏剧出版社, 1981：9.
⑥ 谭霈生. 谭霈生文集·戏剧本体论 [M]. 北京：中国戏剧出版社, 2005：118.

含一号人物在内的主次要人物之间微妙复杂的关系变化,通过对人物所承载的独具民族美学特质和最新时代精神的典型时空环境和事件的架构,揭示由人物丰富的个性和情感生命构成的动机,并借由人物动机推动下的动作连缀而成的行动展现人物的命运,探索人类的情感奥秘;在由独具特色的动作和别具一格的情境的自洽构成的戏剧场面中,使承载着丰富蕴含典型的戏剧人物在典型的"戏剧性形式"中呈现出"自由而积极"[1]的,令人可信、动人心弦、促人奋进的"大美"的状态,是戏剧改编抵达经典的必由之路,也是美育策略得以完整实施的必经之道。

对于藉由时空环境、事件的影响,人物形成动机,采取行动并推动人物关系变化的"完整的人"的审美创造过程,谭霈生称其为一种具有"潜在的因果逻辑"的、唯戏剧独有的"逻辑模式"[2]。这种逻辑模式是动作和情境实现自洽的最基础的运行模式。虽然在不同时代和民族、不同风格和体裁的戏剧作品的具体场面中,动作和情境的样态呈现出的侧重点、自洽的样貌往往是各不相同、各具特色的,但审美塑造"完整的人"的内在运行机理却是一致的,即遵循戏剧的"逻辑模式",以情境推动下的人物动作呈现情感及个性关系的微妙变化,揭示人物生命运动的"最强烈瞬间"。当然,在不同时代和民族、不同风格和体裁的戏剧作品的具体场面中,依托动作呈现出的"完整的人"的个性所蕴含的共性可以是包罗万象的;为"完整的人"的塑造架构的情境也可以是多种多样的。就如肖伯纳评价易卜生作品情境设置是"家常平凡"的,而莎士比亚的则是"新奇的"[3]一样;同时,随着时代的发展和科技的进步,借由特定民族的优秀传统文化及其他学科的丰富表现手段的助力,动作的内涵和情境的样态会具有更深广的拓展空间,动作与情境的自洽方式也必然呈现出更多姿多彩的样态。勇于创新,充分汲取时代、民族的审美特质,吸纳社会、历史、文化等人文及自然科学的优势融入文学经典改编的戏剧创作中,可以使戏剧人物的动作和情境及其自洽的形态更新更美。如何引导学生在遵循戏剧人物审美创造内在机理的基础上,不断开拓创新,兼收并蓄、博采众长,使动作和情境的自洽以一种最新最美的状态呈现,从而拓展"完整的人"的深度和广度,把"戏剧性形式"的可能性发挥到极致,是文学经典改编戏剧创

---

[1] 恩斯特·卡西尔. 人论 [M]. 上海:上海译文出版社,2003:180.
[2] 谭霈生. 谭霈生文集·戏剧本体论 [M]. 北京:中国戏剧出版社,2005:118.
[3] 肖伯纳. 易卜生戏剧的新技巧 [C] //西方古今文论选. 上海:复旦大学出版社,1984:159-167.

作教学的难点。在以往的教学中，学生在进行编剧时最经常出现的误区是，仅仅把中华优秀传统文化、人文社会科学及自然科学等学科门类的表现对象及表现形式和方法机械地加进戏剧人物的动作及情境的架构中，没有将对戏剧进行跨界融合的创新以"完整的人"的塑造为核心，"完整的人"的内涵的拓展与"戏剧性形式"的创新始终必须是一种和谐交融的化学的自洽。教师可以通过引领学生对中外戏剧经典改编作品中"完整的人"的内涵及"戏剧性形式"特点的领会和把握，开阔学生的眼界，丰富他们的戏剧素养，一方面带领学生从内在结构的机理上领悟如何实现有创新的改编；另一方面引导学生感受和体会特定时代与民族的精神特质，以及真善美如何在创作中有机融合，借此，更深入地感受美是如何在理性世界获得其"公民权"的。

文学经典改编戏剧是新时代戏剧"高峰"作品创作的一种重要手段，以其为内容的创作教学也是新时代艺术教育即美育的一门重要课程。通过对文学的审美鉴赏和戏剧的审美创作促成学生的全面发展，是文学经典改编戏剧创作教学应该遵循的教学宗旨。而以新时代的崇高理想为目标的感性鲜活的时代新人的完整塑造则应是文学经典改编戏剧的创作教学的核心。无论采用怎样的教学方法，以"大美"为目标，以"完整的人"的塑造为核心始终不可偏移。在此基础上，教师可以带领学生按照戏剧人物个性生命展现的需求，抓住人物情感矛盾关系的变化，选择不同的事件，架构足以突出人物丰富多样动机的场面，并借由人物动作的因果相承，铺排场面，结构作品；引导学生探寻中华民族传统文化和审美基因在人物心灵中留下的印记，把握新时代的人民生命及生存样态的新貌，寓民族的、时代的精神及美学特质于人物行动的动机中；启发学生深入挖掘人物的生命形态和内在情感，鼓励学生兼容并蓄，选择既具有民族文化蕴含的表现方式，又兼及现代科技发展的新特点的丰富多元的艺术表达手段，并将之融入由戏剧情境构成的戏剧舞台各元素中，使之能有效地为人物在具体的场面中充分展现动机保驾护航。在新文科建设背景下，文学经典改编戏剧的创作教学的所有教学环节中所采用的教学方法的着力点都在于引导学生如何让"完整的人"包蕴新时代的精神内涵和中华民族美学独具特质，让"戏剧性形式"充满鲜活的时代气息和民族的审美特质，让"完整的人"与"戏剧性形式"的有机契合更好地为真善美的平衡与统一服务。

四、结语

新时代艺术教育教学的宗旨是培养德智体美劳全面发展的"完整的"时

代新人。以人为本的审美创造是文学经典改编戏剧的创作教学的核心思路。其具体的构想是把新的时代精神、艺术风貌和中华民族的传统美学特质注入教学的全过程，在引导学生创造"美"的戏剧人物的同时，铸就"美"的心灵，实现培育完整时代新人的教育目标。"以人为本的审美创造"包含两个层面，一是，从教学的内容看，是一种以戏剧人物为核心，以把握文艺内容和形式有机融合的规律为基本原则，引导学生奔赴经典的审美创造。在新文科建设背景下，文学经典改编戏剧的创作应该是在对"文学性形式"中"完整的人"的精华采撷的基础上，博采多学科多门类的优长，捕捉新时代最广大人民的生命及生存状态的特点，充分吸收丰富多元的中国传统文化形态的美的营养，以内蕴新时代气质和独具中华民族审美特质的"戏剧性形式"中"完整的人"的和谐存在和活动为基点，再造出平衡的秩序和美。二是，从教学的过程看，是一种以教学对象学生为本，以提高学生的审美鉴赏力及戏剧基础理论与创作实践能力为目标的审美创造。在新文科建设背景下，文学经典改编戏剧的创作可以通过把学生带入平衡之秩序和美的境界中，让学生在享受、把握文艺及文艺创作之美，在把握、体验不同学科、门类的特色的过程中，获得美的教育和思想的启迪。文学和戏剧在审美结构、内含元素、审美特点及功能上的相通，使得实现了"平衡"之美的文学形象能为戏剧形象实现"美的最高理想"铺就一条坦途。在文学经典改编戏剧的创作教学中，教师不仅可以通过引导学生从文学形象的审美结构、内涵元素中，选择最有利于改造为戏剧经典的元素，带领学生认识美；还可以通过指导学生在把握文艺形象的审美特点、创作规律的基础上进行形象再造，带领学生创造美。同时，教师引领学生感受、体验、创造文艺之美的过程，也是培育学生美好的心灵，铸造其完整人格的过程。当文学经典改编戏剧的创作教学完成其塑造"完整的人"的教学目标的同时，也意味着"完整的人"的培育任务的实现。因此，"完整的人"的塑造既是教学的宗旨和目标，也是教学的重点和方法。

"小空间"舞蹈教学融入中华文化符号的建构策略与教育价值

中央民族大学舞蹈学院 彭瑞琪

摘 要 中国民族舞蹈是中华文化的重要组成部分，它以独特的文化符号传递着民族生生不息的精神内涵和文化意蕴。为了培养学生的核心素养，提升对中华文化的认同感，本文提出在常规教室中开展"小空间"课堂舞蹈教学，以各民族共享文化符号为出发点，构建"小空间"+"花形象"舞蹈育人新路径。以人教版音乐教材九年级下册《百卉含英》单元为例，明确舞蹈教学模式，结合身体单位、肌肉运动、位置移动等空间教学技术，将中华文化符号融入表演、欣赏、创造和融合环节，从而实现教学的精准分析与设计，以培养学生的核心素养，从而提升他们对中华文化的认同感。

关键词 "小空间"课堂；学校舞蹈教育；中华文化符号；文化传承

党的二十大报告指出，"以社会主义核心价值观为引领，发展社会主义先进文化，弘扬革命文化，传承中华优秀传统文化"。教育部发布的《对十三届全国人大五次会议第9010号建议的答复》指出"中华优秀传统文化是中华民族的根与魂，中华优秀传统文化教育对于'培养什么人'具有重要意义"①。文化符号作为中华文化的传播载体，彰显各民族共享的符号，它是凝聚民族心理认同、增进民族共识的重要方式。挖掘、整理与展示各民族共享的中华文化符号，可深化各民族对国家的认同感，进而推动各民族文化长期共同发展、平等互动交流的文化格局。习近平总书记强调："要努力促进各民族大团结，铸牢中华民族共同体意识。"铸牢中华民族共同体意识，需要文化符号和文化心理的凝聚力量。中国民族舞蹈作为学生学习舞蹈的重要内容，发挥着引导学生理解各民族舞蹈，传承民族文化，提升人文理解素养，增强文化自信的作用。

为面向全体学生，推进普及型学校舞蹈教学，本文尝试在常规教室中开展"小空间"课堂舞蹈教学，探寻"各民族共享舞蹈文化符号"教学原则。在

---

① 中华人民共和国教育部. 对十三届全国人大五次会议第9010号建议的答复 [EB/OL]. (2022–08–07) [2024–10–01]. http://www.moe.gov.cn/jyb_xxgk/xxgk_jyta/jyta_jiaocaiju/202209/t20220923_664174.html.

《义务教育艺术课程标准（2022年版）》（以下简称"新课标"）的指引下，挖掘典型案例，探索育人新路径，探讨"小空间"课堂舞蹈教学中融入中华文化符号的合理性，对增强学生的中华文化认同感、自豪感，提升民族文化自信，培育学生在舞蹈文化传承与理解的核心素养方面具有重要意义。

一、"小空间"舞蹈教学融入中华文化符号的原则解读

（一）建立的依据

教学是一种具有内在逻辑、诸多因素和过程的动态结构。"小空间"舞蹈教学设计与实施的主线，即通过空间的技术性使用，建立各民族共享的中华文化符号，围绕教学目标和核心问题，在以课桌为半径组成的内部和外部空间开展舞蹈教学。主线的教学方法按照"预设空间""嵌入身体""观察世界""理解与认同"的顺序展开。为此，笔者将引入各民族共享的中华文化符号教学原则，重新认识舞蹈文化的发展，重新确认共同文化，弥合各民族之间的文化差异，将"各民族的文化"汇集为"中华文化"的有机整体。根据教学主线内容，并非是在一个单元中不断纯化某一个民族舞蹈的本质，而是从各民族共享的文化符号理念出发，使用身体单位、肌肉运动、位置移动等空间技术开展舞蹈教学。本文以现行人教版音乐教材九年级下册《百卉含英》单元做有关舞蹈教学尝试，突出各民族共享的中华文化符号"花"的形象，运用聚焦上身、塑形肌肉、旋转身体等技术，进行表现、创造、欣赏、融合的民族舞蹈教学实践。这使得民族舞蹈超越了本身，具有比民族舞蹈美育本体更高的价值指向——中华文化认同。

（二）细分的层次

在教室的"小空间"场域中，引入各民族共享的文化符号。教师需要通过舞姿、律动及简单的队形变化，让学生学会用中国舞的语汇感受传统文化的内涵并表达内心情感。

"小空间"课堂舞蹈教学原则，第一层是身体单位技术。"身体是空间研究的重要对象。"身体单位技术是指，将人体作为一种基本的空间单元做进一步强化，使身体的特定部位成为人体行为中最突出的要素。教师可以让学生以手部及上半身的动作为主体，配合简单的下肢动作，结合队形变化参与舞蹈表现。让学生通过"小空间"的形式掌握舞蹈的基本语汇，这其中包括头部、颈部、肩部、手臂、手指等上半身动作的学习，以及简单的下肢及舞步的变化。

"小空间"课堂舞蹈教学原则，第二层是肌肉运动技术。肌肉是构成人体

最基本的组织,在人体的运动机制中起着重要的作用。在教学中,舞蹈教师利用核心肌群的多维度训练方法,通过对学生身体肌肉的约束,塑造出理想的中国舞身段。同时,教师还应引导学生将艺诀融入自己的肌肉、骨骼和肌腱中,通过身体感知民间艺人的生活、情感方式,神导身随、身达神至、身心兼顾的要义是舞蹈教学最终要实现形神合一、形神无间的效果,进而推进舞蹈教学。

"小空间"课堂舞蹈教学原则,第三层是位置移动技术。"有意义的空间感只有通过人和地方之间的运动才能出现。"[①]"小空间"舞蹈课堂教学模式的位置移动技术,包含身体位置的移动和课桌位置的移动两种。前者是指教师将学生的身体作为一个整体单位为其在"小空间"设定行动路线,让身体发生空间和方位的转向,产生由初始位置到末端位置的方向性移动。后者是指教师将教室中的课桌围成圆圈,形成相对宽敞的教学场地,进行舞蹈创意实践,从而引导学生获得审美感知和文化理解。

二、"小空间"+"花形象"舞蹈育人路径的建构策略

(一)在梳理教材内容的基础上提炼舞蹈要素

笔者以教科书的文本作为识别和构建教学主线的依据,从中提取舞蹈要素,挖掘文本的内涵,建立各部分之间的进阶关系。以《百卉含英》单元为例,该单元下设的四个部分依次为"欣赏""创作""表现""融合",教材文本内容及可识别的舞蹈要素如表1所示。

表1 基于教材内容凸显共享文化符号中的舞蹈要素

部分	教学方法	教材内容	舞蹈要素	空间技术
欣赏	预设空间	视频:五十六个民族中的五十六枝花分别指什么?	"常规教室课桌"(前区位置)	位置移动技术
		会话1:观察不同花的基本形态、颜色和生长地域	"课桌移动围圈"(中区位置)	
		会话2:说一说花的内在品质和花语	提出问题	
		会话3:讲解人们对花的传统审美心理	活动提示	

---

① Davidson Joyce, Milligan Christine. Embodying emotion sensing space: introducing emotional geographies [J]. Social and Cultural Geography, 2004 (4): 523-532.

续表

部分	教学方法	教材内容	舞蹈要素	空间技术
表现	嵌入身体	将代表不同民族之花与舞蹈结合，从民族故事情境入手，帮助学生沉浸式理解。通过上身动作的讲解，学生能感受代表不同民族之花特有的气质	—	身体单位技术
		文字1：汉族的茉莉花	"小五花"（提、沉韵律）	
		文字2：蒙古族的葛根花	"揉臂"（圆线韵律）	
		文字3：藏族的格桑花	"撩袖"（舞起必颤）	
		文字4：维吾尔族的玫瑰花	"拈花手"（移颈绕腕）	
创作	观察世界	培养学生动觉意识，让学生观察身体的内部世界，掌握不同民族舞蹈典型的"花"元素，使学生反映在身体的位置、运动及肌肉的紧张程度中，从而找到"花"的气质	—	肌肉运动技术
		会话1：教师让学生根据自己的喜好，自由组合动作的顺序，设计关于这个主题的个人化动作短句，理解民族文化	根据设计的动作元素，进行拼贴组合，从而形成新的组合	
融合	理解与认同	文字：五十六枝花组成的就是中华民族的"百花园"呀！	活动提示	综合
		会话1：捕捉"花"的形象，通过对生活的观察，分析花在生活中的动态和韵律，进而模仿捕捉其形象的动态韵律	获取证据	
		会话2：小组分工合作，运用重复、对比、卡农等编舞手法，以"花"元素塑造一个像石榴籽一样紧紧抱在一起的大家庭	表达交流	

（二）在参透课标精神的基础上完善教学主线

首先，根据动态要素、动律要素、动力要素、动速要素与舞蹈核心要素，判断出本课第一个部分的编写意图是"欣赏"。在欣赏视频中，预设观摩空间，引导学生观看五十六个民族所在的"百花园合集"，并以"五十六枝花分别指什么"设问,进行完整的探究。制订计划时,表1中会话1—3呈现了连续的教学方案,旨在通过位置移动技术,在教室前区的"常规课桌"和中区的"围圈课桌"创设"花形象"的欣赏空间,为学生带来良好的观察效果,鼓励学生用心体会民族审美心理。

其次,在"表现"部分开展的教学方式是提取不同民族舞蹈中的"花"元素、"花"动律,并将"花"的形象嵌入学生的上身动作表现出来。表1文字1—4选择了四个民族之花与舞蹈相结合,帮助学生沉浸式理解,感受不同民族之花特有的气质,又提供了帮助学生发现与理解汉族的茉莉花、蒙古族的葛根花、藏族的格桑花、维吾尔族的玫瑰花的表演经验,进而由不同的时间、空间、地域的动律要素和身体单位技术,过渡到一种共享的舞蹈文化符号。

再次,在"创作"部分进行的教学方式是"观察世界"。让学生根据不同民族的花元素,重新排列组合,融入编创知识、关节肌肉运动理念,来形成一个完整的舞蹈组合。为培养学生的动觉意识,掌握不同民族舞蹈的典型"花"元素,帮助学生在身体运动的肌肉作用力中找到"花形象"的气质。然后,引导学生根据舞蹈元素,形成新的组合,旨在启发学生创意思维,让学生在自我探索的过程中实现对民族舞蹈精神的内化。

最后,在"融合"部分加深学生对中国"花"的形象的理解。通过进一步捕捉生活中的"花"元素,并结合之前的所知、所学、所感,共同创作一部"百花同心"的作品。在制订计划时,表1中会话1和会话2呈现了不同的方案,旨在通过多种创作方法和具体体验,引导学生认识和理解中华民族百园中的花朵,它们都有着灿烂的文化,它们团结友爱,像石榴籽一样紧紧地抱在一起。

参照新课标对中学高年级各维度教学目标的要求,本课的教学主线可确定为:以围绕"五十六个民族的代表性花朵是什么"这一问题进行连贯且完整的艺术实践为第一部分;通过分享不同方案,发现"在前区和中区空间预设'花'元素的欣赏空间"是将学生的认知引导到下一部分的关键,以此作为基础开展第二部分教学,即提取不同民族舞蹈的动律元素,将"花"元素嵌入上身动作表现出来;第三部分教学围绕"创作"展开,根据不同民族的"花"元素动作重新排列组合,形成一个新的完整组合,加深学生对编创理念、肌肉运动技术、民族文化的认知;捕捉生活中的"花形象",运用编舞技法,分工合作,塑造一个紧紧抱在一起的像石榴籽一样的大家庭,是"理解与认同各民族共享文化符号'花'元素"的第四部分"融合"的教学内容。基于以上分析，一些能够凸显各民族共享的"花"元素舞蹈教学活动，如问题引路、情感互动、开展游戏、调动感官、启发创作等内容可适当增加，作为铸牢学生的中华民族共同体意识，提升中华文化认同感的动力源泉。

三、"小空间"舞蹈教学融入中华文化符号的教育价值

（一）有助于培养学生舞蹈文化的传承意识和理解素养

新课标视域下的舞蹈教育，需要培养学生在"文化传承与理解"方面的舞蹈学科核心素养。舞蹈文化传承与理解素养是指学生在舞蹈学习中，能继承中华民族不同风格的舞蹈文化，理解不同民族地区的舞蹈风格，在积极主动学习过程中表现出来的艺术视野、自觉意识和文化自信。舞蹈文化传承与理解素养和新课标的教学目标及内容关联紧密，具备艺术实践要求的关键特点，符合学生认知规律且能满足学生的审美需求和文化需要。在"小空间"课堂开展舞蹈教学，要求教师以各民族共享的文化符号为内容，认识不同民族舞蹈的特点，在各民族舞蹈基础上探索出共享文化符号的教学内容，并设计出探究身体语言、富有团结思想、承载核心素养的灵动课堂。在民族舞蹈教学时，很多教师会尽可能地重视舞蹈的技能教育，通过强化民族风格、植入舞台表演、开展专业化教学来引导青少年学习，反而忽略了在潜移默化中使学生得到美的滋养，以及对学生审美能力与人文素养的提升。

（二）有助于凸显中华文化符号的审美价值和认同意识

中华文化符号的教学原则，是对"小空间"课堂舞蹈教学研究的进一步扩展。教学中，可以在"小空间"课堂开展舞蹈教学，以各民族共享的文化符号为内容，这样被限制在"小空间"课堂的民族舞蹈教学，既能降低下肢训练难度和强化上肢技术，又可避免模仿重复等程式化训练过多而失去创作活力的问题，还可以解决过于强调民族的文化个性，而忽视了中华民族文化共性的问题。还有教师仅用祥瑞图腾主题就达成了活动目标：通过讲解不同民族图腾的吉祥寓意，让学生在理解的基础上，模拟不同民族的祥瑞图腾，采用"舞蹈＋游戏＋合作"的方式，在"小空间"课堂的舞蹈教学中，建立起个人情感与民族文化的联系，进而在愉快学习的同时，强化中华文化认同感。

舞蹈哲学启示我们，各民族共享的舞蹈文化符号内容既是认识论，也是方法论。在保证学生形成基本的舞蹈素养前提下，舞蹈教学设计越凸显各民族共享的中华文化符号，越利于在课堂中树立学生的文化自信。舞蹈教学以凸显各民族共享的文化符号为教学内容，要求对各民族共享的文化符号进行具象性表

达、阐释和评价；把各民族共享文化符号信息通过课堂场域，进行传播和扩散；再将这些符号背后孕育的团结统一的中华民族精神润物细无声地融入学生的思想意识、身体意识和学校生活中。其中，不同民族所特有的身体表现，其细致、严谨的教学标准要求是影响舞蹈美育探究有效性的重要前提。关于教学模式、教学方法、教学理念对各民族共享"花"元素论述，并不是对单一性民族舞蹈教学的否定和批判，而是强调基于对教学的精准分析和定位，有意识地培养青少年的中华文化认同感，树立文化自信，把指向舞蹈文化传承与理解素养的"各民族共享的文化符号"内容作为教学主干着力强化。"花形象"作为一种各民族共享的舞蹈文化符号，为凝聚民族心理认同、增进民族共识提供了一种新的方法论可能。

原载《新课程教学（电子版）》2023年第9期（原标题为《新课标下中华文化符号在"小空间"舞蹈教学中的嵌入》），略有改动

美育视域下公共艺术课"戏曲鉴赏"的教学创新探索

西北农林科技大学 刘 威

摘 要 普通高校的公共艺术课是实施美育的主要途径，戏曲鉴赏是教育部规定的8门限定性公共艺术选修课程之一，是美育的重要课程。本文通过深度分析中华戏曲在综合性、虚拟性、写意性和程式性等艺术特征中所蕴含的中华美育精神意蕴；家国情怀、爱国情操、民族大义等方面的情操教育意蕴；高台教化、传统美德、中华美育精神方面的心灵教育意蕴；经典剧目的推陈出新、艺术流派的传承发展过程所体现的创新意识的培养教育作用，阐明中华戏曲是高校美育中不可或缺、不能取代的高校美育资源。但是，目前普通高校的戏曲美育还不尽如人意，学生对戏曲美育的认识不足、戏曲基础薄弱，戏曲美育师资严重匮乏，教学模式、教学内容、课程考核体系不适应美育的特点与需求等问题，影响了戏曲美育的效果。为了更好地发挥戏曲的美育作用，西北农林科技大学近年来在"戏曲鉴赏"课程的教学理念、教学内容和模式、课程考核评价体系等多方面进行了探索创新，以寻求普通高校利用公共艺术课程实施美育的策略和方法。

关键词 美育；公共艺术；戏曲鉴赏；教学创新

中华人民共和国成立后，首次将美育作为教育的重要组成部分的理念出现在1999年6月中共中央、国务院颁布的《关于深化教育改革全面推进素质教育的决定》，其明确提出我国的教育大政方针是德智体美全面发展。随后，党和国家出台了一系列文件，加强部署美育的推进。2015年9月，国务院办公厅印发《教育部关于全面加强和改进学校美育工作的意见》（以下简称"2015《意见》"），界定了美育的性质，"美育是审美教育、情操教育、心灵教育"，美育的目标是以审美和人文素养培养为核心、以创新能力培育为重点"，要求学校要"全面贯彻党的教育方针，以立德树人为根本任务，……把培育和践行社会主义核心价值观融入学校美育全过程，根植中华优秀传统文化深厚土壤，汲取人类文明优秀成果，引领学生树立正确的审美观念，陶冶高尚的道德情操"。2019年4月，教育部发布《教育部关于切实加强新时代高等学校美育

基金项目： 陕西省教育科学"十三五"规划项目"高校公共艺术课戏曲鉴赏的'四元立体'教学模式研究"（项目编号：SGH20Y1042）。

工作的意见》，进一步强化了高校美育工作的重点及改革举措。

2020年10月，中共中央办公厅、国务院办公厅联合印发了《关于全面加强和改进新时代学校美育工作的意见》（以下简称"2020《意见》"），对美育的内涵做了进一步补充完善，除2015《意见》中界定的审美教育、情操教育和心灵教育外，还增加了"丰富想象力和培养创新意识的教育"，并指出美育的根本目的是要以习近平新时代中国特色社会主义思想为指导，全面贯彻党的教育方针，坚持社会主义办学方向，以立德树人为根本，以社会主义核心价值观为引领，弘扬中华美育精神，以美育人、以美化人、以美培元，把美育纳入各级各类学校人才培养全过程，贯穿学校教育各学段，培养德智体美劳全面发展的社会主义建设者和接班人。习近平总书记在2018年召开的全国教育大会上也强调要"全面加强和改进学校美育，坚持以美育人，以文化人，提高学生审美和人文素养"[①]。

2020《意见》将高等教育阶段的美育课程设定为以公共艺术课程为主，开设以审美和人文素养培养为核心、以创新能力培育为重点、以中华优秀传统文化传承发展和艺术经典教育为主要内容的公共艺术课程。由此可以看出，开设公共艺术课程是现阶段普通高校实施美育的主要方式和途径，中华优秀传统文化是美育的重要资源。2006年教育部办公厅发布《全国普通高等学校公共艺术课程指导方案》，设置了8门限定性公共艺术选修课，戏曲鉴赏是其中之一，明确规定在校大学生必须取得2个公共艺术限定性选修课学分才能准予毕业。因此，戏曲鉴赏是普通高校进行美育的重要公共艺术课程。

一、中华戏曲的美育意蕴

中国戏曲无声不歌、无动不舞，从剧本、舞台、服饰、化妆到演员表演，每个环节都充满了美学元素，蕴含着丰富的美育内容。中国戏曲历来就非常重视它的美育功能，寓教于乐是其所长，高台教化是其美育功能的集中体现。[②] 中国戏曲之所以历经800余年，成为世界三大古老戏剧文化中唯一留存于今的种类，其对美育功能的突出和强调是其流传至今的重要因素之一。

[①] 新华社. 习近平在全国教育大会上强调 坚持中国特色社会主义教育发展道路 培养德智体美劳全面发展的社会主义建设者和接班人［N］. 人民日报，2018-09-11（1）.

[②] 杨宝春. 诗教化与高台教化：论中国戏曲之美育传统及特点［J］. 青岛大学师范学院学报，2012（2）：70-75.

（一）戏曲的审美教育意蕴

源远流长、独具特色的中华戏曲是最具代表性的传统艺术形式之一，因而是不能替代、不可或缺的重要美育内容。[①] 中华戏曲在漫长的传承过程中承载和蕴藏了中华民族特有的审美观念、审美情趣和美学精神，具备了独一无二的审美价值，其审美教育意义是其他艺术形式所无法取代的。[②] 戏曲的审美教育意蕴在其综合性、虚拟性、写意性和程式性的艺术特征中体现得较为充分。

综合性是指戏曲集文学、音乐、美术、表演、杂技等多种艺术于一体。唱词、念白充满了文学之美；唱腔、伴奏充满了音乐之美；装扮、舞台、服饰蕴含着丰富的美术之美；演员表演的一招一式都散发着韵雅的舞蹈之美。可以说中国戏曲到处都有美学元素，是其他任何一门艺术都无法代替的。由于戏曲创作受到舞台的时空局限，戏曲演员需要很高的美学创造力和艺术修养来把日常生活中的动作提炼加工并艺术化、虚拟化，使舞台表演既有现实生活的真实性又脱离生活、高于生活，达到方寸舞台天上人间、片刻时光四季交替、三五步走过千山万水、二三人直抵千军万马的意境。脸谱和舞台布景集中展现了中国戏曲的写意性。脸谱是中国戏曲特有的，其图案、颜色都有深刻的含义，代表了中华民族对忠、奸、善、恶的认知和审美情趣；其与舞台时空场景及剧情发展的时空吻合，服务于人物刻画、剧情需要。戏曲的表演主要体现在"四功五法"，即"唱、念、做、打"和"手、眼、身、法、步"。演员一招一式的表演动作，以及每句唱腔、念白的声腔表现都有其规范，这就是程式性。比如，开场"引子"、定场诗、起霸、趟马、亮相、跑下场及贯穿全剧始终的大量唱段等都有规范性，不可随意变动。而这些规范性又源于人们现实生活中的日常样态，并在戏曲中得到艺术的加工、提高，升华为舞台程式。通过这些程式，演员用语言、声音创造美、传递美，给观众带来听觉美的感受；用身段、表演展现形体美、动作美，给观众带来视觉美的感受。戏曲表演更是强调神形兼备，神似超越形似，使得戏曲表演超越现实，获得了无穷无尽的表现天地。

中国戏曲讲究三度创作。剧本创作，舞台布景、脸谱化妆、舞台表演就是一度、二度创作。三度创作则是观众通过想象、感悟与演员的表演产生共鸣，

[①] 王伟. 文化自信视阈下戏曲美育思想的历史实践与新时代建构 [J]. 中国冶金教育，2019 (2)：112-115.

[②] 谭飞. 高校戏曲美育提升大学生文化素养的实证分析与路径探索 [J]. 苏州市职业大学学报，2020 (4)：76-80.

从而使自己融入其中。演员与观众之间直接交流，观众通过参与艺术创造、反馈、检验戏曲艺术的社会效果，影响戏曲艺术魅力的生成，给戏曲灌注生命活力，演员通过对自身表演不断加工修改，使戏曲获得艺术生命。①

（二）戏曲的情操教育意蕴

中华戏曲蕴含着崇高的家国情怀和爱国情操。而且这些高尚情操、厚重情怀的传达完全摒弃了枯燥的说教，而是通过生动的故事情节、诚挚的感情交流与观众共振、共鸣，体现出潜移默化的教育特点，戏曲学习能够激发学生的民族大义和爱国报国的责任感与使命感。比如《穆桂英挂帅》《花木兰》《杨家将》《苏武牧羊》《岳母刺字》等一大批耳熟能详的经典剧目都彰显着深厚的爱国主义精神；《江姐》《红灯记》《智取威虎山》等现代戏曲剧目更是颂扬了中国共产党人为拯救中华民族、建立新中国不惜抛头颅洒热血，与日本侵略者、反动旧势力进行不屈不挠斗争的革命精神，激发学生对中国共产党、对祖国的热爱之情。

老一辈戏曲表演艺术家在民族存亡时表现出的大义凛然的民族气节和拳拳爱国心更是进行爱国主义教育的鲜活教材。比如抗战时期，人们熟悉的京剧艺术大师梅兰芳"蓄须明志"、程砚秋"归隐务农"，始终拒绝为日寇和汉奸演出；抗美援朝时期，豫剧艺术大师常香玉义演捐献战斗机，亲临前线慰问演出；等等。大师们的高尚爱国情操足以成为后世楷模，唤起学生的强烈爱国情。

（三）戏曲的心灵教育意蕴

在儒家乐教思想影响下，中国古代戏曲美学理论格外推崇戏曲艺术感化人心、敦风化俗的社会功能。中华戏曲历来被赋予高台教化的功能，是诗、词的递变延续，被称为"诗余""词余"，自然也就接替了诗、词的教化责任，延续诗、词教化的传统。② 中华戏曲博大精深且底蕴深厚，能够在潜移默化中净化心灵、荡涤灵魂。那些历史悠久、流传广泛的经典剧目所传播的思想观念和真善准则完全符合中华民族千百年来倡导的善恶有报、扶弱济贫、与人为善、尊老爱幼的价值观，与和善为先、和谐自然的中华古典哲学和美学观点高度契合。学生通过学习这些经典剧目，能够弘扬中华民族传统美德，润泽灵魂，陶

---

① 谭飞. 高校戏曲美育提升大学生文化素养的实证分析与路径探索 [J]. 苏州市职业大学学报，2020（4）：76-80.

② 王伟. 略论 20 世纪的几种戏曲美育观 [J]. 美育学刊，2018（1）：20-25.

冶情操。比如，越剧《五女拜寿》抨击唯利是图、见风使舵的卑劣行径，赞扬正直善良、宽厚仁爱、孝悌忠信的传统美德；豫剧《程婴救孤》倡导的是一诺千金、匡扶正义的精神；京剧《锁麟囊》传递的是怜贫济困、乐于助人的善良美德，逆境中正视现实、勇敢面对的乐观豁达精神，以及投桃报李、感恩报恩的个人品德。这些都是中华民族千百年来秉承的传统美德，与中华民族传统美育精神完全吻合。

（四）戏曲的创新意识教育意蕴

中国戏曲从诞生到发展、成熟是一个传承创新的过程，一出剧目从剧本撰写到舞台呈现，再经观众反馈而修改完善，是在不断创作、创新的过程中完成的，一出经久不衰的经典剧目更是需要编创、表演人员具有开拓创新的精神和勇气，打破常规思维的创新意识，异于他人的创新能力。通过戏曲艺术教育，在评戏、鉴戏、赏戏和演戏过程中学生能打开一个可以任意想象的空间，摆脱保守思想的束缚，展开思维想象，开发大脑潜能，增强创新意识，提高创新能力。中国戏曲除国粹京剧外，还有以越剧、昆曲、评剧、豫剧为代表的众多地方剧种，各剧种都有各自的艺术流派和传承不息的经典剧目，学生在学习过程中就大师们如何传承创新经典剧目、怎样创新发展而自成流派、一个流派的传承过程是如何守正创新等问题进行深入思考和探索，有助于他们创新精神的养成和创新思维的发展。所有戏曲艺术大师都是在前人表演艺术的基础上不断加以完善和创新，而形成自己的艺术风格和特色的。如梅兰芳在继承传统的基础上，对京剧进行了多方面的改革与创新，形成独树一帜的京剧旦行流派——梅派，另外在表演、服装、音乐、化妆、舞蹈、舞台灯光等方面也进行了改革与创造；王瑶卿在继承前人旦行表演的基础上，突破京剧行当的严格分工界限，将青衣、花旦、武旦的"唱、念、做、打"融为一体，开创了花衫行当；程派青衣从其创派之作《锁麟囊》到现代京剧《江姐》获得了巨大的成功，无论是"唱、念、做、打"还是"手、眼、身、法、步"，处处透着大胆创新。

二、普通高校的戏曲美育现状

自从美育正式列入我国教育方针，成为人才培养的重要组成部分，全国高校先后开始了美育的实施。高校率先进行戏曲美育实施是在 2000 年左右，如清华大学开设"昆曲艺术欣赏"、安徽大学开设"京剧与中国文化"、中国人民大学开设"国剧艺术大观"、武汉大学开设"戏曲审美导论"等。① 2007 年苏州大学开设"戏曲评弹鉴赏"、2009 年北京大学开设"经典昆曲欣赏"等。② 由于"戏曲鉴赏"是教育部规定的 8 门限定性公共艺术选修课之一,目前多数高校都至少开设有一门戏曲类艺术课程。但是,戏曲美育仍存在以下不足之处。

(一)学生对戏曲美育重要性的认识不足

不可否认,在当今多媒体视域下,中国传统戏曲艺术的影响力已经大大衰减,早已失去了往日那种"一家独大"的景象。特别是对青年学子,在现代媒体高度发达、娱乐形式多元化的冲击下,戏曲表现出明显的式微趋势,戏曲要么是少数人欣赏的"高雅"艺术,要么是老人或者少数爱好者的娱乐形式,少有年轻学生对戏曲感兴趣。根据谭飞的调查研究,大学生中只有3%的学生表示"很喜欢"戏曲,"一般""不喜欢"的学生高达84%。③ 袁韵等的调查结果显示,近 3 年中有高达 76% 的学生从未现场观看过戏曲演出,观看 1—2 次的也只有 18%。④ 另外,学生对美育重要性认识不够,普遍认为,大学阶段主要是学习专业知识,为今后的职业发展奠定基础。特别是非艺术专业的学生,大多觉得戏曲与自己的专业相去甚远,很难对今后的职业发展产生影响,因而不愿意主动花费时间学习戏曲。由于高校培养方案规定必须修够 2 个学分的限定性选修公共艺术课程才准予毕业,部分学生选修戏曲艺术类课程,仅仅是为了获得学分,不少学生甚至把艺术课的上课时间当作放松身心或者用来完成其他课程作业的时间。

学生以"被迫无奈"的心态选课、"混学分"的态度上课是普通高校美育课程普遍存在的"痛点",也是目前普通高校美育课程的尴尬之处。

(二)学生戏曲基础薄弱

由于我国长期实施应试教育,中小学阶段教师强调的、学生重视的都是应试学科;中小学艺术教育普遍开课不足,尤其是农村中小学限于师资力量不足,极少开设戏曲艺术课。谭飞的调查结果显示,大学生中仅 4.75% 的学生

---

① 赵翌. 关于大学生戏曲审美教育的思考[J]. 大众文艺,2019 (24):222 - 223.
② 谭飞. 高校戏曲美育提升大学生文化素养的实证分析与路径探索[J]. 苏州市职业大学学报,2020 (4):76 - 80.
③ 谭飞. 高校戏曲美育提升大学生文化素养的实证分析与路径探索[J]. 苏州市职业大学学报,2020 (4):76 - 80.
④ 袁韵,胡佳茜. 素质教育视域下的大学生戏曲艺术教育探索:以宁波市高校大学生为例[J]. 宁波教育学院学报,2015 (2):25 - 28,32.

表示对戏曲"非常了解",60.6% 的学生对戏曲"比较陌生"或"完全陌生"。① 袁韵等的调查显示,高达85%的学生对戏曲"不了解"或者仅仅"了解一点点"。② 笔者于2021—2022年对选修戏曲鉴赏课的学生进行统计调查,有一定戏曲基础的仅占4.6%,大多数学生之前根本没有接触过戏曲。由于戏曲鉴赏的要求比较高,而学生的戏曲基础又比较薄弱,导致学生上课听不懂、不了解,因而每年选修"戏曲鉴赏"课的学生数相对于"音乐鉴赏""影视鉴赏"等大众型艺术鉴赏课要少得多。

（三）师资力量薄弱

随着党和国家对美育的重视和加强,近年高校的美育师资力量得到了持续优化,但师资队伍仍然缺额较大且能力不足。公共艺术教学仅有少量专职教师,多数由其他专业教师或者管理人员、行政人员、辅导员兼任,导致教师能力参差不齐,教学形式单一、教学方法滞后、实践能力缺乏等一系列问题。③ 戏曲课程的专业教师尤其缺乏,多是文学专业或艺术概论类课程教师兼职授课,缺乏专业性和实践性,课程内容过于宽泛,缺少对实践过程的沉浸式体验,从而导致学生无法对戏曲艺术有全方位的了解和探索实践,戏曲课堂的质量差强人意。④ 以笔者所在的西北农林科技大学为例,学校只有一位教授戏曲的教师,每年授课学生数量非常有限。

（四）教学内容和方法不适应美育

目前高校公共艺术课"戏曲鉴赏"的教学模式和教学内容都不能满足当下的美育要求。如教学模式方面,由于教师对公共艺术教育认识不到位,要么把课堂教学变成了"课堂看戏""课堂听戏",仅仅是完成教学任务;要么只有课堂理论教学。即使课堂理论教学,也只是一些戏曲基础知识的介绍或戏曲文化漫谈,或者欣赏几出经典剧目。大学戏曲鉴赏课程建设严重滞后,没有统一的教学大纲和"公认"的好教材,国内尽管已出版了一些公共艺术教育的戏曲鉴赏教材,但内容体系各不相同,难以兼顾戏曲的系统理论知识、艺术鉴赏方法和艺术创造能力的提高,不能达成将艺术教育、审美教育和创新精神培

---

① 谭飞. 高校戏曲美育提升大学生文化素养的实证分析与路径探索[J]. 苏州市职业大学学报,2020（4）：76-80.

② 袁韵,胡佳茜. 素质教育视域下的大学生戏曲艺术教育探索：以宁波市高校大学生为例[J]. 宁波教育学院学报,2015（2）：25-28,32.

③ 张迪. 美育视域下高校公共艺术教育的改革研究[J]. 江苏高教,2021（11）：86-89.

④ 张帆,陈婷婷. 高校戏曲教育发展问题及对策研究[J]. 戏剧之家,2021（13）：10-11.

养融为一体的教学目标。由于严重缺乏戏曲艺术实践教学，学生戏曲艺术实践几乎为零，学生对戏曲停留在基本知识的了解、艺术浅层的欣赏层面，无法提高深层次的审美能力。

（五）评价考核体系不适应美育

目前普通高校戏曲美育没有科学、完善的课程考核评价体系，考核只停留在戏曲基本知识点上。有的学校还是采用传统的期末统一出题、统一答题，一考定成绩的方式，这远不能体现学生的审美情感和艺术体验，也不能考核学生的审美情趣和审美能力，更不能考核学生的艺术创造力。

三、戏曲鉴赏教学的创新

为解决上述戏曲鉴赏课程教学中的问题，在艺术教学中注入美育元素，达到以美育德、以美育人、以美化人、以美培元的教学目标，我们可在戏曲鉴赏教学中从教学理念、教学内容、教学模式、考核评价等方面进行创新探索。

（一）教学理念创新

坚持"以教师为主导，学生为主体"的教育理念，教师是引导者、倡导者，以学生的学习、学生的发展为中心，尽力满足学生个体化的学习需求。根据教育部颁发的《全国普通高等学校公共艺术课程指导方案》和2020《意见》精神，公共艺术教育的核心应是美育，根本目的是立德树人，这重新设定了戏曲鉴赏的课程教学目标。

（1）知识目标为学生能准确地阐述我国戏曲的概念、起源、发展历程，及其基本艺术特征，生旦净丑的角色行当、程式化表演的"四功五法"；准确描述京剧、昆曲、豫剧、黄梅戏、越剧、评剧及秦腔等七大剧种的起源、形成和流行传播、唱腔特点、艺术表现手法及绝技绝活等。

（2）能力目标为着力培养学生鉴赏、导赏完整戏曲剧目的能力，解读、评价、批评戏曲作品艺术价值的能力，发现、感受、领悟戏曲美的审美能力，创排小型戏曲节目、传统戏曲片段的创造能力。

（3）思维培养目标为注重学生"三个思维"的培养。通过分析剧目中具体角色的唱念做打、服饰脸谱与人物塑造和内心诠释培养学生的形象思维；将创新贯穿教学全过程，始终强调艺术表现力的创新、艺术流派的创新，从而培养学生的创新思维和创新精神；通过戏曲的造型美、意境美、立意美、音乐美、表演美、文学美、服饰美培养学生的美学思维。

（4）课程思政目标为加强对学生民族自豪感、文化自信、道德修养、中华传统美德、家国情怀、品格塑造等方面的熏陶与教育。首先，在剧目上选择思想立意健康、育人作用明显、艺术水平较高的剧目作为教学内容。其次，重视地方和学校特色思政元素的挖掘凝练。例如，笔者在教授地方剧秦腔时选择新编历史剧《关中晓月》，着重讲解剧魂立意——关学精髓"横渠四句"为天地立心，为生民立命，为往圣继绝学，为万世开太平。引导学生体会其与西北农林科技大学"经国本，解民生，尚科学"办学理念的高度契合，使学生感同身受，仿佛置身其中，达到润物无声的效果。

（二）教学内容和教学模式创新

1. 重构教学内容

如前所述，戏曲鉴赏课程目前没有统一的教学大纲、统一规范的教学内容，也没有"公认"的好教材。已出版的教材，也都不能同时满足审美教育、素质教育和思政教育的要求。因此，笔者综合参考多个版本教材，结合教学目标的设定，重构了教学内容。兼顾戏曲基础理论、基本技能和鉴赏方法，将教学内容重构为三个篇章：戏曲总论——讲授戏曲的概念、形成和发展，戏曲的艺术特征及戏曲行当与"四功五法"；国粹京剧——讲授京剧的起源与形成及发展、艺术特点、艺术流派和经典剧目赏析；地方戏曲——讲授昆曲、越剧、黄梅戏、豫剧、评剧和秦腔六大地方戏的起源、艺术特点和经典剧目赏析。这一教学内容体系不同于现有出版的教材。

2. 创新教学模式

以任课教师的课堂理论教学为主体和基础，以外聘戏曲名家、文化学者做戏曲专题讲座为理论教学补充，以课外戏曲社的基本功练习让学生掌握基本表演技能，以戏曲名家、专业演员指导创排戏曲节目全面提高学生技能和创造力，构建"四元立体"艺术课教学模式。

3. 拓展教学资源

利用社会资源联合教学。我国戏曲的博大精深，即使专业人员也是术有专攻、各擅一行，为了提高教学效果，达成美育目标，笔者所在学校充分利用社会资源，聘请戏曲名家、知名文化学者联合教学。尤其是聘请戏曲名角担任艺术实践指导，使学生得到专业的艺术熏陶和指导，激发学生学习戏曲的兴趣，使他们能够尽快掌握戏曲基本表演技能，提升创作戏曲作品的能力。近几年，笔者所在学校先后邀请了山西传媒学院、陕西省京剧院、陕西省戏曲研究院的学者和戏曲名角来校讲学，陕西省京剧院和陕西省戏曲研究院更是指派专业人员担任学校戏曲艺术实践活动的日常指导教师。

4. 沉浸式艺术实践教学

美育有两大基本途径：艺术作品赏析和艺术实践活动。为提升美育效果，笔者所在学校构建了多种形式的艺术实践途径。申请学校专项资金组建大学生戏曲艺术社团——"谷韵戏曲传习社"，为学生提供基本的场地、道具、设施等，供学生日常练习；走出学校到专业剧团观摩学习，在专业演员的指导下练习基本技能。近年来，笔者所在学校多次组织学生到陕西省戏曲研究院进行类似的戏曲艺术实践活动，创作、排演戏曲节目以提高学生戏曲表演基本技能的运用能力。自 2020 年元旦晚会开始，由学生创演的戏曲节目已成为学校各类大型文艺活动的稳定节目源，并且学校多次举办以学生为主体的戏曲专场演出。

（三）课程考核评价体系创新

考核是检验教学效果、评价教学好坏的重要手段。美育应该主要考查学生对美的发现、领悟、感受和创造能力，因此不能像其他课程那样采用期末统一试卷出题、统一答题的形式，只是停留在对学生基本知识的掌握与记忆的考查上。为了把学生从知识点的死记硬背中解放出来，切实提高学生的综合审美能力，我们对"戏曲鉴赏"的考核评价进行了创新，将过去期末一考定性的一元评价模式改为多元评价模式，加强过程考核评价，弱化终结性考核评价。首先，注重形成性评价和过程考核，平时上课中学生的互动参与、问题回答、临场表演、探索探究等课堂活动都有成绩记录，作为平时成绩，占总评成绩的15%；其次，要求学生至少撰写 2 篇课程学习心得，题材内容不限，占总评成绩的20%；再次，完整观看经典剧目，从剧目立意、主要演员的表演、艺术特征等方面撰写综合剧评，占总评成绩的30%；最后，自行组合创排节目，或者参加学校文化活动演出，或者参加结课汇报演出，占总评成绩的35%。

四、结语

中国戏曲是中华优秀传统文化的瑰宝，集多种艺术形式于一体，更是承载了中华传统价值观和真善美的中华美学精神，蕴藏着丰富的美育意蕴，是高校实施美育的重要载体和不可或缺的资源。美育是一项系统工程，须对学生进行潜移默化的无声浸润。戏曲美育需要从教育理念、教学内容和教学模式等多方面进行改革创新，达到培根铸魂、培养合格的社会主义事业建设者和接班人的根本目标。

原载《大学》2023 年第 11 期（原标题为《普通高校公共艺术课教学创新的探索：基于戏曲鉴赏课"三育一体"的教学实践》），略有改动

新时代应用型高校美育教学体系探索与实践

江苏理工学院　范　滢

摘　要　新时代，站在新百年的新起点，美育正在剧烈的社会变革中发生转型，体现出新气象与新作为，形成新时代美育观，构筑了中国体系与中国特色的中国美育发展新格局，成为社会前进和改革的动力。本文探讨了新美育在借鉴西方美学理论思想的同时，更要梳理中国传统美育谱系，立足中国的现实问题，提出从"以西释中"走向构筑中华美育话语体系、确立面向全体学生的美育目标、探索"三位一体"的美育模式、构建应用型高校美育实践课程体系、强化传统文化与现代时尚结合的美育功能、建设专兼结合的美育师资队伍、建构应用型高校多元协同的美育育人机制等观点，倡导通过美育全方位提升学生综合素养，培养造就文化底蕴丰厚、素质全面、专业扎实的应用型专门人才。

关键词　应用型高校；美育教学体系构建

一、新时代应用型高校美育教学的时代使命

自党的十八大以来，我国学校美育取得了突破性进展，各地美育工作探索出了不少实践经验。新时代，站在新百年的新起点，美育正在剧烈的社会变革中发生转型，体现出新气象与新作为，形成新时代美育观，构筑了中国美育体系与中国特色的中国美育发展新格局，成为社会前进和改革的动力。《全国学校艺术教育总体规划（1989—2000年）》（以下简称《总体规划》）是我国第一个全国艺术教育的纲领性文件，是中国美育政策的正式发端，也是中国美育的第一个发展性政策。近年来，国家教育主管部门多次发文，科学规划高校美育工作蓝图。2015年9月，国务院办公厅印发了《关于全面加强和改进学校美育工作的意见》，提出让每个学生都享有接受美育的机会，2017年教育部又与13个省区市签署了学校美育改革发展备忘录。2018年习近平总书记在给中央美术学院8位老教授的回信中指出："做好美育工作，要坚持立德树人，扎

基金项目：江苏省高等教育教学改革研究重点项目"新时代应用型高校美育教育模式的构建与实践"（项目编号：2021JSJG070）；江苏省教育科学"十四五"规划项目"美育课程建设与教学改革"（T-C/2021/05）；中国高等教育学会科学研究规划重点项目"新时代应用型高校美育教学体系探索与实践"（项目编号：22MY0203）。

根时代生活，遵循美育特点，弘扬中华美育精神，让祖国青年一代身心都健康成长。"2019 年 3 月，教育部下发《教育部关于切实加强新时代高等学校美育工作的意见》，要求高校进一步全面深化美育综合改革，整合美育资源，形成充满活力、多方协作、开放高效的美育工作新格局。旨在提高学生审美和人文素养和弘扬中华美育精神，以美育人、以美化人，把美育纳入各级各类学校人才培养全过程。2020 年 10 月 15 日，中共中央办公厅、国务院办公厅印发的《关于全面加强和改进新时代学校美育工作的意见》，以习近平新时代中国特色社会主义思想为指导，就全面贯彻党的教育方针，加强和改进新时代学校美育工作进行了系统安排和明确部署，为建设新时代具有中国特色的现代化学校美育教学体系指明了方向和目标。

（一）新时代美育研究的历史意义

美育通常被称为美感教育或者审美教育，"美育的历史同人类的文明史是同时开始的，并随着人类社会实践的发展而发展"。人类的美育思想源远流长，而现代美育的概念则发源于 18 世纪。目前学术界普遍认为 18 世纪的美学家、诗人席勒最先明确提出美育概念，并对其加以系统叙述，后人把包含席勒美育思想的著作《美育书简》当作现代第一部美育宣言书。20 世纪初随着新文化运动的展开，中国涌现出一大批优秀的美育大师，从王国维将美育和智育、德育并举，到鲁迅写就《拟播布美术意见书》，再到蔡元培发表《文化运动不要忘了美育》，蔡元培先生"以美育代宗教"的学说使推广美育在中国现代教育中肩负了重要的责任。与蔡元培的主张相近，朱光潜也认为美育是健全人格的一部分。而庞薰琹提出"生活中无处不需要美"的美育坚守，从美育与生活、绘画、设计、教育四个方面论述了美育，思想家、教育家们从来都是在民族兴盛、文明赓续的高度看待美育。中华人民共和国成立以后，国家全面开展"五讲四美"的社会主义精神文明建设美育，成为社会主义事业精神文明建设的有力保障。党的十八大以后，我国更是将美育提升到培养德智体美劳全面发展的社会主义建设者和接班人及承担培根铸魂育人历史使命的重要高度。历史实践证明，在我国经历了从救亡图存到改革开放走向中华民族伟大复兴的历史进程中，美育的思想内涵和价值导向随着社会的发展变迁，不断蜕变出更加鲜活的生命力。

（二）新时代建构中国新美育话语体系

西方众多美学教育家都曾受到中国传统哲学思想的深远影响，席勒在研读论语后写出《孔子的箴言》，处处闪烁着孔子思想的光芒，表达出对东方智慧的向往。在我国颇受关注的西方多元智能理论的创始人、哈佛大学教育研究院教授霍华德·加德纳曾多次表达对中国美育思想的赞叹。我国有着几千年的文明发展史,传统美学思想源远流长,中华美学精神不仅体现在古代先贤们的哲思之中,也在我国几千年的传统文化遗产中熠熠生辉。从秦砖汉瓦的古朴稚拙、魏晋文人风骨的飘逸洒脱到唐宋丝绸瓷器的浪漫雅致,无不承载着中华传统美学精神的血脉与灵魂。在中国美育理论的现代化进程中,我国学者多以西方席勒、康德、叔本华等人的美学理论为支撑,无可避免地出现了"以西释中"的研究倾向和不自觉地将自己纳入西方的美育话语体系之中。其实早在20世纪30年代史学家陈寅恪就提出"中国文化本位论"的思想,即"一方面吸收输入外来之学说,一方面不忘本来民族之地位",当时学者蒋廷黻和张伯苓也认为要早日实现中国学术化和学术中国化。习近平总书记《在文艺工作座谈会上的讲话》中指出,中华优秀传统文化中很多思想理念和道德规范,不论过去还是现在都有其永不褪色的价值,我们要结合新的时代条件传承和弘扬中华优秀传统文化,传承和弘扬中华美学精神,我们要坚守中华文化立场,传承中华文化基因,展现中华审美风范。这番话为中华美育话语体系的构建提供了重要的指导思想,新时代,新美育在借鉴西方美学理论思想的同时,更要梳理中国传统美育谱系,立足中国的现实问题。从"以西释中"走向以中为本、洋为中用、中西融合的中国美育民族化、现代化的转型发展。建构具有中国文化独特性的美育话语体系,才能实现中华文化既坚守本根,又不断与时俱进的发展道路。

(三) 新时代新美育培养高校应用型人才的重要性

目前在世界百年未有之大变局和中华民族走向伟大复兴战略进程中,科技创新和产业转型的紧迫态势,要求教育支撑经济社会发展的能力显著增强。《国家创新驱动发展战略纲要》提出我国到2030年跻身创新型国家前列,发展驱动力实现根本转换,到2050年建成世界科技创新强国,成为世界主要科学中心和创新高地。为我国建成富强民主文明和谐的社会主义现代化国家,实现中华民族伟大复兴的中国梦提供强大支撑,需要源源不断地培养具有高度创造力的应用型人才,更需要提高人的文化修养和美学修养。美育的功能重新定义了21世纪人才的内涵,人才首先应该是有着高尚的人格、美好的人性、审美的心胸、良好的修养,身心和谐及全面发展的人,这样的人才不仅具有高度的想象力和创造力,而且具有广阔的眼界和胸襟,致力于追求一种更有意义、更有价值和更有情趣的人生。因此如何正确认识新美育的历史使命,如何传承中华民族优良的美育传统，全面加强和改进新时代高校美育教学体系，培养应用型高校创新人才，更好地服务于人的全面发展和社会的全面进步显得尤为重要。

二、新时代应用型高校美育实施的创新路径

虽然我国美育研究取得了丰硕的成果，但我们应客观地认识到美育实施过程中存在的现实困境，主要表现在：对美育内涵、功能及创新人才培养等方面的认识还缺乏一定深度与高度；在课程体系设置、授课方式、评价体系、教材编写等方面，对美育的教学改革创新还不足；在研究方法等方面，对美育的理论研究还不够丰富；在各学科美育交叉融合、课程美育等方面，对美育的跨学科实施还缺乏创新理念；在师资配置、资源整合、经费支持等方面，对美育的制度保障还不到位，多方协同机制尚未健全；面对当前乡村振兴、城市高品质发展、绿色环保、国际竞争、新技术革命、疫情防控危机等一系列复杂社会问题，我们需要直面现实，科学施策，共同构建面向全体学生的新时代现代化应用型高校美育新体系，只有这样才能充分适应新一轮科技革命和产业革命的到来。

（一）从"以西释中"走向构筑中华美育话语体系

新时代"新美育"在借鉴西方美学理论思想的同时，梳理中国传统美育谱系，立足中国的现实问题，从"以西释中"走向"以中为本，洋为中用，中西融合"的中国美育民族化、现代化的转型发展，建构具有中国文化独特性的美育话语体系，实现"中华文化既坚守本根又不断与时俱进"的宗旨。立足新时代，围绕"培养什么人、怎样培养人、为谁培养人"这一根本问题，明确高校在培养担当民族复兴大任的时代新人这一层面的时代使命，形成我国应用型高校自身美育发展的新局面。

（二）确立面向全体学生的美育教育目标

美育是构建德智体美劳全面培养的教育体系的重要组成部分，在实现培根铸魂育人方面发挥着举足轻重的作用。新时代我们应将社会主义核心价值观融入美育全过程，立足地方历史文化资源，传承弘扬中华优秀传统文化、革命文化、社会主义先进文化，落实立德树人根本任务。通过艺术教育提升大学生的文化素质，培养学生感受美、鉴赏美、表达美、创造美的能力，帮助学生涵养人生品位、升华理想境界、树立正确的审美观，形成区域应用型高校大学生文化素质教学特色。

（三）探索"三位一体"的美育教学体系

进一步完善学生在美育课程和美育实践活动方面的学分修读规定，探索构建"理论"与"实践"、"校内"与"校外"、"线上"与"线下"、"三位一体"的应用型高校美育教学体系。整合各类资源，邀请人文、艺术和设计大师，聘请非物质文化遗产传承人担任兼职教授，为全校不同学科学生，开设系列线下美育实践特色课程，自主开发和引进 MOOC 课程及网络共享进阶式课程，实现互联网时代优质师资、课程资源、美育研究成果的共享。"三位一体"的美育模式将拓展美育工作的途径和渠道，提升美育的整体育人效果。

（四）构建应用型高校美育教学实践课程体系

深入研究应用型高校的办学定位和人才培养目标，应用型本科院校培养人才的特征要求：一是人才培养要体现高等教育的基本要求，达到高等教育本科层次的学业标准，具有良好的综合素质；二是培养应用型人才，具备较强的实践能力，能够解决实际问题。和传统人才培养模式比较，应用型人才培养模式有自身的独特之处。具体为：① 所教授的专业知识大多以实践工作为中心，实践教学部分占更大比重；② 注重应用型人才的培养和企业基层岗位对人才的需求相结合，以提升学生将专业知识转变为实践技能的应用水平；③ 应用型人才培养更重视综合素质的提升，如合作理念、创新能力、管理能力、灵活应变能力等，这些素质的培养有利于提升学生的社会适应水平，从而将其培养成社会所需要的应用型人才。

（五）强化传统文化与现代时尚相结合的美育功能

开发传统文化与现代时尚结合的特色课程。如着重开设苏派旗袍技艺赏析、乱针绣与现代服饰、留青竹刻与产品设计、漆艺与时尚饰品设计、拼布与室内软装设计、传统手工印染设计等中国传统文化与现代时尚相结合的特色课程，将优秀传统文化教育融入课程和教材体系，实施传统文化传承工程。

成立"中国传统文化工作坊"，常年举办各类传统文化讲座、研讨会、展演等系列活动。将审美教育根植在博大精深的中华文化的深厚土壤中，充分吸收和萃取中华民族的美育智慧，涵养学生的身心，同时放眼世界，融通中外。开展传统文化实践活动。成立艺术团、园冶协会、大学生文化创意工作室等特色文化实践社团组织，传习手工印染、乱针绣、服饰盘扣、泥皮壁画、留青竹刻、鎏金漆艺、青铜铸造等民间技艺，做有底蕴的中国人，使古老的艺术之美实现当代转化，彰显青春活力。对于培养大学生的文化自觉，坚定文化自信，实现文化自强，意义重大。

（六）建设"众师共融""专兼结合"的美育教学师资队伍

改革用人机制，拓宽用人渠道，有效利用社会资源，构建全方位、广覆盖，互为补充、相互协作的学校美育师资体系。加强校内美育师资队伍建设。成立艺术教育中心，建设培养一定数量的专职师资；依托校内各学科、专业，美育师资覆盖艺术、人文、自然三大领域。加强美育教师与其他学科教师的协同。通过宣传和培训活动引导各学科教师深刻认识美育工作的价值，通过考核和评估机制激励教师挖掘和运用美育资源，实现跨学科的美育一体化建设，培育和形成大批高水平师资，建设高水平兼职美育教育师资队伍，借助校外力量，请国际、国内著名专家学者和区域的非物质文化遗产传承人、优秀文艺工作者担任兼职教授，建立专家资源库，充分发挥大师、专家的引领示范作用，形成专业教师＋专家＋民间艺人＋企业人员＋数字资源的多元协同美育团队，为师生提供更加丰富的美育资源，激发美育教学的活力和生命力。

（七）建构应用型高校多元协同的美育育人机制

探索构建应用型高校多元协同的美育育人机制。校内协同，学校统一领导校内美育综合改革，教务部门提出美育课程设置和建设要求，艺术教育中心组织课程开设、内容遴选、安排师资等。校际协同，教务部门共商美育课程规划和协同开发美育课程，艺术教育中心、学生社团联手共同开展各类美育活动。校外协同，学校与地方政府、行业组织和文化艺术团体深度合作，美育师资得以加强，课程资源得以拓展。通过资源共享、优势互补、互惠互利、共赢合作的方式，将高校的人才资源、学科资源、社会文化资源、政府的行政资源、企业的市场资源等通过平台的协同运作，最终生成一个协同发展的共同体。以机制创新模式来推动学校美育、社会美育的联通和资源的转化发展。

三、新时代应用型高校美育实践探索

美育可以"以美益智""以美悦心""以美启真"。美育贵在践行。开展美育要把大美之艺融入大美之心、落于大美之行。美育实在创新。我们以改革创新精神去推动高校美育工作，在不断提升美育领域科学研究质量的基础上，不断深化美育教学体系研究，使美育在实践中发挥作用。应用型本科院校人才培养的工作中，美育教育和学生的思想素质、文化素质、身心素质、技术技能素质培养密切关联、相辅相成。以美的思想陶冶学生情操，实现以美促德，能够有效提升学生的思想素质；将美育与文化教育科学融合，实现以美益智，能够有效培养学生的文化素质；将美育与体育、心理健康教育深度契合，实现以美健身，能够有效锻炼学生的身心素质；在专业技能培养过程中帮助学生树立正确的审美观念，教育学生崇尚工匠精神美、传统文化美，引领学生热爱生活美、劳动美，实现寓美于技，能够有效促进学生的技术技能素质。美育能影响一个人的情感、趣味、气质、胸襟，这是德育和智育所难以做到的。美育过程给人潜移默化的思想启迪，美育课程学习的过程是培育大学生想象力思维和创造性思维的重要途径。想象力思维不仅是艺术修养的核心，还是进行科研创新的关键。此外，可感可知的审美活动，能引导学生领略古今中外的艺术瑰宝，让美进入日常生活，进而在审美中感受我们的历史与文化，从根本上提升全体学生的审美水平与审美情趣。同时文化传承也是高校的重要职能之一，高校是促进文化薪火相传及培养学生文化认同感的重要场所，也承担着中华优秀文化传承的重要任务。新时代的高校应当站在优秀文化传承的高度，创造出属于高校特有的文化艺术元素和校园文化氛围，促使中华优秀传统文化走向世界舞台，培育学生深厚的爱国情怀和民族精神。高校美育课程的建设是一项极其复杂的系统工程，高校需要结合各自院校学生掌握的技能、专业设置特点及培养全面发展的人的教育目标来探讨高校特色鲜明的美育课程的新理念和新方法。总之，美育具有不可替代的功能和作用，新时代应当进一步加强美育课程的完善和建设。

四、结语

新时代应用型高校美育教学体系改革要遵循立德树人的根本任务，树立"大美育"理念，构建"大美育"格局，将美育体现在各门学科、各门课程的教学活动中，实现美育课程与专业课程深度融合，探索"三位一体"美育教学体系，形成育人合力，提高师资水平，完善评价体系，建立全面综合的审美教育，培养造就文化底蕴丰厚、素质全面、专业扎实的应用型专门人才，提升应用型本科高校人才培养质量。

我国高校声乐美育课程的现状、问题与对策

中国音乐学院音乐学系　刘旭光

摘要　中国高校声乐美育，是新时代学校美育的重要组成部分。现在摆在相关研究者面前的并非是否有必要开展高校声乐美育的问题，而是如何更好地构建高校声乐美育课程体系及其相关教学开展的问题。本文通过对我国高校声乐美育本质功能、实践状况与理论研究的回顾，以课程设置与实施为主要视角，指出我国高校声乐美育课程存在课程定位仍待改进、课程体系尚未形成、课程内容融合度低、课程师资能力薄弱及课程评价较为单一的现实困境，进而尝试从课程设置理念、课程体系架构、课程内容规划、课程师资要求及课程评价方式五个方面进行对策探索，以期为我国高校声乐美育课程的创新与发展贡献自己的绵薄之力。

关键词　中国高校；声乐美育；课程体系

2022 年 11 月，教育部办公厅印发的《高等学校公共艺术课程指导纲要》中指出："公共艺术课程是我国高等教育课程体系的重要组成部分，是学校艺术教育工作的中心环节，是实施美育的主要途径，具有很强的意识形态属性，对于引导学生树立正确的历史观、民族观、国家观、文化观，提高学生的审美和人文素养，培养创新精神和实践能力，塑造健全人格，具有不可替代的价值和作用。"中国高校[①]声乐美育是新时代高校美育的重要组成部分，课程的设置与实施合理与否，直接影响声乐美育功能的发挥与实现。从声乐美育受众的广度来看，随着我国高校学习声乐美育课程学生数量的增多，其教学内容、具体实践的质量与水平也在不断提高；从声乐美育人才培养的深度来看，我国高校声乐美育课程所面向的是所学专业、美育基础、审美取向、选课目的等各不相同的非音乐专业大学生，这要求高校声乐美育课程教学要走一条综合的、交叉的、融合的道路，进而提高大学生的审美能力、人文涵养、创新能力等综合

课题资助：本文由中国音乐学院研究生培养科研资助项目资助（项目编号：20222001/015）。

①　本文所提"中国高校"主要指国内非音乐专业艺术院校。"高校声乐美育课程"指此类高校中面向人人，且与艺术学科所开设的专业艺术课程有所区分的普通艺术人文素质教育课程。

素质；从中国高校美育事业和"中国乐派"事业的发展高度来看，立足中华优秀传统声乐文化，借鉴国内外成功经验，打造一系列优质的高校声乐美育课程，不仅有助于"中国乐派"在高校音乐教育领域的传承，也顺应了新文科视域下高校学科美育与人才培养进一步交叉融合的大背景，更是促进了中国高校美育发展的现实要求。

一、现状描绘：我国高校声乐美育的实践与理论

（一）高校声乐美育的本质

席勒曾指出，"要使感性的人成为理性的人，除了首先使他成为审美的人，没有其他途径"[1]。高校声乐美育作为高校艺术美育的重要组成部分，归根到底是一种人文教育，相比其他艺术美育，其具有更强的综合性、渗透性、审美性与人文性。第一，高校声乐美育是一种审美语言的教育，它通过让学生感受与运用音乐语言、文学语言、身体语言等抒发自己的情感与感受。第二，高校声乐美育是一种审美情感的教育，它通过以声乐作品与音乐家为基点展开的理论、实践与事件等，让学生在思想情感与审美趣味上发生变化，进而引领他们追求一种更有价值、更有意义的人生旅途。第三，高校声乐美育是一种经典的审美教育，它通过让学生持续浸润在经典声乐艺术的氛围中，促使他们在潜移默化中提升人生格调、精神境界、审美情趣、艺术眼光与价值追求等。第四，高校声乐美育是一种审美启迪教育，它通过声乐艺术独有的审美作用，启迪每一位学生形成高尚的道德情操、深刻的智慧观念与健康的身心状态。

（二）我国高校声乐美育的实践概况

声乐美育具有不可替代的作用，它逐渐成为我国高校美育独树一帜的重要组成部分。近年来，我国高校声乐美育的顺利开展离不开《高等学校公共艺术课程指导纲要》《关于全面加强和改进学校美育工作的意见》《教育部关于切实加强新时代高等学校美育工作的意见》等国家政策的指导与支持，也离不开各个高校自上而下的统筹规划与机制支持[2]，更离不开广大高校师生热爱音乐、热爱歌唱的热情与需求。我国高校是声乐美育的重要阵地，高校声乐美育效果关键在于课程的设置与实施。值得一提的是，不少知名高校的声乐美育

---

[1] 席勒. 美育书简 [M]. 徐恒醇, 译. 北京：中国文联出版社, 1984：116.
[2] 胡智锋, 樊小敏. 从国家发展战略到人才培养模式：当代中国高校公共艺术教育发展现状论析 [J]. 艺术百家, 2019（3）：40–45.

课程深受学生喜爱，如清华大学的音乐剧表演体验、中国人民大学的中外名歌赏析与比较、北京师范大学的麦霸音乐技巧、华中科技大学的声乐与大学生素质教育、中山大学的打开声乐之门等。在高校声乐美育课程的建设上，北京大学与南方科技大学的建设力度尤为突出。北京大学下设国内第一所专门从事歌剧研究、创作和表演的高等教学科研机构，开设有歌剧的魅力、声乐演唱及表演等较为多元的声乐美育课程。南方科技大学艺术中心聘请国内声乐界的资深教授或表演艺术家为声乐美育课程主要负责人，较之其他高校的同类型课程独具特色。由此我们可以明显看出，当今一部分的高校声乐美育类课程已然从单纯的合唱社团实践与技能传授逐步朝着理论、实践、批评相融合的跨学科、多种类方向扩展，内容更加多元化，授课层次更具针对性。

（三）我国高校声乐美育的理论研究回顾

笔者查阅文献发现，有关中国高校声乐教育的文章与书籍可以用"海量"来形容，但它们大多集中于对专业艺术院校、师范类及综合类高校的音乐表演、音乐教育或音乐学专业的声乐演唱（或表演）的教育问题进行研究。其中的理论研究相对薄弱。相关研究者对我国高校声乐美育已经进行过的研究内容主要包括：第一，对我国高校声乐美育的历史进行研究，如蒋娟全对我国自19世纪末以来的普通高校非音乐专业公共声乐教学从四个不同发展阶段进行阐述[1]，旨在唤醒人们重新认识它对高校人才培养、和谐校园与社会构建的重要性。第二，对我国高校声乐美育价值与功能进行研究，如张小浩[2]等指出声乐教育在通识教育中的功效有引导学生追求人类永恒价值，助力学生形成健康体魄与良好心态，培养学生的爱国主义情怀、民族文化认同感、民族精神、团队互助精神、正确的人生观等。第三，对我国高校声乐美育课程与教学实践进行研究，如李敏[3]、张楠[4]、冯元元[5]、石岩英[6]、杨甦与陈燕[7]等对我国高校声乐美育的教育管理模式、教材建设、教学手段、教学方法、教学评价、课程

---

[1] 蒋娟全. 我国普通高校公共声乐教学百年回顾 [J]. 北方音乐，2010（10）：26-27.
[2] 张小浩. 探讨声乐教育在通识教育中的功效 [J]. 中国教育学刊，2015（A2）：326-327.
[3] 李敏. 大学声乐教育教学管理模式初探 [J]. 北方音乐，2020（11）：208-209.
[4] 张楠. 普通高等院校声乐教学手段与教材研究 [D]. 石家庄：河北师范大学，2010.
[5] 冯元元. 大学声乐教学体系探讨：以清华大学为个案 [J]. 西北师大学报（社会科学版），2009（6）：149-152.
[6] 石岩英. 普通高校声乐教学理论与实践研究 [D]. 北京：首都师范大学，2007.
[7] 杨甦，陈燕. 普通高校公共声乐教育课程的构建与实施 [J]. 重庆大学学报（社会科学版），2014（5）：186-190.

设置、代表高校的课程教学等进行了多视角的论述。

通过对我国高校声乐美育本质功能、实践状况与理论研究的回顾，我们可以清楚地了解到在高校开展声乐美育课程教学是必然选择。同时，也进一步明确，摆在相关研究者面前的是如何更好地构建中国高校声乐美育课程体系及开展其相关教学的问题。

二、问题关注：我国高校声乐美育课程的现实困境

根据对我国高校声乐美育课程设置与实施情况的观察，笔者发现我国许多高校对声乐美育课程做出了诸多探索、尝试与改进，但仍然存在一些影响声乐美育课程教育功能进一步发挥的问题。

（一）课程定位仍待改进

2020年10月，中共中央办公厅、国务院办公厅印发的《关于全面加强和改进新时代学校美育工作的意见》中指出："高等教育阶段开设以审美和人文素养培养为核心、以创新能力培育为重点、以中华优秀传统文化传承发展和艺术经典教育为主要内容的公共艺术课程。"在国内，不同高校因其教学规模、师资力量与学科建设等不同，所开设的声乐美育课程也各不相同。但是，经笔者调查，部分高校对声乐美育课程的定位有一定偏差，其中最主要的原因就是部分高校的声乐美育课程没有厘清专业教育和美育的区别。例如，笔者在调研多所高校声乐美育课程的教学大纲、授课计划等后发现，一些高校的声乐美育课程的课程理念或教学目标与高校美育目标背道而驰，而与专业声乐课程教学目标有所相似。有些高校的声乐美育实践类课程竟把强调正确的歌唱状态、科学的发声方法，以及掌握演唱民歌和流行歌曲的技巧、刻意追求演唱技术与歌曲风格的统一等写在其课程教学目标上。

美育理论研究专家杜卫指出，高校普通艺术教育课程应当定位成具有人文素质教育性质的美育课程[1]，但一些国内高校的声乐美育课程（尤其实践类课程）在相关教学目标或课程定位上并没有把"人文素质教育性质"放在首位，更有甚者，将专业声乐教育相关课程的目标借用或挪用过来。除此之外，部分高校将创建合唱、音乐剧等声乐社团，开展多样化的歌咏比赛活动等同于声乐美育，甚至出现了以声乐社团或歌唱实践活动代替声乐美育课程的现象。

---

[1] 杜卫. 关于新时代高校普通艺术教育转型升级的若干思考[J]. 美育学刊，2020（2）：1-7.

（二）课程体系尚未形成

目前，我国各高校的声乐美育课程大多以选修课的方式出现，主要有声乐理论类课程、声乐欣赏类课程、声乐实践类课程，以及相关合唱社团、艺术活动等。这些声乐美育课程虽数量不少且品目较多，但大体上尚未形成完整的体系，这主要表现为以下三个方面：第一，课程设置较为随意，"因人设课"现象依旧存在。一些高校，由于师资限制等问题，只能开设一定的声乐演唱实践或欣赏类课程。第二，课程结构较不稳定，在系统性、规划性方面有待提高。在一些开设较多声乐美育课程种类的高校中，各类声乐美育课程之间的连贯性、衔接性、递进性、层次性还不够。第三，与其他艺术门类的美育课程相比较，声乐美育类课程的数量与精品课程数量都略显不足。

（三）课程内容融合度低

《关于全面加强和改进新时代学校美育工作的意见》中提倡树立学科融合理念，创新性地提出了"有机整合相关学科的美育内容，推进课程教学、社会实践和校园文化建设深度融合，大力开展以美育为主题的跨学科教育教学和课外校外实践活动"的要求。纵观我国高校声乐美育课程内容，多强调"演唱""表演""欣赏"等内容的独立性与专业性，相关课程也往往依靠教师的专长或喜好来设定教学内容。除个别高校以外，我国大多数高校的声乐美育课程在课程内容上与社会实践、相关学科、所在学校的校园文化等融合度偏低，在构建协同育人机制、加强美育渗透融合、开展跨学科教育教学与社会实践方面还有很大的提升空间。

（四）师资能力薄弱

目前，我国高校推进声乐美育课程的发展所面临的最大问题，既不是相关政策的支持力度不大，也不是学校无高端的音乐厅等，而是专业美育教师的能力不足。多数高校声乐美育课程由公共艺术教育中心的教师进行专职教学，有些则由所在学校、校外的音乐（或艺术）院系的教师或专业团体的专业演员兼任。一般来说，高校专职声乐美育教师职业认同感不强，校外引进的歌舞剧院演员的上课时间难以稳定，本校音乐（或艺术）院校兼职声乐美育教师的重心则更多在专业教学上，对声乐美育一般不愿意做深入研究。值得一提的是，目前高校的声乐美育师资多为国内外声乐表演专业毕业，他们在音乐艺术院校读书时就欠缺人文类课程的熏陶，在工作中也不可避免地将音乐院校或歌舞剧院的教学（或工作）方式带到教学岗位上，难以把握声乐美育课程的特点，更有甚者，会认为声乐美育课程是专业教育的附属课程，并未深入思考如何更好地进行课程教学。长此以往，我国高校声乐美育课程虽有建设，但因相关师资能力不足，产生了教师教学形式与方法的单一与滞后、教学耐心与责任心的不足、学习研究成果深度的不够、声乐美育功能薄弱等一系列问题。

（五）课程评价较为单一

笔者通过调查发现，目前我国高校声乐美育课程的评价维度有课程作业、课堂展示、课程讨论、出勤、期中与期末考试、期末音乐会、课堂表现等。这些看似合理的评价指标背后，存在评价主体较为单一的问题。几乎所有高校声乐美育课程的评价均由教师完成，学生们难以对同学及自我进行评价，评价方式基本都是将平时成绩与期末成绩按一定比例计算得出，评价内容较少关注到每一个学生个体对于声乐之美的感悟与体会，等等。

三、对策探索：我国高校声乐美育课程体系构建

针对上述五个方面的问题，本文接下来将逐一提出改善或解决方案，以期在理念和实践机制上构建一种可行的高校声乐美育课程体系，为推动我国高校声乐美育课程的创新与发展贡献绵薄之力。

（一）重塑课程理念

在我国高校，除了将声乐美育课程纳入高校各层级人才培养方案与提高其必修学分的比例以外，更为重要的是重塑声乐美育课程的设置理念。首先，应提倡融合的声乐美育课程理念。我国的高校声乐美育课程应在引导学生对人声、乐声、身体与文学进行感受、观察、表现、创造、欣赏、评价的过程中，融进美学理论、音乐艺术史论、文化批评等内容，加强声乐美育课程与其他类型美育课程或专业课程的联系度。其次，课程定位应增强学生的审美经验。"看、听、尝与一种独特的活动方式的关系与知觉适应时，它们就成为审美的"①，高校声乐美育课程应通过演唱、表演、聆听、观看等实践活动的独特性，努力开发学生们的审美感知能力，促使他们形成完整、完全又独立的美之经验。最后，在我国高校声乐美育课程中，除了始终坚持人文性、审美性、教育性等以外，还要在课程开发与设置中注入更加深厚的中国优秀传统声乐文化，不断推动我国优秀传统艺术的传承与发展。

---

① 杜威. 艺术即经验 [M]. 高建平，译. 北京：商务印书馆，2010：52.

（二）架构课程体系

《高等学校公共艺术课程指导纲要》中指出，我国高校公共艺术课程包括美学和艺术史论类、艺术鉴赏和评论类、艺术体验和实践类三种类型课程。声乐艺术除了学习人们传统理解的"演唱技术"知识之外，还涉及美学、教育学、马克思主义理论、色彩学、社会学、文学及历史等方面的理论知识与实践。高校应大力推进学科的交叉与融合，引导声乐美育课程体系的进一步创新。构建完整的高校声乐美育课程体系，笔者认为高校应从以下三个课程类型着力。第一，开设综合类声乐美育课程，如声乐美育、声乐与人生、声乐与跨界等。第二，开设模块类声乐美育课程，如审美综合类课程（声乐美学、声乐艺术概论、人声之美等）、历史讲述类课程（中西方声乐史、中国歌声中的历史等）、感知鉴赏类课程（人声色彩、视觉中的声乐、声乐语言形式等）、理解评论类课程（声乐与科技、声乐与文学、声乐与外交、人声中的中国人文等）、表现体验类课程（探寻发声的奥秘、体验歌唱的美好、古诗词朗诵与吟唱等）、特色实践类课程（歌手服装设计、歌曲 midi 写作、麦霸擂台等）等。第三，潜在类声乐美育课程，主要包括校内外大型声乐艺术展演、讲座、论坛、讲座、社团等。

（三）创新课程内容

我国高校声乐美育课程应将中国歌唱艺术与世界各国优秀声乐艺术作为主要内容，让学生既有对各个国家、民族的声乐作品与人声美的欣赏，也有对各类声乐知识背后体现的高尚人格境界的追求，更有对中国声乐艺术发展过程中所体现的精神美、理想美、信仰美、文化美等的坚守与弘扬。

首先，综合类声乐美育课程应向学生系统教授声乐美育的基础知识，以声乐之美的本质与规律为基点引导学生进行审美活动，促进多学科之间的深度联系，进而推动学生各类素养与健康人格的形成。

其次，模块类声乐美育课程应按模块教授学生声乐美育知识，如审美综合类应向学生系统介绍各类歌唱艺术及作品的审美知识与方法；历史讲述类课程应让学生从大量有关声乐的史料中获得对声乐美的真实看法；感知鉴赏类课程应让学生从大量经典声乐作品中获得对声乐艺术语言在视觉、听觉等上的综合感知；理解评论类课程应通过对声乐作品与音乐家有关的科技、社会、军事、外交、道德、哲学、景象等知识的阐释与讨论，促使学生进一步综合运用声乐知识于个人生活及未来社会发展的意识和能力中；表现体验类课程应避免单纯声乐演唱技术的传授，而应将歌唱实践中的呼吸、共鸣、吐字等技术之美融入其中，进而协调学生身心发展并促进他们对于美的表现欲望；特色实践类课程应加强对学生创作或设计思维的培养，推动他们审美意向性与创造性能力的形成。

最后，潜在类声乐美育课程主要包括组织学生参与校内外歌剧、音乐会欣赏，以及社会实践与专题讲座，加入学校声乐类社团，以及利用学校广播、电子屏幕等多媒体设施让学生通过人声的魅力发现自然之美、心灵之美与生活之美。

（四）提升师资力量

我国高校声乐美育课程除应进一步加强本校声乐学科建设、适当聘请校外优秀师资、积极开发网络资源和教材以外，最为核心的是拥有一批稳定且优秀的声乐美育教师。美育是感性的、塑造人格的、创造性的教育，这要求高校声乐美育教师不能只是"歌唱技术搬运工"或者"声乐歌曲播放员"，而应成为促使学生审美与人文素养养成的引领人、组织员与指导者。

因此，一名优秀的高校声乐美育教师应掌握一定的美学与美育知识，并系统了解声乐及相关学科的知识，拥有演唱与鉴赏声乐作品的技能，积极研究声乐美育课程的教学理论与实践方法，并从学生实际的生理与心理特点出发来探索不同类型声乐美育课程的教学。面对目前我国高校声乐美育课程师资能力较弱的现状，相关高校除了招聘相关的高水平美育人才之外，也应制定相关政策等，以给予本校已有的声乐美育师资或专业声乐教师能力提升的渠道与机会，鼓励他们走出去参加跨学科的培训与美育专家讲座，确保每位声乐美育教师在美育素质与能力方面的提升。

（五）优化课程评价

高校美育的评价体系应该具有多元、完整、互动的特征[①]，高校声乐美育课程的评价不应只把考勤、考试、汇报演出、论文等作为主要指标，而应首先，打破声乐美育教师作为评价主体的局面，将自我评价、学生评价、教师评价、美育专家评价、课程主管部门评价等有机地结合起来；其次，各类主体的评价应相互促进，结合不同声乐美育课程内容，将侧重点放在学生学习过程中的声乐审美、演唱创新、价值观塑造、人格养成、实践体验等方面，做到真正的重美育过程、轻评价结果；最后，高校声乐美育课程应以定性为主、定量为

---

① 徐娜. 高校美育三议：本质意义、价值指向与实践路径 [J]. 江苏高教, 2021 (6): 113 - 116.

辅，建立对选课学生日常生活言语行为与未来就业情况的观测平台，对学生接受声乐美育的效果进行全面评价。

总而言之，我国高校声乐美育在育人的理论与实践道路上不仅需要有国家制度层面的设计与指导，也需要"中国乐派"作为重要的音乐文化支撑，更需要高校以构建声乐美育课程体系为核心来带动整体校园美育的发展，共同促进每一位学生在美育熏陶下成为全面发展的当代青年。

原载《歌唱艺术》2023 年第 3 期，略有改动

学前教育专业钢琴弹唱教学中的美育融合研究

苏州幼儿师范高等专科学校　刘　珈

摘　要　钢琴弹唱是学前教育专业学生的必修课，也是开展审美教育的主阵地。钢琴弹唱与美育相融合有着先天优势，因为"弹"和"唱"都富于节奏美、韵律美、意境美和技巧美，发掘其中的美育因素有利于审美教育的无痕渗透，使学生在专业学习的同时强化自身审美意识，懂得如何发现美、演绎美、创造美，赋予学生审美想象力和艺术创造力，深化学生对钢琴弹唱的理解，以此提高学生的艺术审美素养。

关键词　学前教育；钢琴教学；美育融合；审美教育

美是文明与智慧的结晶，生活中的美无处不在，"给学生一双发现美的眼睛"是审美教育的初衷。钢琴弹唱本身就充满美的意蕴，无论是表现形式还是艺术内涵，都有丰富的美育元素可发掘。教师需要深刻理解钢琴弹唱教学中美育融合的价值，并客观思考其中存在的问题，这样才能探索钢琴弹唱中美育融合的有效途径，通过发掘其中的形式美、声韵美、意境美、技巧美、内涵美，深化审美教育，提高学生的音乐审美素养，促进专业教育与素质教育双线并行，让美的课堂陶冶学生美的情操，从而提升钢琴弹唱教学的美育价值。

一、学前教育专业钢琴弹唱教学中美育融合的意义

（一）营造浓厚的学习氛围

钢琴弹唱教学对学生的技巧性和实践能力有一定要求，但是单纯的技巧练习会让学生感到枯燥乏味，抑制学生的自主学习积极性。因此，将审美目标融入钢琴弹唱教学中，不但能丰富课程内容，而且还能在美的发掘与探究中营造浓厚的学习氛围，学生在探究弹唱技巧的同时，也能感受其中美的形式和意蕴，这种美的感悟有两个途径：一是聆听接受美的信息，这是一个"输入"的过程；二是自主弹唱实现美的演绎，这是一个"输出"的过程，两者相互融合、相互促进，有利于激发学生钢琴弹唱学习的积极性，而审美教育也将成为钢琴弹唱教学的一大亮点。

（二）丰富课程教学内涵

融入审美教育的钢琴弹唱教学，能够建立起"技艺—审美—创造"的三维教学体系，以审美教育为枢纽，则能够充分发挥技艺的基础性和创造的拓展性特色，学生在学习专业知识的同时，还会接触到更多的人文教育，这种教育是在潜移默化中实现的，所以效果会更深入。在钢琴弹唱课程开发与建设中，审美维度的融入也有利于课程设计、教学方法、实践模式上的创新，这对于提升教师的专业素养和教学能力有很大帮助，有利于钢琴弹唱课程的有序优化。

（三）促进学生深度学习

一般情况下，学生在钢琴弹唱课堂上侧重于技巧和方法的学习，但是对"美"的探索较少，这会让钢琴弹唱学习缺乏深度，所以，审美教育的融入非常必要，这是促进学生深度学习的有效途径。学生揣摩歌曲或乐曲审美价值的过程，也是学生审美素养的发展过程，比如一首歌曲的旋律美体现在哪里，歌词的意境美又体现在哪里，弹奏和弹唱中怎样才能把这种美表现出来，这些都需要学生深入思考并反复尝试，只有通过深度学习才能达成上述目标，所以审美教育的融入有利于拓展学生的学习深度。

（四）深化学生实践体验

美需要用艺术的方式来表达，所以，在钢琴弹唱教学中要加强美育实践，在理论引导基础上为学生创造更多发现美、体验美、演绎美、创造美的机会，这样才能促进审美教育的全面性，培养学生的健全人格。丰富钢琴弹唱的美育实践活动，比如学生自主创编歌曲，自己揣摩如何表现钢琴的声韵之美、怎样才能在弹唱中表达美……这些都需要学生切身体验，而这种体验正是审美教育与艺术课程相融合的优势所在。

二、学前教育专业钢琴弹唱教学中美育融合的问题

（一）美育边缘化

"美育进课堂"在我国提出的时间相对较晚，美育经验及模式还有很大的待完善空间，这也造成钢琴弹唱教学中美育边缘化问题比较明显，甚至将美育和专业教育相互割裂。有些教师认为，美育并不会直接影响教学效果，所以将美育视作可有可无的内容；还有少部分教师认为，钢琴弹唱教学中融入美育维度会分散教学重点，"干扰"教学设计，所以对课程美育持有一定的排斥态度，这些都造成美育被边缘化，导致钢琴弹唱教学"重技轻美"，忽视了课程

美育的实施价值。

（二）美育形式化

钢琴弹唱教学中的美育形式化，主要体现在美育思维比较刻板，将美育目标机械地分散在课程内容中，比如讲授某一首歌曲的弹唱技巧后，教师会特别增加一段美育内容，这种硬性插入的方式往往会影响课程的完整性和流畅度，学生也会感到突兀和生硬，在这样的教学形式下，美育效果并不理想，而且还会影响整体课堂教学效果。

（三）美育理论化

有些教师虽然重视钢琴弹唱教学中的美育渗透，但是在课程美育中往往以理论为主，比如向学生讲授西方美学理论中柏拉图、席勒、卢梭的美学思想，东方美学中李泽厚、朱立元等学者的美学思想，这些美学思想虽然对学生审美素养的发展有一定帮助，但是本身与钢琴弹唱教学联系并不密切，这就造成美育被理论化的问题比较突出，有时候教师精心准备的美育课程，学生可能听得不知所云，而且还会质疑这些理论对钢琴弹唱学习是否有帮助，教师教得累，学生学得累，最终却未能达到预期效果，这就是美育流于理论的弊端。

（四）美育单一化

从当前钢琴弹唱课堂的美育现状来看，教育形式比较单一，比如美育以音乐赏析为主，学生听完一段钢琴音乐后，教师开始分析这首乐曲的节奏美、韵律美或者技巧美体现在哪里，而学生一直在被动听讲，这一过程中师生互动明显不足。而艺术本身就是千人千面，在审美教育中也不可能整齐划一，就像"一千个观众心中有一千个哈姆雷特"一样，钢琴弹唱课堂的审美教育也要突出个性化特点，否则审美教育将陷入模式化误区，进而影响学生艺术审美素养的发展。

三、学前教育专业钢琴弹唱教学中美育融合的策略

（一）形式美：深化学生审美意识

"形式美"是培养学生审美素养的开端，在钢琴弹唱教学中，教师要注重发掘其形式美要素，让学生多角度、多层面感受钢琴弹唱的形式美。比如在弹唱《爱我中华》这首歌曲时，教师和学生可一起欣赏这首歌多声部合唱的效果，并启发学生思考其形式美体现在哪里。通过小组讨论引导学生得出结论：二重唱部分有"参差错落之美"，这种美是有规律的、有节奏的听觉之美，就像建筑物的凸起和凹陷所呈现出的视觉美感，这种错落有致的演绎方式需要各

声部之间协调配合，所以，这又是一种和谐的协作之美。而在合唱部分，则表现出"浑厚激昂之美"，这种美的表达更侧重于情感的爆发，能够给人以震撼力，形成强大的艺术感染力。

从具体曲目出发，能够让钢琴弹唱课堂的美育目标更具体，从而避免审美教育的泛化、形式化等问题。从具体曲目来分析，也能让实践目标更明确，并启发学生思考，如在弹唱《爱我中华》这首歌曲时，如何表现其中的形式美，运用怎样的弹唱技巧才能突出歌曲的意境、增加弹唱演绎的感染力，这是学生从"形式美"展开的深入思考，是审美意识逐步发展的体现。一旦学生具备了审美意识，那么在看到或者听到一首歌后，就不会只用"好听"或者"不好听"来判断，学生会主动思考其中的形式美体现在哪里，这样的弹唱设计有哪些优点或作用，这些都是启发学生审美意识的关键所在。

（二）声韵美：强化学生听辨能力

学生音乐审美能力的发展首先要建立在理解的基础上，学生要"听得懂"才能"学得透"，所以，听辨能力是影响学生艺术审美素养的重要因素。在钢琴弹唱教学中，学生的听辨能力表现在钢琴弹奏和歌曲演唱两个方面，教师可通过"听"引领学生感悟其中的声韵之美，同时启发学生思考，怎样才能让钢琴弹奏中的声韵美表现得更鲜明。

在声音听辨中，教师可以用两首歌曲对比分析，使学生能够分辨出两首歌曲的风格差异，并采用合适的技巧来弹奏，如以《踏浪》和《虫儿飞》两首歌曲的钢琴弹唱练习为例，《踏浪》节奏欢快、富于动感，而《虫儿飞》节奏舒缓、旋律悠扬，要表现出其中的声韵美，就需要学生在钢琴弹奏中运用不同技巧，比如弹奏的力度、速度等。在演唱环节，同样要体现出"动感声韵"与"柔和声韵"的不同，学生要在听辨基础上揣摩发声技巧，比如《踏浪》中"啦啦啦啦啦——"一句，要表现出欢快、期待、自信的情感，而《虫儿飞》中"虫儿飞，虫儿飞，你在思念谁"则要表现出思念、孤独、忧郁的情感，从声韵过渡到情感，能够帮助学生发现钢琴弹唱曲目中的艺术风格，提高学生的听辨能力。

（三）意境美：提升学生审美高度

钢琴弹唱教学中的审美教育要想纵深发展，就需要从形式美、声韵美延伸到对意境美的探索，这样的审美过程才能"形神兼备"，提升学生的审美层次。对于意境美的探索需要学生有一定的文化功底，这样才能知其言、解其意、寻其美。

因此，教师要围绕钢琴弹唱教学要求，从幼儿教育特色出发，结合钢琴弹唱审美教育需求，在课程设计中重点突出"意境美"这一主题，并开发出系列特色课程，如"古诗弹唱"。古诗弹唱的最大特点就是对幼儿易读易懂的古诗谱曲，形成新的艺术表现形式，比如《静夜思》《梅花》《离离原上草》等都可被谱成歌曲，成为钢琴弹唱课堂的练习曲目。这种形式的最大优点在于成为文学与艺术审美的纽带，使学生通过对古诗意境之美的理解，将其迁移到钢琴弹唱中，从而提升审美高度。更重要的是，后期学生应继续自主选择合适的古诗进行谱曲，同时完成作品弹唱，这是发展学生自主审美能力的有益尝试，也是学生创造美、传播美的尝试。

（四）技巧美：提高学生弹唱水平

技巧美是钢琴弹唱中美育融合的关键环节，通过弹唱技巧的运用表现出不同风格的艺术美感，这样的教学方式不但能促进学生深入思考，而且也有利于提高学生的钢琴弹唱水平。现阶段，学生所接触到的钢琴弹奏技巧包括半分解和弦伴奏型、分解和弦伴奏型、琶音伴奏型、切分节奏伴奏型等，学生需要懂得这些技巧的应用特点，才能在钢琴弹唱中灵活应用，从而使弹唱作品锦上添花。

例如在《黄水谣》的钢琴弹唱教学中，学生需要掌握琶音伴奏型技巧，因为琶音更具抒情色彩，声调柔和、声韵婉转，能够对整首作品起到渲染和烘托的作用。在学生弹奏过程中，琶音技巧的应用能够让学生更深刻地感悟词曲和旋律的柔美，而进入情绪比较激烈、爆发力较强的"丢掉了爹娘，回不了家乡，黄水奔流日夜忙"一段，则可以用八度加和弦伴奏型，将音乐情绪推向高潮。通过对弹唱技巧的把握，整首和乐曲可营造出以下生动的审美情境：富饶美丽的黄河岸边，人们耕作劳动，喜气洋洋，这种美是婉转、祥和、温柔的；鬼子的烧杀抢掠让人们失去了原本安宁的生活，国家岌岌可危，这时音乐情绪从凄美哀婉到昂扬激烈，表现了中华儿女誓死卫国、坚贞不屈的高尚品格，这种美是具有震撼性的。在弹唱技巧中融入审美教育，这是从"静态审美"到"动态审美"的过渡，也是丰富审美形式、提升学生审美素养的重要一环。

（五）内涵美：升华学生审美情感

钢琴弹唱有着美的内涵，而课程的美育价值体现在学生审美情感的升华，通过"聆听、赏析、弹唱、评价"等形式，能够进一步深化学生的审美体验，提高学生的艺术鉴赏力。对音乐美的领悟源自对音乐作品的理解，这就需要学生从多维度去理解音乐作品，而不是仅仅局限于技巧的提高，比如了解作品的创作背景、作者的创作初衷、音乐作品的表现形式、情感的融入等，这些都是引领学生发现审美内涵的关键点。

例如在《送别》这首作品的钢琴弹唱学习中，教师设置的美育目标为"体会诗词美、旋律美、意境美"三个大方向："诗词美"体现在《送别》歌词化用了一些古诗词内容，其中有范仲淹《苏幕遮·碧云天》中的句子，比如"晚风拂柳笛声残，夕阳山外山"化用的就是"芳草无情，更在斜阳外"一句，古诗词与歌词赏析，可使学生领会其中的惜别之情和古雅之美；在"旋律美"中，这首歌的旋律虽然简单，但是曲调悠扬、缠绵悱恻，反复重现的旋律正如挥之不去的离愁，不但使曲式结构更加精妙，而且还让情感的渲染更加浓重；"意境美"则是一种综合理解，需要学生分别从歌词、曲调、演唱风格、弹唱技巧等多个方面去探究，并思考如何才能在弹唱中表现出"寂寥、感伤、惜别、含蓄"之美，这是学生从感知美到创造美的学习过程，是审美情感获得发展的重要途径，同时也是钢琴弹唱教学美育升华的具体体现。

四、结语

处处有美、时时寻美、人人创美，美育与学前教育专业钢琴弹唱教学的融合，体现出新时期审美教育发展的新特色，依托课程优势深化审美教育，能够提高学生对美的发现和感悟能力，随着审美教育的深化，学生的审美素养也会出现"由浅入深、由表及里、从形式到内容、从量变到质变"的飞跃，这是一个循序渐进的过程，需要教师结合钢琴弹唱教学内容层层建构，从美的展示到美的发掘，再到美的创造，这是学生审美素养得以发展的重要标志，也是钢琴弹唱教学与素质教育深度融合的必由之路。

教育戏剧应用于普通高校美育课程改革探索
——以上海外国语大学"表演与表达"课程为例

上海外国语大学 李 然

摘 要 自 2017 年起,笔者开设了以教育戏剧为专业背景,以"表演与表达"为主题的实践性美育课程。本文总结教学经验,并开展追踪调研和数据分析,认为以教育戏剧为基础,强调实践性、参与性的美育课程,不再以学科知识疆域为局限,而是以育人终极目标为旨归,聚焦青年的身心健康与综合素养,重新定义教学内容和策略,可取得较好的教学效果,作为当前普通高校美育教学改革的一种选择。

关键词 美育;教育戏剧;课程改革;素质教育

2020 年 10 月,中共中央办公厅、国务院办公厅印发的《关于全面加强和改进新时代学校美育工作的意见》中指出:"美育是审美教育、情操教育、心灵教育,也是丰富想象力和培养创新意识的教育,能提升审美素养、陶冶情操、温润心灵、激发创新创造活力。"这不仅是对美育的定义,也为如何开展美育指明了方向:新时代的学校美育,必须着眼人的全面发展,重视对学生心灵、情感、品格、创新等综合素养与能力的涵育,实现素质教育和全人教育。

要实现教育的目标,课程是关键。教育部《关于全面深化课程改革落实立德树人根本任务的意见》中指出:"课程是教育思想、教育目标和教育内容的主要载体,集中体现国家意志和社会主义核心价值观,是学校教育教学活动的基本依据,直接影响人才培养质量。"目前普通高校中开展的美育,主要依靠艺术教育作为渠道和载体,其中各类艺术课程是美育第一课堂的主阵地。但问题是,现有的艺术教育课程,是否能够按照新时代的美育精神,实现除了知识传授之外的更丰富的育人功能。

一、普通高校的戏剧美育课程

戏剧艺术以演员的现场表演为媒介,向观众传达信息。它综合了文学、表演、音乐、设计等艺术领域的专业知识与技能,同时又是一种独立的艺术样式。戏剧艺术的思想启迪和情感共鸣,以及其表演性、现场性、互动性,使得戏剧作为培养青少年综合素质的重要载体，在国内外受到普遍重视。教育部在2006年颁布《全国普通高等学校公共艺术课程指导方案》，要求高校开设艺术导论、戏剧鉴赏、戏曲鉴赏在内的8门课程。目前普通高校开设的戏剧艺术课程，主要以戏剧作品赏析、戏剧艺术史论为主。这样的课程设置，对于传播和普及戏剧艺术文化，培养学生对戏剧艺术的审美能力与兴趣爱好，起到重要作用，但是同时，也有以下三个方面的问题：

一是戏剧赏析和史论教学往往停留在文本分析层面，学生很少有机会进剧场看戏，甚至直到课程结束对戏剧的了解还停留在理论上、书本里，或是视频中，难以真正激发对戏剧作为现场艺术的审美体验、情感共鸣。

二是课程教学方式多数是传统的教师讲授方式，偏重知识灌输，结课时以论文作业或者知识考察为考核方式，重学理阐发而轻实践参与，学生对于戏剧的表演性、具身性、互动性的体验不足。

三是以教师讲授，学生坐在课堂里听讲为主，学生容易身心分离，缺少结合实践、表演相关的教学内容，鲜能体会和体验戏剧艺术创作和实践的创造性；更难以体验戏剧艺术必需的团队协作能力和人际沟通交流能力。

诚然，以上现状也有客观原因。各地区舞台艺术演出市场发展水平不一，高校能够获得戏剧演出进校园的机会不等；此外，戏剧作为实践性、专业性较强的艺术形式，各校师资配备和发展水平不均。因此，戏剧剧目演出和戏剧表演训练，并非在每所普通高校都能顺利开展。同时，戏剧专业院校或者系所中的表演训练，又过于偏重职业演员的技能教学，需要在声台形表各类基本功训练上耗费大量时间，未必符合普通高校非戏剧专业学生的实际特点，更不能达到以提升素养、锻炼能力为目的的美育课程目标。

2019年，教育部在《教育部关于切实加强新时代高等学校美育工作的意见》中指出，普通高校要"积极探索构建以审美和人文素养培养为核心、以创新能力培育为重点、以中华优秀传统文化传承发展和艺术经典教育为主要内容的公共艺术课程体系"。单纯的赏析、史论课程，已经不能满足当前美育的发展方向，也不符合今天教学对象的需求。本文认为，要真正实现美育的目标，应最大化地发挥戏剧教育对于提升青年人的综合素养和身心健康的功能，对普通高校的通识性戏剧教育课程加以创新。

二、教育戏剧

教育戏剧缘起于欧洲，卢梭在《爱弥儿》中提出"在戏剧实践中学习"

的教育理念，可谓将戏剧应用于教育的最初尝试。20 世纪 60 年代，教育戏剧（drama in education，简称 DIE）的理念逐渐成熟，成为一种普遍性的教学方法和教育理论，构建了较为完整的理论原理、实施机制与教学策略。[①] 从 20 世纪中叶开始，它逐渐在欧美国家的教育界普及，并发展成为系统的应用戏剧范式。世纪之交时，教育戏剧在我国香港、台湾地区蓬勃发展，近年来也开始在国内其他地区陆续展开，各类学术研讨日益活跃，相关课程、团体不断涌现，在基础教育、团体心理辅导、人力资源素质提升等领域得到广泛应用，并已进入各类大中小学校。

关于教育戏剧的定义有很多讨论。李婴宁教授是国内较早引入这一理念的学者，她认为，教育戏剧是一种区别于舞台演出的、以过程为主的、即兴表演的戏剧形式。参与者在指导人的引导下，运用想象，调动自己的经验在戏剧实作中开拓、发展、表达、交流彼此的理念与感觉，达到开启智力、增加知识、活跃身心的目的。[②]

教育戏剧不是以演出为目的的戏剧活动，也不完全是戏剧教育。前者是由专业演员为观众表演的戏剧活动；而后者是以普及戏剧文化，教授戏剧知识，开展戏剧技能训练乃至于培养专业化人才为目的的教学活动。简言之，戏剧本身不是教育戏剧的目的，而是手段，它是以戏剧元素，如戏剧游戏、模仿表演、即兴演出、情景再现、故事创编等作为手段的参与式教学实践活动。它的内容和形式来自戏剧艺术，但其出发点和最终目标则是学生综合素养的提高和身心健康的发展。

三、"表演与表达"——教育戏剧的应用实践

笔者从 2017 年开始，在上海外国语大学的通识性戏剧课程教学中，有意识地运用教育戏剧的方法，开设以"表演与表达"为主题的实践性美育课程。目前已经开设 10 个学期，覆盖近 500 人。结合课程学分设置与学校美育课程教学改革要求，一般每学期开设 1 个班，每班 30—40 人，每学期 6 次课，每次 3 个课时。经过积累，课程确定了较为成熟的教学模式，取得一定成效。

（一）教学目标和主题

从一开始，"表演与表达"的教学目标，就是希望通过教育戏剧的各种练

[①] 赵小凤，李如密. 教育戏剧的内涵、特征与价值 [J]. 当代教育与文化，2018（3）：21-26.

[②] 李婴宁. 英国的戏剧教育和剧场教育 [J]. 戏剧艺术，1997（1）：56-62.

习，聚焦于改善学生的认知、表达、共情、合作、创新能力。所以笔者在教学中设置了以下 6 个主题，循序渐进地开展：

（1）松弛与信任：通过戏剧游戏，学生可缓解紧张心理与戒备感，打开认知局限，放松身心，解放天性，建立团队之间的信任与默契，培养主动交流、主动参与、主动思考的行动力。

（2）声音与情绪：从基础的发声练习体验入手，包括气息、咬字、重音、语调等基本训练，鼓励学生勇于大声表达，灵活运用语音语调，饱满地表达情绪，增进学生之间的言语互动。

（3）身体与能量：通过游戏、扮演、编创活动，引导学生探索声音与身体的互动，尤其强调用身体语言辅助甚至取代声音语言的表达，打开身心，释放能量。

（4）情境与认知：设置社会生活中的不同场景，引导学生在假定的戏剧情境中，观察自我与他人的言行特点，分析认知观念，增强学生的共情、理解能力与人际交往能力。

（5）故事与创意：结合经典戏剧故事，要求学生跳出已有的逻辑框架，解构传统叙事，从不同的角度和切入点重新建构故事，分组创编。

（6）表演与表达：分组完成选题、创编、排练和演出，引导学生以个人、集体的形式分别呈现自己的学习成果，最终集体打分，集体讨论。

（二）教学方法和内容

2019 年，教育部印发的《关于一流本科课程建设的实施意见》中明确提出，要改革创新教学方法，"强化课堂设计，解决好怎么讲好课的问题，杜绝单纯知识传递、忽视能力素质培养的现象……杜绝教师满堂灌、学生被动听的现象"。

在"表演与表达"课程教学中，几乎没有传统的说教和讲授，全部是丰富多彩的游戏和互动组成的戏剧活动。这些活动，通常会有统一的、常用的模块组合，但是也会根据每次课堂学生的数量、特点、认知程度，在内容、难度、时长等方面进行调整。总体而言，针对美育教学改革的目标，教育戏剧课程所选择的戏剧教学活动，都会贯彻以下内容。

1. 自主创造

课程中的各种练习，都是先由教师讲解要求、布置任务，而后则全部由学生自主完成的。所有的过程和结果，完全是学生自主思考、选择、讨论、行动而来。从最简单的流动（行走）练习，到最复杂的分组编创排演和呈现，教师不会给予帮助和答案,学生需要自己体验、实践,最后找到答案。例如常见的定镜练习,教师只给一个词或一句话,之后学生则需要自己分组讨论、排练,将这个词所指涉的意义用身体表演出来。而对于同一个词,每个小组的理解和想象完全不同,这也反映出他们对人际关系、社会现实的理解与认知大相径庭。而分组呈现和讨论之后,学生们能够直观地看到彼此之间观念和表达中的差异。在这些练习和创作中,从来没有标准答案,只有学生之间多元的比较和相互的借鉴。

2. 身体接触与互动

课程中大量的练习和活动,需要学生之间发生身体的接触。比如"背后支撑""七手八脚"等活动,需要学生彼此用手和脚支撑,搭建造型,完成任务。学生之间通过身体的互动,彼此之间可以有效地建立正向的心理联结,取得相互信任。实践证明,这些练习可以有效克服人际交往中的羞涩、紧张、僵硬感,以及和他人身体接触的心理障碍。当然,所有的身体接触都必须是在正常和得体的范围内。

3. 最大化地释放能量

每一次的课堂中,都有不同的表演和游戏,并要求学生以最饱满和最夸张的方式,发出声音,做出动作,表现出自己的情绪和能量。例如"菜场叫卖"练习,将学生分为两队,一队是集贸市场摆摊的各位"摊主",一队是并无特定需求的"顾客"来逛大市场,每人只能买一个摊位的商品。在有限的时间内,每位"摊主"要想尽办法向"顾客"推销自己的货品,将"顾客"留在自己的摊位边。于是,"摊主"们无所不用其极地开发自己的声音、形体的表达方法。有人声嘶力竭,有人手舞足蹈,有人循循善诱,也有人或抓耳挠腮或不知所措或彻底放弃。当计时结束,我们确实可以看到不同"摊主"的"战绩"各不相同,而通过这个过程,每个人都意识到"竭尽所能""全力以赴"的重要性。

4. 团队合作

几乎所有的练习,都是分组完成的。最少 2 人一组,最多 15 人一组。采用分组的形式,一方面,是满足任务本身的设置需要;另一方面,对小组成员可以自动促成人际交流和协调,促进分工配合,对外,会自然地组成团队形成竞争,刺激各个团队的活力和集体荣誉感。为了完成任务,组员们会不断地进行讨论、排练,直至最后表演呈现,整个过程中学生注意力会高度集中,始终沉浸在热烈而忘我的合作氛围中。

5. 公众表演

每节课都会有一个小节目的演出呈现，每学期的最后一次课，会有汇报演出。虽然只是在教室或者排练厅，但是也会划分演出区域，有观众，有演员，并要求所有观众对于每一个小组的演出表现出足够的尊重，上场前和演出后观众都要鼓掌，而所有表演者则要心怀诚意，演出后谢幕鞠躬。并且，表演者作为考核成绩的演出得分，由每位同学共同打分取平均值，因此，这会让期末的汇报呈现备受重视。

（三）教学特色

相比于传统的以文本为主，讲授型、灌输型的戏剧课程，强调实践性、参与性的"表演与表达"，具有较为突出的教学特色。

1. 以学生为教学中心

教师不再根据既定的理论框架和传统经验来设计教学，而是根据教学目的，围绕学生的实际特点、生活经验来设定话题，创建戏剧情境，并时刻根据学生的临场反馈来调整教学进度安排，推动开展。这样的教学模式打破了以教师为中心的说教和灌输式教学，而完全将学生作为教学过程的主体。一切活动内容都以学生为本，让学生成为课堂教学中真正的主人。

2. 启发学生从实践中获得能力

教师贯彻"在做中学"的原则，通过设计和引导，为学生提供戏剧情境，而剩下的一切则要让学生亲身去尝试、体验、经历。从情景展现到角色扮演，从即兴表演到个人阐述，所有活动都需要学生发挥自身的主动性和积极性，让他们在具体的现场实践中不断思考，在戏中和戏外跳进跳出，时刻反思，从而获得锻炼和提升。

3. 促进学生由内而外的主动习得

教育戏剧是启发式的教学，教师的作用只是引导和组织者，而从不做判断和决定者。学生在戏剧化的情境中开展各种活动，其所有的感知和认识，都是自己由内而外的获得，而绝非传统教学由外而内的灌输和教导。虽然是通过集体活动开展教学，但是每个学生的体验和所知所感，都是结合自身经验和实践感受，得出的个性化结论，这与以往的被动式教学所得完全不同。

4. 创造和谐共生的课堂氛围

多年实践证明，教育戏剧的课堂教学，因其较强的参与性、趣味性而深受学生喜爱。在课堂中，师生之间是完全平等的关系，必须相辅相成方能推动剧情，实现目标，因此师生关系非常融洽，课堂氛围欢乐和谐。更重要的是，学生之间必须分工合作，分享交流，共同完成教师给定的活动任务；而且在沟通中师生会打开心扉，建立彼此之间的信任，锻炼学生与人交往协作的能力，增强学生的集体凝聚力和团队意识。

四、教学实践的调研反馈

经过 5 年的教学实践，"表演与表达"课程积累了相当数量的教学案例。为了进一步考察这一教学改革的质量和效果，我们向 2017—2021 年参加课程学习的学生发放线上调研问卷，调查学生对于课程的感受、态度和对个人成长的影响效果等的反馈。

调研问卷包括四个部分：第一部分是基础情况调查反馈，包括性别、专业分布、是否在校生等；第二部分是关于课程内容的反馈，问及对课程的总体评价及对课程中的语言交流、身体接触、人际沟通、团队合作、公众表演等内容模块的态度；第三部分是关于课程在能力提升方面的反馈，涉及课程是否有助于提升自我认知能力、表达能力、人际交往能力、团队合作能力、审美能力；第四部分是课程的实际影响方面的反馈，调研课程对于学生的戏剧艺术认知、其他学业、现实生活、职业生涯规划方面的影响。

最终回收问卷 92 份，皆为有效问卷。其中男生 18.48%，女生 81.52%，男女比例符合我校平均水平；语言类专业学生 44.57%，复合型专业学生 55.43%，专业分布比例接近我校平均水平；在校生 63.04%，毕业校友 36.96%。调研问卷为自制问卷，用以了解学生课程体验及相关认知和满意度，共有 17 题，学生对每题的评分为 1—10 分（1 分为最低评价，认为毫无意义；10 分为最高评价，表示非常认可），经测定，评分具有较高的内在一致性（Cronbach's Alpha = 0.917），可信度较高。各题最终获得平均分如表 1 所示。

表 1　问卷反馈题目与平均分总表

序号	问题	得分
1	回想自己的学习经历，您对于在美育课程中设置实践性板块的总体评价	9.48
2	回想本课程的学习经历，您对于实践性戏剧板块各项内容的总体感受	9.34
3	您对课程中必须通过与同伴交谈、沟通完成的练习内容的评价	9.09
4	您对课程中必须夸张、放大声音与肢体的表现能量的练习内容的评价	8.76
5	您对课程中必须与他人身体接触才能完成的练习内容的评价	8.54

续表

序号	问题	得分
6	您对课程中必须和团队合作完成的练习内容的评价	9.21
7	您对课程中必须自主创作完成的练习内容的评价	9.41
8	您对课程中必须在观众面前正式公开表演的环节的评价	9.40
9	回顾课程学习的结果,您对此类课程提升认知自我与社会能力的评价	8.78
10	您对此类课程提升个人表达能力的评价	9.03
11	您对此类课程提升人际交往能力的评价	8.86
12	您对此类课程提升团队合作能力的评价	8.87
13	您对此类课程提升审美能力的评价	9.11
14	课程学习结束之后,您对此课程提升自身戏剧艺术的认知的评价	8.88
15	课程学习结束之后,您对此课程对于其他课程学习的实际帮助的评价	7.78
16	课程学习结束之后,您对此课程对于日常生活帮助的评价	7.98
17	课程学习结束之后,您对此课程对于职业生涯规划帮助的评价	7.58

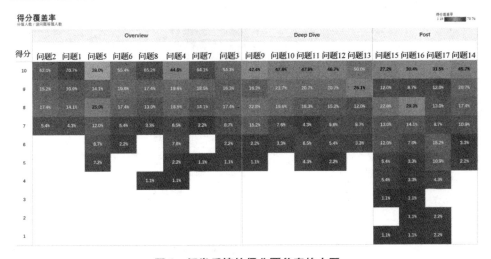

图 1　问卷反馈的得分覆盖率热力图

通过表 1 和图 1 可以看出:

(1) 就课程的实践性板块的总体评价而言,10 分的得分率超过 60%,可见学生对于此类课程的认同度普遍较高,都认为有必要在美育课程中,设置实践性的板块。

（2）就课程内容的认同度评价而言，总体认同的 10 分得分率超过 70%，其他问题的高分段分布也较为集中，可见学生对于戏剧课程中的实践性教学内容的整体认可度较高。对于其中各类具体内容而言，学生普遍愿意尝试自主创作和公开表演，也愿意接受团队合作、语言交流沟通的练习，但是对于要求身体接触和夸张放大表现能量的练习，接受度略低，10 分的得分率在 40% 多。

（3）就课程对能力提升的作用而言，分数较为平均，其中，对于课程学习能够提高审美能力和个人表达能力给予了更高的认可，然后是团队合作与人际交往能力。

（4）就课程结束后的影响而言，分数分布较为分散，说明不同个体的感受差异性较大。学生通常认为课程学习帮助他们对戏剧艺术有了更好的认知，然后依次是对日常生活的影响、对其他课程学习的影响和对职业生涯规划的影响。

此外，通过对数据的进一步分析，还可以看到以下的一些有趣的情况，如图 2、图 3、图 4 所示。

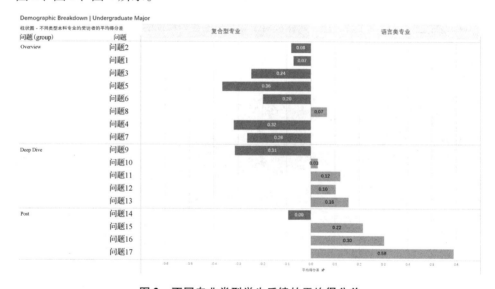

图 2　不同专业类型学生反馈的平均得分差

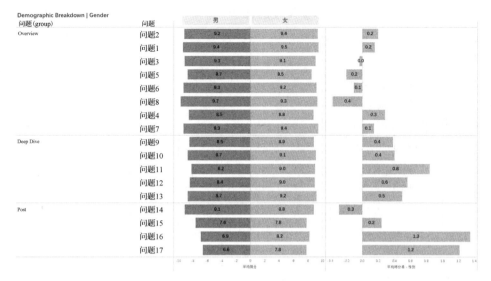

图3　男女生反馈的平均得分差

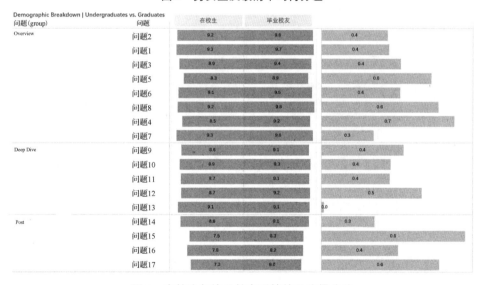

图4　在校生与毕业校友反馈的平均得分差

（1）复合型专业的学生，对于课程内容的感受和评价更高；而语言类专业的学生，对于课程在能力提升和课后影响方面的评价更高。可见不同专业背景的学生，对课程内容的理解与接受有不同的倾向。

（2）总体而言，女生对于课程的综合评价普遍比男生高，尤其是课程对日常生活和职业生涯规划的影响方面，明显突出；但是男生在教学内容的公开表演、团队合作、身体接触这些方面的接受度，比女生高。

（3）值得注意的是，毕业校友对课程的总体反馈，要高于在校生。可见在经历过大学的全部过程，并有了一定社会工作经历之后，学生对于此课程的认识和感受会更积极。

综合以上调研结果，可以认为："表演与表达"课程能够切实促进学生的心理健康，提高他们的审美感知能力、个人表达能力、社会合作能力和创新能力，并深受学生认可和喜爱。

《关于全面加强和改进新时代学校美育工作的意见》中明确要求，新时代的美育要坚持改革创新，要"整合美育资源，补齐发展短板，强化实践体验，完善评价机制"。美育是直指人心、化育灵魂的教育，服务于美育目标的高校艺术教育课程，应该是让青年人享受愉悦、沉浸而热爱的课程。实践表明，以教育戏剧为基础，强调实践性、参与性的美育课程，打破了学科知识疆域，以育人终极目标为旨归，聚焦大学生身心健康的发展与综合素养的提高，重新定义了美育的教学内容和策略，取得了较好的教学效果，可以作为当前普通高校美育教学改革的一种选择。